KB047441

CFO

의

전략적 역할

CFO
의
전략적 역할

KICPA 한국공인회계사회

한울

Business Doctor 공인회계사, CFO 아웃소싱으로 중소기업 도약을 이끈다

대기업은 뭐고 중소기업은 뭘까요? 대기업과 중소기업은 어떻게 구분할까요? 법적인 정의와 기준은 다소 복잡하지만 일반적으로 쉽게 이해하자면 대기업이란 일정 규모 이상의 자산 및 종업원을 갖추고 큰 매출을 올리는 기업을 뜻하며, 중소기업이란 자산 규모나 종업원 수에서 대기업에 미치지 못하는 기업으로 적은 매출을 올리는 기업을 가리킵니다.

중소기업은 기업 수로는 전체 기업의 약 99.9%를 차지하며, 종사자 수로는 전체 기업 종사자의 약 80%를 차지합니다. 대한민국 경제의 뿌리로서 중추적 역할을 하고 있는 곳이 바로 중소기업인 것입니다. 국민들이 알고 있는 기업 가운데 대기업은 재벌 그룹 몇십 개를 포함해 겨우 0.1%에 불과하고 나머지 대부분은 중소기업입니다. 회사에서 일하며 본인의 생계를 유지하고 가족을 부양하는 사람 10명 중 8명은 중소기업에 근무합니다. 이는 비단 우리나라의 일만이 아닙니다. 다른 나라도 비슷한 상황입니다. 독일과 일본 같은 선진국의 경우에도 튼튼한 중소기업이 경제를 떠받들고 있다고 할 정도로 중소기업은 국가 경제 발전에 있어 매우 중요한 역할을 하고 있습니다.

기업에서 회계, 세무, 자금, 사업계획 등 재무 업무를 담당하는 임원을 CFO(Chief Financial Officer, 최고재무책임자)라고 부릅니다. CFO가 중요하고 멋있는 직업으로 인식되다 보니 CSO(Chief Strategy Officer, 최고전략책임자), CHO(Chief Human Officer, 최고인사책임자) 등 회사 내 주요 업무 책임자에 대해 'C'로 시작하여 명명하는 것이 유행이 되었습니다. 재무를 모르면 유능한 CEO(Chief Executive Officer, 최고경영자)가 되기 힘듭니다. 국내·외 기업을 막론하고 최근에는 CFO 출신들이 곧바로 CEO가 되는 경우도 많아졌습니다.

빠른 속도로 기술이 발전하고 사회가 변화함에 따라 기업의 역할 또한 확대된 상황에서 과거의 전통적인 재무 영역에서뿐만이 아니라 CEO의 동반자로서, 변화 및 혁신의 전도사로서, 기업가치창출의 책임자로서 CFO의 역할과 책임은 막중해졌습니다. 그러나 CFO의 역할이 이토록 중요함에도 불구하고 상당수 중소기업에는 CFO 자리가 비어 있거나 역할이 왜소한 경우가 많습니다. 이는 중소기업에 유능한 전담 CFO를 두는 일이 재정적으로 부담이 될 수 있기 때문입니다.

산업전문가이자 경제전문가로서 국가 자격을 인정받는 라이선스는 공인회계사(CPA: Certified Public Accountant)가 유일합니다. 의사를 'Human Doctor'라고 한다면, 공인회계사는 기업의 건강을 유지하고 체력을 증진시키는 'Business Doctor'라고 할 수 있습니다. 따라서 공인회계사들이 기업을 대상으로 한 전통적인 회계·세무 서비스를 넘어서서(Over the Book) 모든 재무 기능을 망라하여 중소기업을 돕는다면 강소기업 또는 중견기업으로 성장하는 데 큰 도움이 될 것입니다.

이런 생각에서 한국공인회계사회는 중소회계법인의 공인회계사를 중소기업의 비상근 재무임원(CFO)으로 파견하는 'CFO 아웃소싱' 방안을 기획했습니다. 공인회계사들이 CFO 업무를 할 때 필요한 지식과 노하우를 쉽게 익힐 수 있도록 이 책을 1년여에 걸쳐 준비했습니다. 물론 이 책은 CFO에 관심이 있는 일반 국민들이 CFO가 무슨 일을 하는가에 대한 이해도를 높이는 목적으로 가급적 쉽게 기술하고자 했습니다. 그리고 전문성과 현장감을 높이기 위해 현재 CFO로 근무 중이거나 기업 재무컨설팅 경험을 보유한 컨설팅사와 회계법인 전문 인력들로 집필진을 구성했습니다.

이 책은 총 8장으로 구성되어 있습니다. 1장 'CFO의 역할'에서는 CFO의 역할 변화와 CFO에게 필요한 역량을 다루었습니다. 2장 '경영계획과 성과관리'에서는 중장기 경영계획과 사업계획을 편성할 때 어떤 사항을 주로 챙겨야 하는지와 실적관리의 키포인트에 대해 언급하고 있습니다. 3장 '자금조달 및 운용'에서는 자금조달 방법과 자금관리 관련 핵심사항들에 대해 살펴보고 있습니다. 4장 '재무회계와 재무보고'에서는 재무제표 결산, 내부회계 관리제도에 대한 CFO의 핵심점검사항, IR, 외부 공시관련 업무에 대해 상세히 기술했습니다. 5장 '회계 정보와 경영의사결정'에서는 경영의사결정에 필요한 주요 개념 소개를 필두로 사업타당성 분석, 위험분석 기법 등을 알기 쉽게 기술했습니다. 6장 '세무관리' 에서는 CFO가 놓쳐서는 안 될 주요 세무 이슈와 세제 지원 사항 등에 대해 다루고 있습니다. 7장 '구매전략'에서는 구매와 관련하여 CFO가 챙겨야 할 다양한 이슈를 살펴보았습니다. 마지막 8장 '기업 시스템 변경을 통한 성장전략'에서는 기업 구조조정, M&A에 관련된 주요 개념과 실제 적용 사례를 알기 쉽게 기술했습니다.

한국공인회계사회는 공인회계사들이 보유하고 있는 전문 지식을 집단 자산으로 묶어 국가와 사회에 공헌할 수 있는 다양한 사회 공헌 사업을 진행하고 있습니다. 공인회계사들의 산업과 경제에 관한 전망을 작성하여 발간하는 정기 간행물 ≪CPA BSI≫는 2018년 6월 창간호 발간에 이어 2020년 2월까지 5호가 발간되었습니다.

이와 더불어 단행본 출간도 계속하고 있습니다. 서양보다 200년 앞서 복식부기를 사용한 우리 조상들의 위대한 회계 역사를 소개한 『세계가 놀란 개성회계의 비밀 - 개성상인이 발명한 세계 최초 복식부기 이야기』(2018년 11월 발간)는 2019년 12월에 세종도서로 선정된 바 있고, 남북경제협력 시대를 준비하기 위해 '회계' 부문에서의 협력이 선행되어야 한다는 취지를 담은 『남북경제협력 - 회계 통일이 우선이다』(2019년 5월 발간)와 자영업자들을 위한 회계 입문서인 『사업을 하십니까? - 회계부터 챙기세요』(2019년 11월 발간)가 공히 독자들의 좋은 반응을 얻고 있습니다.

이 책의 기획과 발간에 힘써주신 분들께 감사 인사를 전합니다. 먼저 추천사를 흔쾌히 써주신 금융위원회 은성수 위원장님과 ㈜LG 권영수 부회장님께 감사를 드립니다. 그리고 집필진과 자문위원단 여러분께 감사드립니다. 책의 출판을 위해 노력해주신 한울엠플러스㈜ 김종수 사장과 윤순현 차장, 임정수 과장, 배소영 팀장에게도 감사의 말씀을 드립니다. 『세계가 놀란 개성회계의 비밀』의 출간에서부터 이번 책까지 네 권 책 발간의 실무 총괄 책임을 담당한 한국공인회계사회 이정헌 기획·조사본부장의 노고에 깊은 감사를 표합니다. 또한 기획에서 발간에 이르는 전 과정에서 혼신의 노력을 다한 한국공인회계사회 고정연 연구원에게도 고마움을 표하며, 박성원 연구원과 김지수 사원에게도 감사 인사를 전합니다.

중소기업 CFO의 역량 강화를 위해 공인회계사 업계가 상생(相生)과 사회 공헌 차원에서 기획한 이 책자가 중소기업 발전에 많은 도움이 되기를 바랍니다.

2020년 5월
한국공인회계사회 회장 **최중경**

추천사

『CFO의 전략적 역할』 출간을 축하합니다

『세계가 놀란 개성회계의 비밀 - 개성상인이 발명한 세계 최초 복식부기 이야기』
가 정부가 주관하는 세종도서에 선정된 것에 이어,『남북경제협력 - 회계 통일이
우선이다』와『사업을 하십니까? - 회계부터 챙기세요』에 이은 한국공인회계사회
의 네 번째 사회 공헌 도서인『CFO의 전략적 역할』의 출간을 더욱 축하드립니다.

우리나라 전체 기업의 절대 다수를 차지하는 중소기업은 우리나라 경제의
기반입니다. 이렇게 중요한 중소기업에 CFO가 부재하거나 재무책임자의 경험
혹은 역량이 부족하여 어려움을 겪는 현실은 참으로 안타깝습니다. 이런 현실을
극복하고 중소기업을 돕고자 중소회계법인의 공인회계사를 중소기업의 비상근
재무임원(CFO)으로 파견하는 'CFO 아웃소싱' 방안을 한국공인회계사회가
기획하고『CFO의 전략적 역할』을 출간한 것은 매우 환영할 일이라 생각합니다.
회계업계뿐 아니라 우리나라 경제를 위해 적극적인 사회 공헌 활동을 펼치는
한국공인회계사회와 최중경 회장님께 감사를 표합니다.

금융위원회는 올해「국가대표 혁신기업 1,000개 육성」을 추진하고 있습니다.
관계부처 협업을 통해 다양한 산업부문별로 혁신성 있고 성장가능성이 높은 혁신
기업을 선정하고, 성장단계·자금수요에 맞게 종합적이고 적극적인 금융지원을
할 계획입니다. 중소기업에게 더 많은 기회를 제공하고, 함께 성장할 수 있도록
금융위원회도 금융 측면에서 적극 지원하겠습니다.

『CFO의 전략적 역할』은 중소기업의 CFO로 활동할 공인회계사들에게 필요한 지식과 노하우를 제공하는 것을 위주로 구성된 것으로 알고 있습니다. 전·현직 CFO와 기업 재무컨설팅 경험을 보유한 컨설팅사와 회계법인 전문 인력들로 집필진을 구성했다니 더욱 신뢰가 갑니다. 그리고 중소기업의 임직원이나 일반인들도 CFO가 무슨 일을 하는지 알 수 있도록 가급적 쉽게 쓰였습니다.

이 책이 중소기업의 발전과 나아가 우리나라 경제 성장의 밑거름이 되었으면 합니다.

2020년 5월

금융위원회 위원장 은성수

추천사

미래의 CFO 여러분을 응원합니다

　재무 분야의 최고 전문가 집단인 한국공인회계사회에서 사회 공헌 도서인 『CFO의 전략적 역할』을 출간하시는 데 대해 진심 어린 축하의 말씀을 전합니다.

　CFO는 과거 기업에서 회계, 세무, 자금, 예산 등을 관리하는 최고재무책임자로서 역할을 중점적으로 수행해왔으나, 최근에는 기업의 사회적 책임 요구 증대와 4차 산업 등 디지털 시대로 전환되면서 그 역할이 점차 확대되고 있습니다. 그뿐만 아니라 저성장 시대를 맞아 사업 재편 및 투자 전략의 중요성이 강조되면서 사업개발 및 투자의사결정을 지원하는 전략적 가치관리자로서의 역할까지 요구되고 있습니다. 이와 같이 CFO의 역할은 그 어느 때보다 강조되고 있으며 그 역량에 따라 기업의 흥망성쇠가 결정되므로 그 책임 또한 막중합니다.

　한국공인회계사회에서는 현재 CFO가 존재하지 않거나 재무 담당자의 역량이나 경험이 부족한 중소기업을 대상으로 공인회계사를 비상근 CFO로 파견하는 'CFO 아웃소싱' 방안을 기획하고 있으며, 파견될 공인회계사나 중소기업 재무담당자들을 대상으로 이 책을 출간하신다고 들었습니다. 『CFO의 전략적 역할』은 전·현직 CFO와 기업재무 컨설팅 경험을 보유한 공인회계사들이 CFO가 되기 위해 반드시 필요한 내용들을 알기 쉽게 기술하고 있으므로, 향후 CFO 역할을 수행할 공인회계사와 중소기업 재무 담당자들이 필요한 지식과 노하우를 습득하는 데 부족함이 없다고 믿습니다. 그뿐만 아니라 미래 CFO가 되기를 희망하는 일반 구독자들에게도 이 책을 일독하시기를 권합니다.

　마지막으로 부임 이래 빠른 시간 안에 회계제도 개혁 등의 성과를 내는 데 만족하지 않고 이렇게 공인회계사들의 집단적 전문 지식과 경험을 바탕으로 사회에 도움이 되는 책자 발간 등 사회 공헌 사업을 추진하고 계신 최중경 회장님께 감사의 말씀을 드립니다.

2020년 5월

㈜LG 부회장　**권영수**

차례

1장
CFO의 역할

강중구 (미국 JLK Yoonsung 회계법인 파트너, 공인회계사(前 LS M&M
　재경부문장))

1. 경영환경 변화와 CFO

1) CFO의 정의

CFO(Chief Financial Officer, 최고재무책임자)는 기업, 정부, 공공기관 등 다양한 조직에서 회계, 세무, 자금, 예산, 성과관리 및 위험관리를 포함한 재무분야 전반의 업무를 총괄하는 최고재무책임자를 가리킨다. 기업활동에 있어 직·간접 금융의 필요성이 증대되고, 원활한 자금흐름의 중요성이 부각되면서 미국과 유럽 등 선진국 기업의 경영체계에 도입되기 시작한 직책이다. CFO는 C 레벨(C-level: 재무, 마케팅, 생산, 인사 등 각 분야에서 전문지식을 가지고 관련 업무를 총괄하는 임원을 통틀어 일컫는 말) 경영진이면서 동시에 조직 전체의 성과와 위험을 종합적으로 관리하고 책임지는 매우 중요한 역할을 담당하고 있다.

2) 전통적인 CFO의 역할

전통적인 CFO의 역할은 한마디로 재산관리자, 즉 회계장부를 작성하고, 재고와 채권, 토지와 건물 등 자산을 관리하며, 예산을 통제하고, 자금을 담당하는 관리자를 의미한다. 수입과 지출, 수익과 비용을 정확하게 계산하고, 행여라도 부도가 나지 않도록 돈 관리를 잘하는 역할이 주요 임무였다. 실제로 재산을 관리하는 일은 기업의 주인이 직접 수행하는 일이지만 기업 규모가 커지고, 복잡성이 더해지며, 경영환경이 다변화하면서 갈수록 위험 요인이 커지자 주인 혼자 사업을 책임지면서 동시에 재무관리까지 맡아 하기에는 업무의 범위가 너무 커져 버렸다. 이에 따라 자신을 대신해 재산을 관리해줄 신뢰할 수 있으면서도 역량 있는 관리자를 필요로 하게 된 것이다.

하지만 전통적인 CFO의 역할이 수치를 중심으로 승인, 결재, 품의 등 업무 프로세스에 근거하여 중앙집중 방식으로 제반 규정을 제정해서 준수 여부를 점검하는 업무에 집중하다 보니 기업 구조조정, M&A 등 기업 시스템 변경을 통한 조직의 성장, 발전에 업무 초점을 두지 않는 경우도 있었다. CFO가 오로지 수치로만 이야기하고 원칙과 규정만을 고집한 결과 다른 C 레벨 경영진과 조화로운 협업이 일부 이루어지지 않는 경우도 발생했다. 따라서 전통적 CFO 역할의 한계를 지적하는 목소리가 점점 높아졌다.

현대 경영학을 창시한 학자로 평가받는 미국의 저명한 경영학자 피터 드러커는 이렇게 말하기도 했다.

"세상을 완전히 예측할 수 있고, 재무적으로 추정할 수 있다고 믿는 숫자 노름꾼(Number Crunchers)들이 기업을 지배하던 시대는 끝났습니다. 이러한 생각은 허상이에요. 이들은 고객이 원하는 제품과 서비스를 결코 제공하지 못합니다. 물론 재산관리자의 조언과 지원도 필요하지만 최종 결정은 고객의 경험을 피부로 느끼며 정확히 이해하는 사람에게 맡겨야 합니다. 아무런 열정도 없이 단순히 컴퓨터로 분석만 해대는 사람은 열정을 품고 최고를 지향하며 노력하는 사람을 결코 이기지 못합니다."

피터 드러커의 이 같은 충고를 무시한 채 여전히 회계장부를 기록하고, 예산을 관리하며, 회계보고서를 작성하는 일에 몰두하면서 재산관리자 역할 수행에만 머물렀던 많은 CFO들은 시대 변화를 따라가지 못한 채 도태되고 말았다. 더욱이 오늘날에는 사업을 재편하고 투자전략을 짜는 일에서부터 구조조정, 인수합병(M&A), 데이터 보안, 인공지능(AI)을 활용한 새로운 경영 기법 도입 등에 이르기까지 CFO 역할이 계속 확대되고 있는 추세이다.

기업, 정부, 공공기관 등 모든 조직에서 일어나는 일들은 자금, 회계 등과 직·간접적으로 관련되어 있으며, 이는 곧 CFO의 영역이기 때문이다.

3) 기업의 사회적 책임 요구 증대

예전 경영학 교과서에서는 기업의 목적이 이윤 극대화 또는 주주가치 극대화라고 가르쳤다. 하지만 이제는 기업도 시민사회의 일원으로서 기업 시민의식(Corporate Citizenship)이 필요한 시점이다. 종업원을 존중하고 안전한 일터를 제공하며, 납품업체에 갑질하지 않고 상호협력하며, 지역사회 주민과 소통하고 환경을 보호하며, 공정하게 경쟁하고 올바르게 세금을 납부하는 등 시민사회 일원으로서 맡은 바 책임을 다해야만 지속가능하게 조직을 유지하고 발전시킬 수 있게 된 것이다. 우리는 이런 역할을 제대로 수행하지 못해 해당 조직이 일순간 사회적 비난의 대상이 되어 큰 위기를 맞이한 사례를 수없이 목격해왔다. 이와 같이 기업이 이윤을 극대화하고 주주가치를 극대화하는 차원을 넘어 사회에 기여하는 법적·경제적·윤리적 책임을 강조하는 경영 기법을 '기업의 사회적 책임경영(CSR: Corporate Social Responsibility)'이라고 한다. 이는 주로 자선, 기부, 환경보호 등 사회 공헌 활동으로 나타난다. 세계적으로 기업들의 CSR은 계속 증가 추세에 있다.

처음에는 CSR이 수익 추구와 무관한 순수한 사회적 기여라고 보는 시각이 많았으나 점차 기업의 수익 추구와 밀접한 관련을 맺고 있다는 주장이 설득력을 얻고 있다. 기업의 사회 공헌 활동은 노블레스 오블리주(Noblesse Oblige, 높은 사회적 신분에 상응하는 도덕적 의무)를 실현하는 단계를 넘어 지속가능한 기업을 위한 투자전략으로 봐야 한다는 것이다. 기업의 적절한 사회적 책임경영은 시민사회의 좋은 평가를 얻게 되므로 결국 소비자들의 인식이 좋아지는 것은 물론 기업의 평판과 브랜드 가치가 상승하게 되어 이윤 극대화와 주주가치 극대화로 연결되는 까닭이다. 기업 내부적으로도 종업원들의 만족도가 올라가면 생산성이 향상되면서 애사심 또한 높아진다. 이는 유·무형의 긍정적인 결과로 이어지게 마련이다. 이 같은 CSR을 경영적 차원에서 면밀히 들여다보고 운영하는 책임 역시 CFO에게 주어진 새로운 역할이다. 최근에는 CSR을 넘어 CSV(Creating Shared Value), 즉 기업의 '공유가치창출' 개념까지 등장했다. 기업이 사회적 책임을 다하는 것은 물론 공동체 전체가 공유하는 가치를 창출하는 역할까지 해야 한다는 것이다.

이는 지난 2011년 미국 하버드대학교 경영학과 마이클 유진 포터 교수가 ≪하버드 비즈니스 리뷰≫에 발표함으로써 생겨난 개념이다. 기업이 먼저 수익을 창출한 다음 사회에 대한 책임을 다하는 것이 아니라 기업의 활동 자체가 사회 공동체에 필요한 긍정적 가치를 창출하면서 동시에 경제적 수익을 추구하는 방향으로 이루어져야 한다는 요지이다. 기업의 가치가 소비자의 가치, 사회 공동체의 가치와 일치됨으로써 기업과 소비자와 사회 공동체가 상생을 도모하는 경영모델이다.

이와 같은 흐름에 따라 이윤 극대화가 목적이 아닌 특정한 사회·경제적 목표 달성을 최우선 가치로 삼는 사회적 기업(Social Enterprise) 또한 증가하고 있으며, 이런 기업에 투자하는 임팩트 투자와 임팩트 금융도 생겨났다. 결국 기업도 단기 이윤 극대화 대신 지속가능한 성장을 추구하기 위해 사회적 책임을 다하면서 사회 공동체가 공유하는 가치를 창출하는 것이 중요하다는 점을 인식하게 된 것이다. 따라서 CFO의 역할은 더욱 중요하게 되었다. CFO의 역할 중 하나가 조직 전체의 위험 요인을 관리하는 것인데, 이는 바로 조직의 지속가능성을 확보하는 것이다. CFO는 재무 관리와 성과 달성은 물론 환경, 안전, 노사관계, 지역사회, 납세, 각종 법규준수, 사회적 평판 관리, 공유가치창출 등 조직의 지속가능한 발전을 위해 문제가 없는지 지속적으로 모니터링하면서 취약한 부분을 신속하게 개선해나가는 전사적인 역할을 담당해야 한다.

4) 디지털 대전환

바야흐로 우리는 4차 산업혁명 시대에 살고 있다. 인공지능(AI: Artificial Intelligence), 빅데이터(Big Data), 사물인터넷(IOT: Internet of Things, 사물끼리 인터넷으로 연결되어 서로 정보를 주고받는 초연결사회의 기반이 되는 환경), 5G, 블록체인(Blockchain, 블록에 데이터를 담아 체인 형태로 연결하여 수많은 컴퓨터에 동시에 이를 복제해 저장하는 분산형 데이터 저장 기술), 3D 프린터 등 핵심요소 기술들을 활용하여 새로운 비즈니스 모델을 만들고, 제품과 서비스를 개발하며, 스마트 공장을 구축해 운영하는 거대한 디지털 전환의 흐름 속에 살고 있는 것이다. 이런 혁명적 상황 가운데 경영자에게 요구되는 시대적 패러다임은 바로 데이터 경영이다. 이는 사람의 경험이나 노하우 또는 직관에 따라 경영에 필요한 의사결정을 하기보다는 객관적인 데이터에 기반해 판단하고 의사결정을 하는 것이다. CFO 부문의 업무도 인공지능과 빅데이터를 활용하면 신속성, 정확성, 유용성이 크게 향상될 것임에 틀림없다. 예컨대 궁금한 정보는 음성인식이 가능한 인공지능비서를 통해 즉시 정확한 답변을 얻을 수 있다. 정형화된 업무는 RPA(Robotic Processing Automation, 기업의 재무, 회계, 제조, 구매, 고객관리 분야 데이터를 수집해 입력하고 비교하는 단순반복 업무를 자동화해서 빠르고 정확하게 수행하는 소프트웨어) 로봇이 재경 직원을 빠른 속도로 대체할 것이다. 머지않은 장래에 1인 1로봇 시대가 펼쳐질 것으로 예상된다. 직원들이 자신을 도와 업무를 수행할 로봇에게 업무를 지시하고 교육시키고 피드백하면서 자신의 업무를 분담시킨다는 이야기이다. 사람과 인공지능이 어우러져 협업하면서 업무를 수행하는 시대가 도래할 것이다. 재경 업무 외에도 구매, 생산, 영업, 연구개발 등 전 분야에 걸쳐 디지털 전환 혁명의 흐름을 치밀하게 대비하면서 주도적으로 이끌어가는 조직과 그렇지 못한 조직 간에는 엄청난 차이가 발생할 것이다. 결국 치열한 경쟁 속에서 살아남느냐 도태되느냐 하는 중대한 갈림길에 서게 되는 것이다. 지속가능한 성장을 이룩하기 위해 CFO는 이러한 변화의 흐름을 정확하게 읽고, 변화의 중심에 우뚝 서서 CFO 부문을 비롯한 조직 전체의 경쟁력을 높이기 위해 선도적인 역할을 수행해야만 한다.

2. CFO 역할의 발전 방향

1) 새로운 CFO의 역할

CFO의 새로운 역할은 크게 세 가지로 볼 수 있다.

첫째는 규정 준수와 통제로서 이는 조직의 가치를 보호하는 역할이다. 상법, 기업회계기준, 세법, 공시관련 규정을 비롯한 각종 법규를 준수하고, 예산을 통제하며, 자금수지 예측을 통해 유동성을 관리하고, 적정 차입금 수준 관리를 통해 최적의 재무구조를 유지하면서 채권, 재고, 유형자산, 미수금 등 자산이 부실화되지 않도록 주기적으로 실물을 확인하는 동시에 계정잔액을 관리하는 것이다. 이는 전통적인 역할이자 가장 기본이 되는 중요한 역할이다. 조직의 목표 달성에 걸림돌이 되는 모든 위험 요인들을 파악하여 주기적으로 모니터링하고, 위기 상황이 발생했을 때 즉각적으로 이에 대응하는

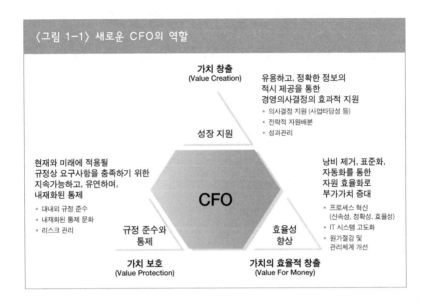

〈그림 1-1〉 새로운 CFO의 역할

가치 창출
(Value Creation)

유용하고, 정확한 정보의
적시 제공을 통한
경영의사결정의 효과적 지원
- 의사결정 지원 (사업타당성 등)
- 전략적 자원배분
- 성과관리

성장 지원

현재와 미래에 적용될
규정상 요구사항을 충족하기 위한
지속가능하고, 유연하며,
내재화된 통제
- 대내외 규정 준수
- 내재화된 통제 문화
- 리스크 관리

CFO

낭비 제거, 표준화,
자동화를 통한
자원 효율화로
부가가치 증대
- 프로세스 혁신
  (신속성, 정확성, 효율성)
- IT 시스템 고도화
- 원가절감 및
  관리체계 개선

규정 준수와
통제

효율성
향상

가치 보호
(Value Protection)

가치의 효율적 창출
(Value For Money)

컨트롤 타워로서의 역할도 수행해야 한다.

둘째는 효율성 향상이다. 이는 조직의 가치를 효율적으로 창출하게 하는
역할이다. 즉, 적은 투입으로 동일한 산출물을 생산해내도록 하는 것이다.
좁게 보자면 CFO의 영역인 회계, 세무, 자금, 기획 업무를 혁신하여 최소의
비용을 들여 효과적인 업무를 수행하도록 하는 것이며, 넓게 보자면 영업,
생산, 구매, 연구개발 등 전 부문에 걸친 업무가 가장 효율적이고 내부통제
가 잘되는 수준으로 만들어 이를 지속적으로 유지 관리하는 것이다. 대부
분의 업무혁신이 IT 시스템을 통해서 구현되다 보니 IT 시스템 인프라를 효
과적으로 구축하고, 전사적 자원관리가 가능한 ERP(Enterprise Resource
Planning) 시스템을 구축하거나, 사무 로봇인 RPA를 통한 사무 업무 자동화
를 추진하는 것 등도 CFO의 역할이다. 아울러 전사적 원가절감이 가능하
도록 관리체계를 수립하는 것도 CFO의 주요한 역할이다. 끊임없는 원가혁

신을 통해서 사용량과 구매단가를 줄이도록 관리 측면에서 지원하는 것인데, 표준원가(Standard Cost, 일정한 조업도를 전제로 하여 과학적 연구에 의한 수량표준과 가격표준에 의해 산정된 적정원가), 활동기준원가(Activity Based Costing, 제조간접원가를 수량 중심이 아니라 활동 중심, 즉 발생한 원인에 따라 정밀하게 계산하는 방식), 목표원가(Target Cost, 원가관리상 목표가 되는 원가), 수명주기원가(Life Cycle Cost, 건물이나 설비 등 대형 시스템을 건설해서, 사용하다가 폐기될 때까지 들어가는 총소요비용) 제도를 도입하는 것이 그러한 예이다.

셋째는 성장 지원이다. 이는 조직의 가치를 창출하는 역할이다. 앞서 언급한 역할이 기존 사업 영역에서 내부통제와 효율성을 강화하는 역할인 반면, 이 역할은 새로운 사업 영역을 개척하거나 기존 사업 영역에서 신제품을 개발하고, 신규 시장에 진출하는 것 등을 지원하는 역할이다. 이는 전통적인 CFO의 역할에서 벗어나 적극적으로 조직의 성장을 뒷받침하는 역할이다. 예를 들면 조직의 제한된 자원을 전략적인 분야, 즉 지속가능한 성장을 위한 신규 투자와 인력 충원 등에 우선 배분하는 것이다. 또한 신규 투자시 외부환경의 기회요인과 위협요인, 그리고 내부 역량의 강점과 약점 및 잠재적인 위험 요인이 종합적이고 객관적으로 사업타당성 분석에 반영되도록 하는 역할이다.

CFO의 역할에 대한 기대는 견제와 균형과 통제의 영역을 벗어나 새로운 사업을 설계하고 개발하며, 조직의 변화를 이끌면서 전략적 의사결정을 주도하는 영역으로 계속 확대되고 있기 때문에, CFO 및 CFO 산하 조직은 이러한 흐름에 효과적으로 대응해야 한다. 전통적인 CFO의 역할은 재무업무 중심의 F-CFO(Financial CFO) 위치에 머물렀지만 비즈니스에 많은 변화가 일어나다 보니 CEO는 CFO에게 사업적인 통찰을 요청하는 경우가 점점 증가하게 되었고, 이로 인해 업무지식을 토대로 현장의 정보를 얻어서 경영자에게 적절하게 조언해주는 관리 업무 중심의 O-CFO(Operational CFO)로 발전하게 되었다. 자연스럽게 O-CFO에게는 사업운영을 지원하고 경영의 사결정에 필요한 각종 분석 업무에 대한 기대가 커지게 된 셈이다. 여기서 한발 더 나아가 기업 규모가 갈수록 커지고 사업환경이 더욱 복잡해짐에 따라 CEO가 집중해야 할 업무가 늘어나게 되자 CEO는 오직 사업의 핵심 부문에만 집중하고, CFO는 구체적인 전략 결정·실행과 CEO에게 필요한 전략적인 통찰을 제시하는 CE-CFO(Chief Executive CFO) 개념으로까지 그 영역이 확장되기에 이르렀다. CE-CFO에게는 신규 사업을 개발하는 전략적 동반자 역할까지 주어짐으로써 기대감이 더욱 커지게 된 것이다.

〈그림 1-2〉 CFO 역할의 확대

2) CFO 역할의 발전 단계

CFO의 역할은 그동안 4단계의 발전 과정을 밟아왔다고 볼 수 있다. 1단계는 재산관리자이다. 주요 역할은 보고와 규정 준수이고, 필요 역량은 재무회계 역량이며, 주요 과제는 수많은 거래를 효과적으로 처리하는 것이었다. 2단계는 프로세스 관리자이다. 주요 역할은 프로세스 혁신과 위험관리이고, 필요 역량은 관리회계와 투자자 보고, 적정 재무구조 유지, 세무·감사·자금 업무 역량이며, 주요 과제는 지속적인 프로세스 혁신이었다. 3단계는 사업 동반자이다. 주요 역할은 의사결정을 지원하는 것, 즉 유용한 재무분석 정보를 보고하는 것이고, 필요 역량은 성과관리와 분석 역량이며, 주요 과제는 유능한 인재운영과 의사결정에 유용한 통찰력을 제공하는 것이었다. 마지막 4단계는 가치관리자이다. 주요 역할은 경영진으로써 가치와 이익을

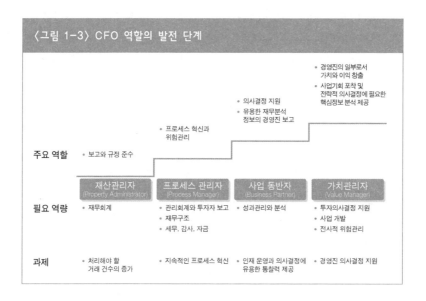

〈그림 1-3〉 CFO 역할의 발전 단계

창출하며, 사업기회를 포착하여 전략적 의사결정에 필요한 핵심 정보를 분석해 제공하는 것이고, 필요 역량은 투자의사결정을 지원하고, 사업을 개발하며, 전사적 위험관리를 할 수 있는 역량이며, 주요 과제는 경영자가 제대로 의사결정을 수행하도록 효과적으로 지원하는 것이다.

3) CFO의 달라진 위상

CFO의 역할이 이토록 중요해지고, 업무 영역이 재무를 넘어 경영 전반에 이를 정도로 나날이 확대되고 있다면 조직 내에서 CEO와 CFO의 위상은 어떻게 달라지는가? 조직은 성과를 창출해야 하는데, 과연 CEO와 CFO 및 이사회는 각각 어떤 역할을 수행해야 하며, 역할 간에는 어떤 상관관계가 있을까? 이쯤해서 이런 질문을 던지지 않을 수 없다. 우선 CEO는 경영에 대해 무한책임을 지는 조직의 '성과책임자(Performance Owner)'이며, 성과 창출을 위해 사업을 개발하고 성장을 견인하는 역할을 한다. 한편, 이사회는 CEO가 대리인으로서 제대로 역할을 수행하면서 진정한 성과를 달성했는지를 분석하고 검토하는 '성과평가자(Performance Inspector)'의 역할을 수행한다. 이런 관계 속에서 본다면 CFO는 '성과관리자(Performance Manager)'라고 할 수 있다. 성과 달성을 위해 CEO의 가장 긴밀한 동반자로서 사업 전략 수립을 위한 재무정보를 제공해야 하며, 조정자로서 CEO와 이사회 사이에서 현명한 가교 역할을 수행해야 하고, 나아가 관리자로서 CEO를 견제하고 균형을 유지하는 역할을 수행해야 한다.

이사회는 지배 구조상 조직 내 최고 의사결정기구이다. 이사회는 경영의 대리인인 CEO가 주주가치를 훼손하지 않고 잘 성장시켜 나가고 있는지 모니터링하고 평가할 뿐만 아니라 중요 사안에 대해서 결정을 내린다.

CFO는 CEO로부터 지시를 받고 업무 평가를 받는 상하관계에 있지만, 한편으로는 CEO가 대내외 각종 법규나 규정을 어겼을 경우 이를 지적하고 견제하며, CEO와 이사회 사이에서 조직의 성과가 효과적으로 관리되고 공정하게 평가받도록 하는 성과관리자의 역할을 수행해야 한다. CFO는 때로는 CEO가 의사결정을 할 때 '조언자로서의 역할'을 수행하기도 하고, 때로는 누구도 이야기하기 어려운 곤란한 상황에서 CEO에게 직언하는 '악마의 대변자로서의 역할'을 하기도 하며, 때로는 그림자처럼 CEO를 보좌하고 지원하는 '지원자로서의 역할'을 하기도 한다. 이처럼 CFO가 조직 전체의 성과관리자 역할을 수행하다 보니 필연적으로 그 역할과 위상에 있어 다른 C 레벨 직책보다 상위에 위치하는 경향을 보인다. 또한 CFO의 업무 영역이 계속 확대되고 있기 때문에 단순히 재경 업무만을 수행하는 재무담당 임원은 CFO라고 부르지 않는 경향이 있다. 야구로 비유했을 때 CEO가 투수라면 CFO는 포수이고, 이사회는 감독이다. 투수는 감독의 작전에 따라 공을 던져서 타자를 잡는데 중요한 점은 포수가 타자, 주자 등 상대방 선수의 상태를 파악하고, 투수의 컨디션과 구질을 감안해서 어떤 공을 어느 위치에 던질 것인지 투수에게 신호를 보낸다는 것이다. 심지어 수비수들의 위치도 조정해준다. 상대방의 공격을 성공적으로 막아내기 위한 컨트롤 타워 역할을 포수가 잘 감당해야만 팀이 이길 수 있다.

3. CFO에게 필요한 역량

1) 업(業)에 대한 이해

CFO는 자신의 조직이 영위하는 '업(業)의 본질'에 대한 정확한 이해가 필요하다. 業의 본질을 이해한다는 것은 수요와 공급 등 시장환경, 관련 기술의 발전, 제품의 라이프사이클, 경쟁자들의 동향, 투자의 적절한 시기와 규모, 원가의 구조, 수반되는 위험의 유형 등 業의 수행과 관련된 중요한 요인들을 정확히 이해한다는 것이다. 다시 말해 어디서 수익이 창출되고, 어떻게 이익과 손실이 발생하는지 業의 메커니즘과 業의 성패를 좌우하는 핵심요인을 제대로 이해한다는 것이다. CFO가 業의 본질을 이해한다는 것은 아무리 강조해도 지나치지 않을 정도로 매우 중요하다. 業의 본질을 이해하고 그 흐름을 꿰뚫고 있어야만 조직의 성과관리자로서 성과를 관리하고 개선하며 위험 요인을 관리할 수 있기 때문이다.

LCD(평판 디스플레이), LED(발광 다이오드 디스플레이), OLED(스스로 빛을 내는 차세대 디스플레이) 등 디스플레이 패널을 생산 판매하는 디스플레이 業의 경우, 첨단기술에 대한 장기간의 연구개발과 대규모 장비투자로 인해 사업화 과정이 긴 반면에 매출 및 이익 실현은 상대적으로 짧은 비대칭 사이클이 특징이다. 첨단제품과 공정기술 개발과정에서 연구개발비용이 높고, 특허 및 기술료 지출이 큰 사업이다. 대규모 설비투자로 인한 투자비 또한 매우 큰 사업이다. 재료비 비중이 높은 반면 인건비 비중은 높지 않다. 설비와 공정관리 비용인 감가상각비, 수선비, 엔지니어링비용이 많이 발생한다. 따라서 경쟁자와 비교해서 투자 시기가 적절하고, 투자 규모와 원가 수준 면에서 경쟁력이 있는지가 사업 성공을 좌우하는 중요한 요인이다. 디스플레이 業의 CFO는 이러한 분석을 통해서 문제점이 파악되면 이를 이슈화하고 조직 내에서 논의해 해결 방안을 찾도록 해야 한다.

철광석이나 동, 아연 등 비철금속 광석을 제련해 철강석, 전기동, 아연을 생산 판매하는 사업의 경우, 금속 가격과 환율 변동에 따른 변동성에 효과적으로 헷지하는 것이 지속가능한 사업운영의 측면에서 매우 중요하다. 철강업 및 비철금속 제련업은 일반적으로 매출액 대비 매출원가의 비중이 높다. 이는 매출원가의 상당 부분이 원재료비인 매입금속대금이기 때문이다. 따라서 매출액 대비 매출총이익률이 높지 않기 때문에 금속 가격과 환율 변동으로 인한 손익 영향을 효과적으로 통제하지 못한다면 대규모 손실이 발생할 가능성이 매우 높다. 따라서 철강업과 비철금속 제련업의 CFO는 금속 가격과 환율 변동으로 인해 발생하는 위험관리에 대한 책임이 무엇보다 중요하다. 만일 이러한 業의 본질을 제대로 이해하지 못하고 금속 가격과 환율 변동에 베팅(Betting, 결과가 불확실한 일에 돈을 걸거나 투자하는 행위)하여 돈을 벌어보겠다고 한다면 어떻게 될까? 일시적으로 돈을 벌 수 있을지는 모르지만 결국에는 얼마 가지 않아 막대한 손실을 입게 될 것이다.

2) 직무역량

CFO에게 요구되는 직무역량은 성과관리 역량, 효율적인 재무운영 역량, 자본관리 최적화 역량 그리고 전사적 위험관리 역량 등 크게 네 가지로 분류할 수 있다.

첫째는 성과관리 역량이다. 조직의 성과를 주기적으로, 그리고 수시로 점검하여 본래 세웠던 목표에 대비해 차질이 발생할 것이 예상되면 이를 신속하게 파악하여 CEO 및 관련 부서에 알리고, 필요할 경우 위험이나 경고 신호를 보내야 한다. 이를 위해 예측가능한 경영이 되도록 경영관리 체계를 만들어 유지 발전시켜야 한다. 조직의 성과관리는 조직의 전략 방향에 맞추어 전사적 목표가 달성되도록 하부 조직에 부여된 세부 목표를 달성했는지 주기적으로 모니터링하고, 예외사항이 발생했을 때 이를 정확하게 파악하여 대응하도록 하는 것이다. 어떤 조직이나 조직의 전체 최적화와 하부 조직의 부분 최적화 간에 갈등이 발생하기 마련인데, 조직의 성과관리에도 이런 이슈가 발생한다. 따라서 성과관리의 핵심은 하부 조직이 자기 조직만의 성과를 추구하는 것이 아니라 타 하부 조직과 협력하여 조직 전체의 성과를 높이도록 유도하고, 이를 공정하게 평가에 반영해주는 것이다. 이에 따라 CFO는 조직 전체의 전략과 중장기 목표뿐만 아니라 하부 조직의 역할과 목표에 대한 정확한 이해를 바탕으로 하부 조직의 이해관계 충돌 가능성을 사전에 구체적으로 파악하여 조직 간에 상호협력을 통해 성과를 창출할 수 있게끔 효과적으로 관리해야 한다.

둘째는 효율적인 재무운영 역량이다. 효율적 재무운영이란 CFO 산하 재무 인력의 역량을 전문화하고, 업무 프로세스를 자동화하여 적은 인력으로도 최적의 프로세스와 시스템을 활용해 효율적이면서 내부통제가 양호한 재경 업무를 수행하는 것을 말한다. 이를 위해서 CFO는 재경 업무 프로세스 자체뿐만 아니라 IT 시스템, 인공지능, RPA(Robotic Processing Automation) 등 최신 기술 트렌드를 파악해 받아들이는 것은 물론 선진회사의 업무혁신 사례에 많은 관심을 가지고 있어야 하며, 業의 본질에 대한 이해와 통찰력을 바탕으로 재경 업무를 어떻게 혁신할 것인지 끊임없이 연구하고 고민해야 한다. 예를 들면 외부 공표용 재무회계 정보는 회계기준을 준수하면서 주어진 기한 내에 정확하게 산출되어야 하고, 동시에 내부 관리용 관리회계정보는 조직의 의사결정에 필요한 유용한 정보가 신속 정확하게 산출되어야 한다는 목표를 세우고, 현재 재경 업무가 어느 수준에 도달해 있는지를 평가해야 한다. 이때, 재경업무 수준은 산출물의 질(Quality)뿐만 아니라 투입(인원, 프로세스, 시스템)의 효율성까지 함께 평가해야 한다. 평가 결과 만일 산출물이 질적인 면에서 미흡하거나 투입의 효율성 면에서 비효율이 있다면 이를 개선해야 한다. 개선 방안으로 전산화와 자동화, 셰어드 서비스(Shared Service, 기업의 기능 중 일부를 별도 기업이나 조직에 집중시켜 해당 기업의 능률 향상, 가치창출, 비용절감 및 서비스 개선을 도모하는 일종의 협업전략) 그리고 RPA, 인공지능 등의 신기술을 활용한다면 신속성, 정확성, 비용의 세 마리 토끼를 한꺼번에 잡는 효과를 기대할 수 있다.

셋째는 자본관리 최적화 역량이다. 우선 조직에 맞는 최적의 재무구조를 설정하는 것이 필요하다. 조직을 운영하는 데 필요한 현금흐름 수준(현금 유입과 유출)을 검토해 바람직한 안정성 관련 목표 재무비율을 설정하는 것이다. 즉, 부채비율, 자기자본 대비 (순)차입금비율, 이자보상배율, 당좌비율, 최소현금 수준 등이 여기에 해당된다. 이때, 業의 본질에 대한 이해를 바탕으로 사업환경에 대한 전망, 중장기 사업계획, 향후 투자재원 필요 규모, 금융시장 상황, 배당 정책, 동일 업종 내 경쟁사를 비롯한 타 회사 재무구조 등을 종합적으로 고려해야 한다. 최적의 재무구조가 설정되었다면 현재 조직의 재무구조가 어떤지를 분석해 최적의 재무구조와 비교했을 때 부채비율이 높거나 차입금 규모가 크게 부담이 되는 등 불안정한 재무구조를 가지고 있다면 이를 개선하기 위한 노력이 필요하다. 이 같은 업무를 수행하기 위해 CFO는 자금 조달과 운용, 재무비율, 재무구조, 금융시장, 재고자산, 매출채권, 매입채무 등 주요 운전자본의 변동과 사업계획에 대한 폭넓은 이해, 그리고 재무구조가 취약할 때 어떤 위험이 발생할 수 있는지에 대한 정확한 판단이 필요하다.

넷째는 전사적 위험관리 역량이다. 기본적으로 위험이란 조직의 목표를 달성하기 위해 업무를 수행하는 과정에서 미래의 불확실성으로 인해 예상치 못하게 발생하는 저해요소를 가리킨다. 전사적 위험관리는 조직이 지속가능한 성장을 계속해야 한다는 관점에서 회사 전체의 모든 위험 요인을 정의하고, 이를 신속하게 식별하여 효과적으로 대응할 수 있도록 하는 제도, 조직, 프로세스 및 시스템적인 종합관리체계를 말한다. 전사적 위험관리를 위해 CFO는 조직 내부와 외부에서 발생할 수 있는 위험 요인이 무엇인지를 정의하고, 중요한 위험 요인이 어떤 것인지를 파악하며, 위험 요인을 유형별로 분류해 효과적인 관리 방식을 마련하고, 성과관리와 위험관리의 관계를 정리하며, 전사적인 IT 시스템 구조 및 개별 시스템 사이의 연계 방안을 이해하고 있어야 한다.

3) 기본역량

유능한 CFO가 되기 위해서는 직무역량 이외에도 네 가지 기본역량이 필수적이다. 재무에 대한 지식, 사업에 대한 지식과 통찰력, 분석과 문제해결 역량, 대인관계와 소통 능력이 그것이다.

첫째는 재무에 대한 지식이다. 가장 필수적인 역량은 회계이다. 재무회계는 물론 원가회계, 관리회계에 대한 이해도 필수적이다. IFRS 등 국제회계기준과 업종별 회계기준에 대한 이해도 필요하다. 세무 역시 매우 중요한 역량인데, 국세기본법을 비롯해 법인세, 소득세, 부가가치세, 지방세, 국제조세, 관세에 대한 이해를 갖추고, 세무조사에 대비한 사전관리와 조세불복 등 조세구제제도에 대한 이해도 갖추어야 한다. 자금 조달과 운용을 통한 유동성 관리 역량 또한 기본이다. 특히 자금조달이 중요한 조직의 경우 금융시장과 자본시장에 대한 이해를 바탕으로 금융기관차입, 기업어음, 회사채, 매출채권 유동화, 유상증자, 해외증권발행, 기업공개(Initial Public Offering) 등 조직의 자금 수요에 따른 최선의 자금조달 방안을 찾아야 한다. 또한 현금잔액을 주기적으로 확인하고, 자금수지계획을 신뢰성 있게 수립해서 선제적으로 유동성 관리를 해야 한다. 자금 업무의 특성상 횡령사고 등의 위험이 도사리고 있으므로 강제 업무 로테이션, 강제 휴가제 등 내부통제가 제대로 작동하도록 해야 한다.

둘째는 사업에 대한 지식과 통찰력이다. CFO는 재무에 대한 전문성을 갖추고 있는 것만으로는 부족하다. 반드시 業에 대한 정확한 이해와 통찰력을 가지고, 선제적으로 성과를 관리하며, 위험 요인을 감지하여 대처해 나갈 수 있어야 한다. 더불어 조직을 둘러싼 사업환경의 변화가 조직 성과에 미치는 영향을 파악해 효과적으로 대응할 수 있도록 경영관리체계를 마련해야 한다.

기업이 성장가도를 달리고 있을 때 닥쳐올 위기를 보고, 남들이 위험하고 불가능하다고 말할 때 기회와 가능성을 보며, 망망대해에 떠 있는 돛단배처럼 온통 암흑 같은 상황 속에서도 비전을 바라볼 수 있는 능력, 이것이 바로 보통 사람은 쉽게 가질 수 없는 통찰력이다. CEO는 물론 CFO 역시 이런 통찰력을 지니고 있어야 한다. 그러나 이런 통찰력은 하루아침에 만들어지지 않는다. 끝없는 지식 습득과 학습, 자기 절제와 노력이 쌓였을 때 비로소 만들어질 수 있다. 경영은 통계와 지식과 자본만으로 이루어지지 않는다. 통찰력이 있어야 한다. 이것이 있느냐 없느냐에 따라 비범한 CFO와 평범한 CFO로 나누어질 수밖에 없다.

셋째는 분석과 문제해결 역량이다. 이슈가 발생하면 많은 경우에 현상 해결에만 집중하기 마련이다. 그러다 보면 근본적인 원인 파악이 되지 않는 경우가 많다. 이슈가 발생했을 때 근본적인 원인을 정확하게 파악하는 것이 매우 중요하다. 그래야만 그 원인을 제거할 수 있고, 향후 유사한 문제가 재발하는 것을 막을 수 있다. 문제를 해결할 때 문제해결의 방법론을 가지고 체계적으로 접근할 필요가 있다. 예를 들어 스왓 분석(SWOT Analysis)*을 통해 내부역량 관점에서 강점(Strength)과 약점(Weakness), 외부환경 관점에서 기회(Opportunity)와 위협(Threat)의 네 가지 측면에서 현상을 분석할 수 있다. 한편, 네 가지 경영의 핵심요소인 제도나 규정, 인력과 조직, 업무 프로세스, IT 시스템 관점에서 종합적으로 문제점을 파악한 다음 이에 따른 해결 방안을 모색하는 것도 문제해결 방법론의 한 예이다.

넷째는 대인관계와 소통 능력이다. 이는 CFO가 업무를 수행하는 데 있어 매우 중요한 기본역량이다. 앞서 설명한 바와 같이 CFO는 CEO와 이사회에 성과관리자로서 각종 보고를 하고 승인을 받아야 할 뿐만 아니라 조직 내 여러 부문을 지원하면서 동시에 통제도 하고, 성과를 평가하며, 업무의 범위에 따라 업무 프로세스를 혁신하는 역할까지 수행해야 한다. 뿐만 아니라 조직 내 각종 회의에 참석하고, 의사결정에 필요한 여러 가지 재무정보를 제공해야 한다. 조직 외부의 금융기관, 회계법인, 컨설팅업체, 기관투자자, 법무법인, 금융감독원, 국세청, 관세청 등 다양한 이해관계자와 만나서 협의하고 소통해야 한다. 상장기업의 CFO는 국내·외 투자자를 대상으로 사업 실적과 전망에 대한 IR(Investor Relations)**을 수행하는 것이 중요한 업무 중 하나이다. 이처럼 CFO는 조직 내외에 있는 다양한 이해관계자

---

* 스왓 분석(SWOT Analysis)과 관련된 세부 내용은 2장 '경영계획과 성과관리'의 1절 '중장기 경영계획'을 참고하기 바란다.
** IR과 관련된 세부 내용은 4장 '재무회계와 재무보고'의 4절 'IR'을 참고하기 바란다.

와 만나서 상대방의 입장을 듣고, 자신의 입장을 설명하며, 기업의 입장과 상황을 설득해야 하기 때문에 대인관계 및 소통 능력이 필수적이다. 한편으로 외국어 소통 능력 또한 빼놓을 수 없다. 해외법인이나 사무소의 진출, 외국기업과의 주요 계약 체결이나 인수합병 협상, 해외투자자를 대상으로 한 기업 IR의 경우, 외국어 소통 능력은 반드시 갖추어야 할 역량이다.

4) 행동규범

"우리는 아무리 능력이 뛰어나다 해도 올바른 태도를 갖지 않은 사람은 채용하지 않습니다. 가르치고 훈련하면 능력은 얼마든지 변화시킬 수 있습니다. 그러나 태도는 변화시킬 수 없습니다."

여객운송 기준으로 세계 3위인 미국의 저비용 항공사 사우스웨스트 항공 허브 켈러허 前 회장은 이렇게 말한 바 있다. 기업에서 직원을 평가할 때 능력 못지않게 태도를 얼마나 중요시하는지를 잘 보여주는 말이다. 능력은 교육과 훈련을 통해 제고할 수 있는 여지가 많지만 태도는 확고하게 내면화된 경우가 많아 제고의 여지가 상대적으로 적은 게 사실이다.

CFO로서 반드시 인지해야 할 태도, 즉 행동규범(Code of Conduct)으로는 정직성, 공정성, 신의성실 의무, 지속성, 도전의식, 공동체 정신 등을 들 수 있는데, 이는 재무 인력 전체에 해당되는 규범이기도 하다.

정직성(Integrity)과 공정성(Fairness)은 각종 재무정보를 파악해 수집하는 것을 비롯해 이를 작성하고 보고하며, 자금 등 자산을 관리하고, 조직 전체의 성과를 관리하는 것은 물론 하부 조직의 성과를 평가하며, 규정 준수 및 위험 예방을 사명으로 하는 CFO의 업무 특성상 반드시 필요한 기본적인 태도이다. 다른 어떤 직책보다 더 높은 도덕성과 윤리의식을 필요로 하는 것은 이 같은 까닭이다. 만약 CFO에게 정직성과 공정성이 결여되어 있다면 회계와 재무의 투명성이 언제든 흔들릴 수 있고, 이는 곧 분식회계나 부실 경영으로 이어질 수도 있다. 신의성실 의무(Fiduciary Duty)는 주인으로부터 맡겨진 재산을 선량한 관리자의 의무를 다하여 보호하고 관리하는 것을 의미한다. 주인 입장에서는 자신의 소중한 재산을 믿고 맡겨야 하기 때문에 CFO 업무는 아무에게나 맡길 수 없는 특수성이 있다.

또한 CFO가 CEO나 주주 또는 직원들로부터 신뢰를 받기 위해서는 매사에 일관성을 유지하면서 지속성 있게 원칙과 규정을 준수해서 일해야 한다. 아울러 규정을 변경하는 경우에는 신중하게 장단점과 부작용을 고려해야 한다. 그리고 CFO는 통제와 위험관리, 효율성 향상, 성장 지원의 관점에서 CFO 조직의 역량 향상뿐만 아니라 현업 조직을 포함한 전체 조직의

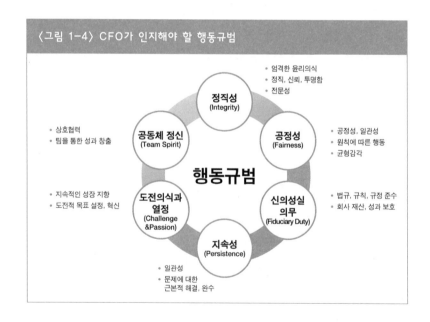

〈그림 1-4〉 CFO가 인지해야 할 행동규범

역량 향상을 위해 CFO 스스로 강력한 도전의식과 열정을 가지고 조직을 이끌어나가야 한다. CFO가 현상 유지에만 급급하고 지나치게 보수적이며 모험을 두려워한다면 해당 기업은 새로운 시장을 개척하기가 어렵고 신규 투자를 결정하기도 힘들게 된다. 그런 기업에 결코 미래가 있을 수 없다. 즉, 발생한 문제의 근본 원인을 찾아서 이를 끝까지 해결해내고야 마는 끈질김이 있어야 한다. 모험과 도전을 두려워하지 않는 CFO에게만 기회가 열리기 때문이다. 끝으로 CFO는 조직 내 팀원들과 타 부서 팀원들이 하나의 팀이라는 공동체 정신을 가지고 일할 수 있도록 팀을 위한 정신을 불어넣어 줘야 한다. 이것이 CFO에게 꼭 필요한 리더십이다. 업무를 수행하다 보면 때로는 외부 전문가 그룹(회계법인, 컨설팅업체, 법무법인 등)과도 협업을 하게 되는데, 이때도 마찬가지로 팀워크가 중요하다.

4. 성과 창출을 위한 CFO의 핵심과제

성과 창출을 위해서 CFO가 수행해야 할 핵심과제로는 성과관리 고도화, 전사적 위험관리 강화, 업무혁신, 원가경쟁력 강화 그리고 재무인력 역량 강화 다섯 가지로 요약할 수 있다.

1) 성과관리 고도화

성과관리를 위해서는 조직 전략과 연계된 전체 조직의 목표(연간 경영계획 등)를 하위 조직으로 적절히 할당하고, 이에 따라 수립된 세부 목표가 계획대로 실행되고 있는지 주기적으로 점검하며, 차질이 발생했을 경우 이를 즉각적으로 파악할 수 있어야 한다. 비즈니스 인텔리전스(BI: Business Intelligence, 기업이 보유하고 있는 수많은 데이터를 정리하고 분석해 기업의 의사결정에 활용하는 응용 시스템과 기술)는 바로 이런 기능을 수행하는 조직 경영의 내비게이션이다. 이와 같은 비즈니스 인텔리전스 시스템은 홀로 작동하는 것이 아니라 ERP 등 기반 시스템에서 관리되는 정보를 직접적으로 또는 중간에 데이터 웨어하우스(Data Warehouse)를 통해 전달받아 필요한 가공을 거친 후 필요한 주기와 방식에 따라 제공된다. 데이터 웨어하우스는 각종 원시 데이터를 수집해 분류하고 저장하는 저장소 역할을 하는데, 이를 통해 BI 시스템이 요구하는 정보를 신속하게 찾아서 전송할 수 있다. BI 시스템은 경영 현황을 실시간으로 개인용 컴퓨터, 태블릿 컴퓨터, 스마트폰 등을 통해서 언제 어디서나 한눈에 볼 수 있어 대단히 유용한 시스템이다. 그런데 실제로는 BI 시스템을 지속적으로 사용하는 조직이 의외로 드물다. 왜냐하면 경영진이 바뀜으로써 경영 방식에 변화가 생기거나 전략, 조직, 목표, 사업 내용 등이 변경되었음에도 불구하고 이에 적절히 대응하지 못했기 때문이다. 따라서 BI 시스템을 설계할 때는 지속가능하고, 자동화되어 있으며, 상황 변화에 따라 변경이 쉬운 시스템을 구현하는 것이 무엇보다 중요하다.

2) 全社的 위험관리 강화

CFO의 중요한 역할 중 하나가 위험관리라는 것은 여러 차례 강조한 바 있다. 조직에 발생하는 위험은 철저한 예방만으로는 완벽하게 대비할 수 없는 미래의 불확실성에 기인한다. 위험이라는 말 속에는 부정적인 의미가 다분하지만 불확실한 미래를 감안한다면 긍정적인 의미도 내포되어 있다. 가령 국제금융시장의 불안으로 환율이 치솟거나 국제정세의 불안으로 유가가 급등할 경우 이로 인해 큰 경영의 위기를 겪을 수도 있지만 정반대로 엄청난 경영의 호기를 맞을 수도 있는 것이다. 위험관리란 그 결과가 부정적이든 긍정적이든 불확실한 미래로 인해 벌어질 수 있는 다양한 도전들에 대해 적절히 대응함으로써 내가 몸담은 조직이 지속가능한 성장을 유지하는 것이다. 따라서 위험관리와 성과관리는 상호보완적이다. 위험관리는 성과목표를 달성하는 데 차질이 있거나 저해가 되는 요인을 조기에 발견해 이를 해소 또는 극복하여 성과 달성을 가능하게 하므로 성과관리에 대한 선행 관리적 성격이 있는 것이다.

위험을 유형별로 나누면 전략 위험, 경쟁자 위험, 제품과 산업 위험, 기술 위험, 운영 위험, 재무 위험, 국가와 지역 위험, 거시경제 위험, 환경 위험, 법률 위험, 자연재해 위험, 평판 위험(Reputational Risk) 등이 있다. 위험의 유형에 따라서 관리하는 방식이 다르다. 계량화한 정량지표로 측정하여 관리할 수 있는 위험, 예를 들면 운영 위험, 재무 위험, 거시경제 위험이 있는 반면, 계량화하기 곤란해 정성지표로 관리할 수밖에 없는 위험, 예를 들면 기술 위험, 국가 위험, 법률 위험이 있다. 자연재해 위험, 환경 위험, 평판 위험은 사전관리도 중요하지만 실제로 위험 또는 위기가 발생할 경우에 대비해 신속 대응 매뉴얼을 만들어 체계적으로 대응하는 것이 중요하다.

전통적인 위험관리는 위험 항목별로 해당 조직에서 개별적으로 관리됨으로써 전사 차원의 총체적인 위험관리가 불가능하다는 문제점이 있었다. 따라서 이를 해결하기 위해 마련된 것이 전사적 위험관리(ERM: Enterprise Risk Management)이다. 전사적 위험관리는 조직의 목표를 달성하는 데 차질을 일으킬 수 있는 위험을 정의함에 있어 전사 차원의 위험 프로파일을 만들고, 관리 대상인 위험지표(KRI: Key Risk Indicator)를 정의한다. 관리대상 위험을 평가할 때는 발생가능성과 영향도 관점에서 중요도를 정한다. KRI

별로 담당 조직과 담당자를 지정하고, 필요할 때마다 수시로 위험 발생 유무에 대해 보고하며, 적절하게 대응하도록 전사적인 제도, 조직, 프로세스와 시스템을 구축한다. 한편, 관리대상 위험에 대한 이상 징후를 적시에 발견하기 위해 일정한 기준에 따라 검토, 감독, 관찰하면서 실행을 관리하는 일련의 활동이 바로 상시 모니터링이다. 상시 모니터링은 위험지표에 따라 실시간으로 혹은 매일, 매주, 매월 간격으로 상태를 파악하는데, 이상 징후가 발견되면 그 수준에 따라 관리자에게 자동으로 보고가 이루어진다. 특히 국내·외 사업장이 많은 대규모 조직이나 시스템화가 잘 되어 있는 금융기관에서 상시 모니터링 시스템은 효과를 높일 수 있다. 위험관리만을 위한 별도의 조직과 프로세스를 독립적으로 운영할 수도 있지만, 경우에 따라 성과관리 시스템과 경영정보 시스템 등 기존 경영관리 시스템에 보완적으로 운영할 수도 있다.

3) 업무혁신

업무혁신은 조직 내에서 재무 부문은 물론이고, 전사 업무 프로세스를 지속적으로 혁신하여 업무의 정확성, 신속성, 효율성을 향상시키는 것이다. 이를 위해 전사적 자원관리 시스템을 구축해 영업, 생산, 구매, 연구개발, 재무 및 지원 업무를 하나의 시스템 안에서 통합적으로 운영하는 것이 효과적이다. 재무 업무 프로세스 내에 혁신의 대상은 무수히 많다. 거의 모든 프로세스가 혁신의 대상이다. 회의비, 출장비, 교육비 등 각종 경비에 대한 회계전표 생성도 해당 경비를 사용한 직원 각자가 직접 처리할 수 있도록 업무 프로세스를 혁신하고 시스템을 구축한 조직은 이미 많이 있다. 月 결산 프로세스도 상당 부분이 정형화되고 반복적인 프로세스이다. 따라서 이를 자동화할 뿐만 아니라 결산 후 오류 유무를 자동으로 검증하는 프로세스로 혁신한 사례도 다수 있다. 현금흐름표와 주석도 재무제표의 일부인데, 대다수 조직에서는 이를 수작업으로 작성하다 보니 시간도 많이 소요되고, 오류도 잦은 것이 사실이다. 따라서 이를 자동화하여 재무제표 작성 역량을 향상시킬 필요가 있다. 아울러 조직 관점의 혁신도 고려해야 한다. 만일 조직 내에 다수 사업장이 있는데, 회계 조직을 사업장마다 별도로 두고 운영한다면 셰어드 서비스의 도입에 대한 검토가 필요할 것이다. 이를 테면 여러 회계 조직을 하나로 통합하여 한 곳에서 여러 사업장의 회계 결산, 세무, 재무보고 업무를 수행하는 것인데, 이렇게 하면 인원 감축 등 비용을 절감하는 것은 물론, 결산 업무 표준화 등 정확성을 향상시키고, 신속성을 제고하는 효과를 기대할 수 있다.

디지털 대전환이라는 흐름 속에서 데이터에 기반을 둔 의사결정을 지원하기 위해 데이터 분석 플랫폼을 구축하는 것도 CFO가 고민해야 할 과제이다. 데이터를 수집, 저장, 분석하는 체계가 바로 데이터 분석 플랫폼이다. 우선 어떤 목적(용도)으로 어떤 데이터가 필요한지 필요 데이터를 정의해야 한다. 필요한 데이터가 정의되었다면, 이를 어떻게 수집할 것인지, 수집된 정보를 어떻게 저장할 것인지, 저장된 정보를 어떤 도구를 가지고 분석할 것인지 결정해야 한다. 또한 분석을 위해서는 도메인 지식과 데이터 전문 지식이 모두 필요한데, 어떻게 분석 전문가를 양성해서 업무를 담당하게 할 것인지도 결정해야 한다. 데이터 분석을 위한 기반을 구축할 때 반드시 고려할 사항이 데이터 보안, 산업 보안이다. 자동화를 넘어서 지능화 또는 자율화 단계에서는 사람 대신 기계가 자율적으로 의사결정을 하는데, 만일 데이터 보안이 취약해서 해킹을 당한다면 최악의 경우 공장 폭파 협박을 당하거나 수많은 개인정보가 유출될 심각한 위험에 직면할 수 있기 때문이다. 이제 바야흐로 사람과 인공지능이 협업해서 업무를 혁신하고, 그 결과 사무 생산성을 향상하는 시대가 도래했다. 사무 로봇인 RPA를 통해서 정형화된 업무이면서 단순 반복적인 업무를 사람 대신 인공지능 로봇이 수행한다. 최근에는 광학문자인식(OCR: Optical Character Recognition) 기술을 활용해서 사람 대신 로봇이 스캐닝한 문서의 텍스트를 읽어내기도 한다. 이렇게 하면 기계학습에 기반한 학습이 가능하므로 다양한 경우를 많이 경험하면 인식률이 갈수록 향상된다. 앞으로 재무 업무를 비롯한 지원 부서의 사무 업무는 인공지능이 빠른 속도로 사람을 대체하게 될 것이다. CFO가 기술 변화에 관심을 가지고 공부를 게을리하지 말아야 할 이유이다.

4) 원가경쟁력 강화

원가경쟁력을 높이는 것 또한 CFO의 핵심과제 중 하나이다. 그런데 원가절감은 현장에서 이루어진다. 기업의 경우 구매, 생산, 영업, SCM(Supply Chain Management, 원재료의 생산과 유통 등 모든 공급망 단계를 최적화하여 수요자가 원하는 제품을 원하는 시간과 장소에 제공하는 공급망 관리), 연구개발, 인사, 총무 등 모든 부서에서 원가절감을 위한 아이디어를 짜내고 이를 실행해나간다. 따라서 CFO나 재경 부서에서는 현장에서 일어나는 원가절감 활동을 지원하고 원가관리를 체계적으로 수행할 수 있도록 제도, 조직, 프로세스, 시스템 등을 구축해야만 한다.

원가는 '사용량 × 구매단가'로 구성되므로 원가를 절감하기 위해서는 사용량을 줄이거나 구매단가를 낮추어야 한다. 다시 사용량은 '생산량 × 단위당 사용량'으로 구성된다. 사용량을 줄이려면 주어진 생산량 수준에서 단위당 사용량을 줄여야 하는데, 이는 공정 개선, 수율 향상 등 생산성을 높이는 활동을 통해서 가능하다. 반면 구매단가는 기본적으로 시장가격에 의해 결정되지만 경쟁입찰, 대체품 개발, 신규업체 발굴 등의 활동을 통해서도 단가 인하가 가능하다. 따라서 체계적인 원가관리를 위해서는 사용량(특히 단위당 사용량)과 단가를 구분해서 원가계획을 수립하고, 실제 발생된 원가도 사용량과 단가로 구분해 계획과 비교되도록 관리하는 것이 중요하다.

한편, 원가는 수익에 대응하여 발생하는 항목이 있는 반면에 수익과 관련 없이 발생하는 항목도 있다. 예를 들면 생산량이 늘어서 변동비가 늘어나는 것은 불가피한 것이지만 내부 회식비용은 그 자체가 수익 증대와는 직접적인 관련이 없다. 따라서 사업환경이 악화되어 수익이 축소되는 경우에 수익과 직접 관련 없는 비용은 우선적으로 줄이기 마련이다. 줄어드는 수익의 수준에 따라 단계적으로 수익과 무관한 비용을 줄여나가는 방안도 고려해볼 만하다.

전략구매*도 원가절감의 효과적인 수단이다. 전략구매란 전략적 중요성에 따라 구매 품목을 세분화하여 총원가를 최소화하는 관점에서 공급업체를 결정하고, 전략적으로 원가를 관리하는 것이다. 예를 들어 생산라인 핵심 설비에 들어가는 중요한 부품에 대해서는 품질에 대한 신뢰성과 안정적 공급이 구매단가 인하보다 중요하기 때문에 공급업체를 쉽게 바꾸기보다 신뢰성 있는 공급업체와 전략적 파트너십을 유지하는 게 유리하다. 그러나 제품 품질에 크게 영향을 주지 않는 범용적인 소모품과 기자재에 대해서는 유사한 품질일 경우 최저 가격을 제시하는 업체를 선정해서 대량 구매로 단가 인하를 유도하는 것이 바람직하다.

---

* 구매 관련 상세한 내용은 7장 '구매전략'을 참고하기 바란다.

5) 재무인력 역량 강화

CFO 조직의 역량 수준은 결국 CFO 산하에 있는 직원 개개인 역량 수준의 합이다. 따라서 CFO의 중요한 과제는 유능한 재무 인력을 충원해 교육, 배치, 평가, 경력관리 등을 통해 우수한 재무 인력을 양성하고 역량을 향상시키는 것이다. 재무 인력은 단지 CFO 조직뿐만 아니라 영업, 생산, 구매, 연구개발, 사업전략 등 거의 모든 조직에서 관리 인력으로 필요로 한다. 그러므로 빼어난 재무 인재를 양성해 재무 역량을 필요로 하는 조직의 적재적소에 제공하는 것이야말로 성과 창출을 위한 CFO의 핵심과제임을 잊지 말아야 한다. 재무 인력은 업무의 전문성으로 인해 일반적인 경력관리와는 조금 다르게 접근할 필요가 있다. CFO 산하에 있는 회계, 세무, 자금, 기획, 관리 업무 간에는 연관성이 높아서 개별 업무 수행을 위해서는 유관 업무의 지식과 경험이 필요하다. 예를 들어 CFO 산하에 신입 직원이 들어오면 '회계 → 자금 → CFO 이외 조직 → 기획 등'으로 업무 로테이션 계획을 수립하여 재경 부문 내 유관부서 업무를 먼저 경험하고, 재경 부문이 아닌 부서에서 현장 경험을 쌓도록 하는 방안을 고려할 수 있다. 특정 분야에 대한 전문적인 지식과 함께 다른 분야에 대한 일반적인 지식과 경험을 습득하여, 특정 분야의 전문성을 유지하면서 다른 업무로의 확장성도 가지는 T자형 인재가 육성되도록 경력을 개발하는 것이 바람직하다는 이야기이다.

한편, 조직 관점에서뿐만 아니라 직원 관점에서의 희망사항도 감안해야 한다. 재무 부서에서 전문성을 쌓아 재무 전문가의 길을 희망하는 직원이 있는 반면 재무업무 경험을 발판으로 타 부문에서 자신의 경력을 개발하기를 원하는 직원도 있기 때문이다. 그런 까닭에 재무 인력 중 재무 전문가로 육성할 인재와 관리인력으로 키울 인재를 구분할 필요가 있다. 또한 CFO

후보군을 어떻게 선발하고, 필요한 역량을 갖추게 할 것인가도 체계적으로 준비해야 한다. 이같이 재무 인력의 역량관리를 효과적으로 하기 위해 HR(Human Resources, 인적 자원) 팀과는 별도로 CFO 산하에 재무 HR 팀을 운영하고 있는 조직도 있으니 참고할 만하다. 무엇보다 탁월한 재무 조직을 만들고 이끌어가기 위해서는 CFO 자신이 먼저 역량 개발을 위해 솔선수범하고 고군분투해야 함은 물론이다.

CFO의 역할에 따라 가장 먼저 수행해야 할 업무는 무엇일까? 무엇보다 조직의 경영계획을 세우고 성과관리를 실시하면서 이를 냉철히 평가하는 일이다. 건축가가 집을 지으려면 설계도를 그려야 하는 것과 같은 이치이다. 이는 조직 모두가 공유해야 할 목표를 설정하고, 전략을 수립하며, 신규 사업의 방향을 결정하고, 경영 전반을 분석하면서 성과를 평가하는 일이기에 CFO의 역량이 고스란히 드러나는 분야이기도 하다. 다음 2장에서는 이를 들여다보기로 한다.

강중구 회계사는 현재 미국 JLK Yoonsung 회계법인 파트너로 재직 중이다. 서울대학교 경영학과와 同 대학원 경영학과를 졸업했으며, 한국공인회계사 및 미국공인회계사 자격증을 보유하고 있다. 삼일회계법인에서 14년간 회계감사를 담당했으며, LG경제연구원으로 자리를 옮겨 LG전자 등을 대상으로 회계 분야 업무혁신을 지원했다. 이후에 PwC컨설팅에서 셰어드 서비스, 전사적 위험관리, PMI 등 재무컨설팅을 수행했으며, LS M&M에서 재경부문장으로 근무했다. 삼일회계법인 재직 당시 '중소기업의 성공조건'을 공동 집필했다.

2장
경영계획과 성과관리

박대현 (AJ네트웍스 대표이사, 공인회계사)

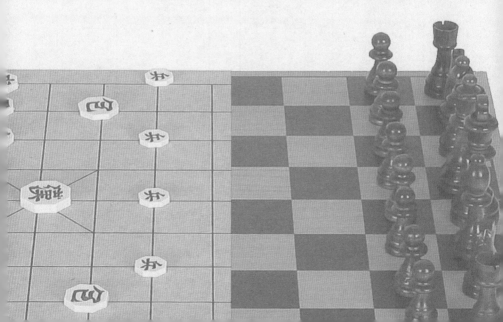

기업의 경영활동 목표를 설정하고, 이를 달성하기 위한 실행계획을 수립하는 것을 경영계획이라 한다. 이는 경영활동의 출발점이자 성과관리의 기반이 되는 업무 영역이다. 설계도면 없이 건물을 짓거나 해도(海圖)와 항해계획 없이 바다로 나선다면 그 결과가 어떠할지는 쉽게 예측이 가능하다. 이처럼 경영계획은 경영목표를 구체화하고, 조직 구성원들의 공감대를 형성함으로써 목표 달성의 실행력을 이끌어내는 데 필수적인 과정이다. 〈그림 2-1〉에서 보는 것처럼 계획 수립의 대상 기간에 따라 차년도 1년을 대상으로 하는 연간(단기) 경영계획, 3~5년을 대상으로 하는 중기 경영계획, 5년 이상을 대상으로 하는 장기 경영계획으로 구분할 수 있으나, 보통 기업마다 사업의 성격 및 해당 사업을 영위하는 경영환경의 변화 등을 감안해 5년 내외의 기간을 대상으로 중장기 경영계획을 수립하고, 이에 맞추어 연간 경영계획을 수립해 운영하는 것이 일반적이다. 한편, 연간 경영계획은 예산 및 실적 관리 방안이 동반된 실행계획으로 구체화되어 흔히 사업계획이라 불리기도 한다.

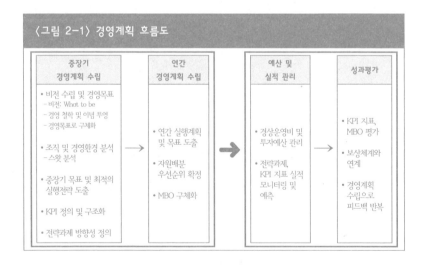

〈그림 2-1〉 경영계획 흐름도

중장기 경영계획 수립	연간 경영계획 수립	예산 및 실적 관리	성과평가
• 비전 수립 및 경영목표 　- 비전: What to be 　- 경영 철학 및 이념 투영 　- 경영목표로 구체화 • 조직 및 경영환경 분석 　- 스왓 분석 • 중장기 목표 및 최적의 　실행전략 도출 • KPI 정의 및 구조화 • 전략과제 방향성 정의	• 연간 실행계획 　및 목표 도출 • 자원배분 　우선순위 확정 • MBO 구체화	• 경상운영비 및 　투자예산 관리 • 전략과제, 　KPI 지표 실적 　모니터링 및 　예측	• KPI 지표, 　MBO 평가 • 보상체계와 　연계 • 경영계획 　수립으로 　피드백 반복

1. 중장기 경영계획

1) 비전 수립 및 경영목표 설정

중장기 경영계획은 장기적 관점의 기업비전 달성을 위한 지속가능성장 (Sustainable Growth)을 목표로 하며, 중장기 경영목표 달성을 위해 전사적으로 구체화된 전략을 반영한다. 따라서 중장기 경영계획은 그 기업의 비전과 경영 철학 및 이념, 경영전략이 종합적으로 투영되는 경영활동의 청사진으로 그 중요성이 매우 크다.

기업의 비전은 미래의 시점에 되어 있길 바라는 그 기업의 생생한 미래상을 뜻하는 것으로, 기업활동을 통해 추구하고자 하는 궁극적인 목표 및 열망이 근간이 되어 그려지는 것이며 창업자, 경영자의 경영 철학 및 이념이 투영되는 모습으로 나타난다. 비전은 "우리는 어디로 가고 있는가?"에 대한 근본적인 질문에 답을 제시하는 간결한 문구로 형상화되는 것이 일반적이며, 전 조직 및 구성원이 경영의사결정을 비롯한 모든 기업활동을 수행하는 데 있어 그 방향성을 제시하는 가이드라인의 역할을 한다. 비전 달성은 10년, 20년 혹은 그 이상의 오랜 시간을 필요로 하는 경우가 있어 단계적인 목표 수립을 통한 성장계획이 수반되어야 하는바, 이것이 여기서 논하고자 하는 중장기 경영계획의 존재 의미이자 논의의 출발점이 되는 것이다.

한편, 현시대와 같이 급변하는 기술적·정치적·문화적 경영환경을 감안할 때 한번 수립한 중장기 경영계획이 5년 내외의 대상 기간 동안 동일하게 유지되기는 쉽지 않다. 따라서 경영계획은 시시각각 변화하는 다양한 환경에 대응해 최적의 형태로 조정되고 관리되어야 한다. 매년 과거에 수립된 실행전략의 진척 상황, 사업 포트폴리오 및 현 실행전략의 적합성, 수정 및 보완의 필요성 등에 대한 점검을 실행하는 것이 바람직하다.

2) 조직 및 경영환경 분석

중장기 경영계획은 기업의 장기 비전 및 경영목표 달성을 위한 노력의 일환으로 실행전략의 방향성을 설정하고, 향후 5년 내외의 기간 동안 추진해야 할 전략과제 및 지표화된 중장기 재무목표를 수립하는 과정이다. 이 실행전략의 방향성 및 전략과제는 기업이 영위하는 사업과 관련한 조직 내부의 역량과 외부환경에 따라 다양한 형태로 구체화될 수 있기 때문에 이에 대한 분석이 중장기 경영계획 수립의 출발점이 되는 것이 일반적이다.

조직 및 경영환경 분석을 위해 오랜 시간 동안 전 세계에 걸쳐 보편적인 도구로 사용되고 있는 것이 스왓 분석(SWOT Analysis)이다. 조직 자체의 역량에 대한 진단 결과 도출된 강점(Strength)과 약점(Weakness) 및 외부환경 분석으로 도출된 기회(Opportunity)와 위협(Threat)에 근거한 네 가지 영역의 매트릭스 분석틀을 도구로 활용하는 것으로, 전략적인 관점에서 기회와 위협의 요인들을 도출하고, 이렇게 도출된 기회와 위협을 조직의 강점을 통해 활용함과 더불어 조직의 약점을 보완하거나 위협을 회피할 수 있도록 전략적 계획을 수립하는 경영 기법이다.

기업의 강점과 약점, 기회와 위협은 예를 들면 다음과 같은 항목들로
구성된다.

- **강점:** 적극적 활용 대상으로 독점 기술 또는 원가 우위, 시장지배력, 브랜드 인지도,
  제품혁신 능력, 자금조달 능력, 조직 구성원 인적 역량, 공급망 장악 능력, 경영자의
  경영 능력 등
- **약점:** 전략적 보완 대상으로 차별화된 기술 또는 원가경쟁력 부재, 시장지배력 열위,
  수익성 저조, 설비 낙후, 자금동원력 열위, 인적역량 부족, R&D(Research and
  Development, 연구개발) 역량 부재, 브랜드 인지도 취약, 경영자의 경영 및 관리
  역량 부족 등
- **기회:** 적극적 투자 고려대상으로 시장 및 고객층 확대, 관련 기술의 발전, 정부 규제
  의 축소, 긍정적인 문화적·사회적·경제적 환경 조성, 세계화 추세의 확대, 관련 전방
  산업의 성장 등
- **위협:** 전략적 회피 또는 보완대책 강구 대상으로 소비자 구매 패턴 변화, 시장 및 고
  객층 감소, 정부 규제 강화, 무역 규제, 고객 및 공급자 협상력 증대, 대체재의 시장 진
  입, 관련 전방산업의 침체 등

스왓 분석에 근거한 대표적인 네 가지 전략 유형은 다음과 같다.

- **SO전략(강점 − 기회전략):** 조직의 강점으로 시장의 기회를 적극 활용하는 전략
- **ST전략(강점 − 위협전략):** 조직의 강점으로 시장의 위협을 회피하는 전략
- **WO전략(약점 − 기회전략):** 조직의 약점을 보완하여 시장의 기회를 살리는 전략
- **WT전략(약점 − 위협전략):** 조직의 약점을 보완하고 시장의 위협을 회피하는 전략

3) 중장기 전략 수립

조직 및 경영환경 분석 결과에 근거하여 최고경영진의 경영 철학과 이념 등을 종합적으로 고려해 기존의 기업 비전과 중장기 사업 포트폴리오 구성 및 전략 방향을 검토한 후에 필요한 경우 조정해야 한다. 기능이 세분화된 스태프 조직을 운영하는 기업의 경우 본 업무는 전략 스태프의 영역으로 볼 수 있으나, 큰 틀에서의 스태프 조직의 임무이며, 기업의 크기와 사업 내용에 따라 일관된 원칙이 존재하는 것은 아니므로 전반적인 프로세스의 관점에서 이해하는 것이 바람직하다.

중장기 경영계획은 기업의 비전 달성을 위한 중장기 로드맵으로서의 의미를 띠는 것으로 중장기 사업 포트폴리오 분석에 근거한 성장전략이 반영된 중장기 경영목표가 수립되고, 이 목표를 달성하기 위한 중장기 핵심전략 과제의 방향성이 함께 도출되어야 한다. 이러한 일련의 프로세스는 기업의 중장기 성장을 바탕으로 비전을 달성하기 위한 필수조건으로 판단되기 때문에 기업마다 운영 프로세스는 다소 다를 수 있으나 이런 절차가 결여되는 경우 해당 기업의 비전은 실행력이 미흡한 공염불에 불과할 수 있으며, 심지어 희망고문으로까지 전락하는 경우도 있다. 이 같은 성장전략을 뒷받침하기 위해서는 필요한 인력 운영, 기술 개발, 투자 및 재원조달 전략도 함께 준비되어야 하는 것은 두말할 나위가 없다.

사업 포트폴리오 분석은 어떤 사업에 기회가 존재하는지에 대한 분석을 통해 기업의 비전 달성을 위한 미래의 사업 구조로의 변화전략을 수립하고, 이를 근거로 최적의 자원배분을 이끌어내는 과정이다. 이와 같은 사업 포트폴리오 분석에 널리 사용되는 방법으로는 BCG 매트릭스 모형과 GE 매트릭스 모형이 있다.

(1) BCG 매트릭스 모형

BCG 매트릭스 모형은 보스턴컨설팅그룹(Boston Consulting Group)이 비즈니스 브랜드 포트폴리오의 전략적 위치와 잠재력을 평가하기 위해 만든 틀로서 기업이 현재 진행 중인 사업들을 대상으로 시장성장률과 상대적 시장점유율의 '2×2 매트릭스'를 토대로 자원배분의 우선순위를 결정하는 분석방법이다. 분류된 영역에 따라 '캐시카우(Cash Cow, 고수익 사업)'에 해당하는 영역은 투자를 최소한으로 줄이고, 이 사업에서 창출되는 이익을 다른 사업의 투자재원으로 활용하며, '별'에 해당하는 영역은 공격적인 투자를 통해 주력 사업으로 육성한다. 또한 '물음표'에 해당하는 영역은 면밀한 검토를 통해 시장점유율을 높이기 위한 투자 및 노력을 기울이는 한편 성장률의 변화 양상에 따른 철수도 염두에 두어야 하며, '개'에 해당하는 영역은 과감한 축소 및 철수검토 대상이 된다.

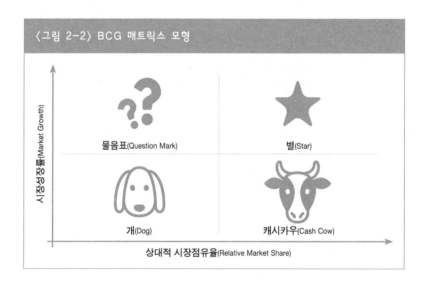

〈그림 2-2〉 BCG 매트릭스 모형

(2) GE 매트릭스 모형

GE 매트릭스 모형은 BCG 매트릭스 모형의 단순함을 보완해 GE(General Electric Company)와 맥킨지 앤드 컴퍼니(McKinsey & Company)가 개발한 보다 포괄적이고 정교한 모형으로 복잡한 사업 포트폴리오를 보유한 대기업 집단의 사업군을 분석하는 데 적합한 모형이다. 이 모형은 기업의 사업 단위가 속해 있는 시장의 매력도와 해당 기업의 강점을 두 축으로 하여 그 정도에 따라 '3×3 매트릭스'를 작성하고, 모든 사업 단위의 전략적 위치를 매트릭스상에 표기하는 모형이다.

<그림 2-3> GE 매트릭스 모형

사업 강점(Business Strength)	고(High)	집중적 투자 및 사업 확장 (Grow & Penetrate)	선별적 성장 투자 (Selective Harvest or Investment)	수익을 위한 선별적 투자 (Harvest for Cash Generation)
	중(Medium)	성장을 위한 투자 (Investment for Growth)	선별적 투자 (Segment & Selective Investment)	수확을 위한 보존 및 기회 관망 (Controlled Harvest)
	저(Low)	선별적 투자 및 투자 회수 (Selective Investment/ Divestment)	제한된 확장 및 단계적 철수 (Controlled Exit or Disinvestment)	즉시 또는 단계적 투자 회수 및 철수 (Rapid Exit or Attack)
		고(High)	중(Medium)	저(Low)

시장매력도(Industry Attractiveness)

〈표 2-1〉 시장매력도와 사업 강점		
구분	시장매력도	사업 강점
요소	시장 규모 시장성장률 시장수익성 가격 추세 경쟁 강도 전체적인 위험 수준 진입 장벽 제품, 서비스 차별화 정도 수요의 다양성 세분화 정도	상대적 브랜드 인지도 시장점유율 시장점유율 성장 추이 고객충성도 원가경쟁력 상대적 수익성 생산 및 유통 능력 기술 등의 혁신 능력 자원획득 역량 관리 및 인적 역량

시장매력도와 사업 강점은 위와 같은 사항을 종합적으로 반영하도록 한다.

시장매력도와 사업 강점이 높은 9분면 좌상단의 경우, 집중적인 투자 및 사업확장 대상이 되며, 두 축에서 공통적으로 낮은 우하단의 경우, 즉시 또는 단계적 투자회수 및 철수 대상이 된다. 그리고 좌하단과 우상단을 연결한 가운데 영역은 선별적 투자 및 투자회수 대상이다.

목표하는 미래 시점의 신규 사업 및 기존 사업의 조정을 포함한 사업 포트폴리오 구상을 달성하기 위한 전사적 차원의 중장기 전략 방향을 도출하기 위해 경영진은 기존 전략 방향의 추진 경과 및 성과를 점검한 다음 경영환경의 변화를 고려해 현행 전략 방향의 변경 필요성을 검토해야 하며, 다수의 전략대안에 대한 평가를 통해 가장 적합한 최적의 전략 방향을 채택해야 한다. 예를 들면 '친환경사업 포트폴리오 50% 구축' 또는 'ㅇㅇ제품군 브랜드 인지도 1위 달성' 등이 이런 큰 틀에서의 전략 방향 중 하나가 될 수 있을 것이다. 다수의 전략대안에 대한 평가 시 다음과 같은 사항을 충분히 고려해야 한다.

- 전략대안의 효과
- 조직의 역량을 감안한 전략대안의 실행가능성(feasibility)
- 전략대안에 대한 예측가능한 경쟁사의 대응
- 전략대안 실행에 필요한 자원
- 전략대안의 위험 요인

중장기 경영계획은 탑-다운(Top-down) 방식으로 시작하여 바텀-업(Bottom-up) 방식을 병행하면서 조율해가는 것이 일반적이며, 궁극적으로 전사적 전략 방향에 연계된 개별 사업부의 전략 방향 및 전략과제로 구체화되는 프로세스를 거친다. 전략과제의 수립 및 관리 대상이 되는 최하 조직수준을 부문, 본부, 팀 어디까지로 할 것인가에 대해서는 일관된 원칙이 존재하는 것은 아니나 독립적인 유의미한 전략과제가 수립될 수 있는 하부 조직까지 할당되고 관리되는 것이 효과적일 것이다. 사업부의 전략과제는 조직, 프로세스, 시스템, 제도의 관점에서 변화를 필요로 하는지에 대한 검토가 수반되어야 하며, 실행력을 높이기 위해서는 계획 수립 후에도 주기적이고 공식적인 회의체를 통해 과제의 진척도, 효과, 발생 이슈, 조정 및 보완의 필요성 등에 대해 점검이 이루어져야 한다.

이를 위해 전략과제의 수립은 다음 사항이 충족되어야 한다.

- 전략과제명 및 의의
- 전략과제의 KPI(Key Performance Indicator, 핵심성과지표) 및
  KSF(Key Success Factor, 핵심성공요인)
- 전략과제 성공의 정의
- 마일스톤(Milestone, 중요단계) 및 실행계획
- 소요자원 규모 및 확보 방안
- 추진 조직

4) 중장기 경영목표 수립

중장기 경영목표는 중장기 경영성과에 대한 추정을 통해 매출, 영업이익, 당기순이익, 현금흐름 등의 계량화된 지표로 구체화하는 것이 일반적이며, 이를 위해 경영계획 수립의 컨트롤 타워가 되는 주관 부서는 중장기 경영계획 수립 추진 일정, R&R(Role and Responsibilities, 역할과 책임), 작성 및 보고 지침 등과 함께 다음과 같은 경영목표 수립의 대상 기간에 대한 전제 조건을 사전에 검토한 후 가이드라인에 포함해 전사 관련조직에 배포해야 한다.

- 경제성장률, 물가 및 임금 인상률, 이자율, 환율 등 주요 경제지표 전망
- 시장 및 경쟁 구도의 주요 추세 변화 전망
- 원유, 철광석 등 주요 관련 원자재 단가 전망
- 법인세율, 관련 규제 등 정책지표 전망

앞의 전제조건 항목의 전망은 공신력 있는 외부기관, 협회, 연구소 또는 전문가 집단의 객관적 의견을 우선적으로 반영하는 것이 바람직하나, 자료를 찾는 것이 불가능한 예외적인 항목은 자체 분석을 통한 전망치를 반영하는 것이 차선책이 될 것이다.

성과 추정을 통한 경영목표 설정에 있어 어느 정도의 성장 목표를 부여할 것인지에 대해서는 절대적인 원칙이 존재하는 것은 아니나, 다음과 같은 사항을 고려하는 것이 일반적이다.

- 비전 달성을 위한 전략 방향 및 전략과제와의 연계
- 전년도 중장기 경영계획 및 결과
- 과거 일정 기간 동안의 실적 및 추세 분석
- 기타 비교가능한 외부 추정치

중장기 경영목표 수립도 전략 수립과 마찬가지로 전사 경영목표에서 사업부 경영목표로 탑-다운으로 시작해 바텀-업을 병행하면서 조율해가는 것이 일반적이다. 경영목표로 설정된 성과지표는 중장기 인력 운영, 기술 개발, 투자 및 자금조달 계획과의 연계성이 전제되어야 하며, 경영목표 달성과 관련해 예상되는 주요 위험 요인을 정의하고, 이에 대한 관리 및 대응 방안 또한 중장기 경영계획에 반영해야 한다. 중장기 경영계획 확정 후 전략과제 실행력을 제고하기 위한 변화관리의 일환으로 대부분의 기업은 일반적으로 중장기 경영계획 워크숍을 개최하여 중장기 경영계획의 결과를 공유하고 조직 내 공감대를 형성하기 위해 노력한다.

2. 연간 경영계획

연간 경영계획은 중장기 경영계획과 연계해 수립되는 차년도 실행계획으로 전략과제의 연간 실행계획과 연간 경영목표를 세부적으로 구체화하고, 경영목표를 달성하기 위해 수립한 사업계획을 포함하는 것이 일반적이다. 비교하자면 중장기 경영계획이 기업의 비전 달성을 향한 방향을 제시하는 계획이라면 연간 경영계획은 단기간의 실행계획이자 책임 중심점에 근거한 책임경영의 근간이며, 이는 곧 연간 성과평가로 이어지는 기준이 된다. 예산편성은 이러한 연간 사업계획에 근거해 연간 집행될 회사의 자원을 사업부 내의 구체적인 실행 단위로 세분화하여 배분하고 집행하는 계획을 수립하는 작업을 의미한다.

연간 경영계획은 매년 중장기 경영계획 이후 이와 연계해서 수립하는 것이 일반적이며, 경영계획 수립의 전사 주관부서는 중장기 경영계획과 마찬가지로 수립 추진 일정, R&R, 작성 및 보고 지침 등과 함께 다음과 같은 전제조건을 사전에 검토한 다음 가이드라인에 포함해 전사 관련조직에 배포해야 한다.

- 탑-다운 방식으로 반영해야 할 경영목표 및 전략과제 도출 방향성
- 경영목표 수립 지침
- 투자 및 운전자본 관리 지침
- 부채비율 등 재무건전성 유지 지침
- 기타 전사적으로 준수해야 할 지표 등

---

1) 연간 전략과제 수립

연간 경영계획의 일환으로 이미 수립된 중장기 전략과제의 방향성과 연계된 연간 전략과제를 구체화해야 한다. 기업별 산업 영역 및 시장의 성숙도 등 처한 상황에 따라 다양한 전략과제를 선정할 수 있겠으나, 참고로 "친환경 에너지 사업 진출", "브랜드 차별화를 통한 고객 인지도 1위 확보", "시장에 존재하지 않던 혁신제품 개발" 등이 최근 기업들이 채택하는 전략과제이다. 한편, 연간 전략과제의 실행력 확보를 위해 월별 또는 분기별로 정기적인 진척도 점검이 이루어져야 하며, 이를 위해 전략과제의 진행 경과와 성과 달성 여부를 관리하기 위한 지표인 전략 핵심성과지표를 모든 전략과제 대상으로 도출하고 선정해야 한다. 이를 위해 전략과제의 달성에 영향을 미치는 복수의 동인들 중 전략적 중요성 및 관리가능성 등을 고려하여 전략 핵심성과지표를 도출해야 한다.

특히 전략 핵심성과지표의 경우 향후 설명하게 될 재무지표와 달리 정량지표를 도출하기 어려울 때 실행 및 완료 여부를 핵심성과지표화하는 경우가 많으나, 과제 진척도에 따른 수준을 정의하고, 이에 따라 점수화함으로써 정량지표화하는 것이 바람직하다고 판단된다.

전략 핵심성과지표 선정 시 고려해야 할 성과지표 속성으로는 일반적으로 목표 설정 시 적용되는 다음과 같은 'SMARTER' 모형을 준용할 수 있다.

- **구체성(Specific):** 관련된 모든 인원이 동일한 해석에 따라 공통된 인식을 가질 수 있도록 명확하고 구체적이어야 한다.
- **측정가능성(Measurable):** 과제의 진척도 및 완성도에 대한 측정이 가능해야 한다.
- **달성가능성(Attainable):** 목표 수준이 동기 부여의 효과를 발휘하기 위해서는 기업의 재무 및 인적 자원을 전제로 달성가능한 범위 내에 있어야 한다.
- **연관성(Relevant):** 해당 지표와 그 과제가 달성하고자 하는 목표 간에 강한 논리적 인과관계가 있어야 한다.
- **시간 제한(Time-Bound):** 목표 수준과 적절한 기한을 연계시킴으로써 현실성과 동기 부여의 효과를 제고해야 한다.
- **설명가능성(Explainable):** 같은 조직 내의 구성원에게 쉽게 전달 및 이해 가능해야 한다.
- **상대성(Relative):** 해당 지표는 절대적인 수치의 크기보다 사업 규모의 증가를 감안할 때 상대적인 질적 수준을 표현해야 한다.

2) 연간 사업계획 수립

연간 사업계획은 중장기 경영목표 및 연간 전략수립 결과와 연계해서 수립되어야 하며, 구분회계가 이루어지는 사업부를 전제로 할 때 사업부별로 추정손익계산서, 재무상태표 및 현금흐름표를 포함한 추정재무제표가 작성되는 것이 일반적이다. 또한 연간 사업계획은 주요 지표를 포함하는 월별 계획을 기반으로 계획 대비 실적분석이 가능하며, 연중 기존 계획의 검증뿐만 아니라 필요시 계획의 조정 또한 가능하도록 관리하는 것이 바람직하다.

연간 사업계획은 제조업의 경우 다음과 같이 수익의 원천이 되는 매출계획을 시작으로 각종 원가 및 비용계획이 반영된 추정손익계산서, 운전자본 및 기타 자산부채의 증감을 반영한 추정재무상태표를 작성한 후 이를 기반으로 추정현금흐름표를 작성하는 순서가 일반적이다.

〈표 2-2〉 제조업의 연간 사업계획 수립 순서

구분	내용
❶ 매출계획	• [매출액 = 단가×매출량] 형태의 계획 수립 • 수익의 원천에 따른 제품군별 구분계획 수립 • 전략적 차원(지역, 고객군, 채널 등)별 구분계획 수립 • 해당 제품군 및 차원별 정책을 반영한 단가계획 적용
❷ 생산계획	• 매출계획 수립 단위와 연계하여 계획 • 재고 운영 및 원자재 조달 계획 수립 • 공장 및 생산라인 단위별 구분계획 • 공장 및 생산라인 단위별 생산 능력, 수율, 조업도 등 제한요소 고려
❸ 투자계획	• 중장기 투자계획과 연계한 투자계획 수립 • 경상투자, 전략투자, 신규 사업, R&D 등 투자 유형별 계획 수립 • 투자재원을 감안한 투자 우선순위 계획 반영 • 투자 및 처분 계획과 연계한 감가상각비 계획 수립
❹ 인건비계획	• 손익계산서 단위(사업부)별, 월별 구분 인력계획 수립 • 제조 및 판매 관리비 구분 인력계획 수립 • 직급별 구분 인력계획 • 인력 및 임금인상계획 연계한 인건비계획 수립

구분	내용
❺ 매출원가계획	• 재료비: 조달 단가 변동분 반영한 제품별 재료비 (= 원 단위 재료비×생산량) • 노무비: 인건비계획과 연계한 제품별 노무비 (= 원 단위 노무비×생산량) • 제조 경비: 주요 항목은 계정별 구분계획, 기타 항목은 속성별로 분류하여 계획 • 모든 원가 항목은 시뮬레이션 가능하도록 변동비와 고정비 구분 필수
❻ 판매관리비계획	• 주요 항목은 계정별 구분계획, 기타 항목은 속성별로 분류하여 계획 • 매출원가와 마찬가지로 변동비와 고정비 구분 필수
❼ 영업외손익계획	• 이자수익/비용, 자회사 지분법, 처분예정 자산 등 주요 항목은 관련 손익별로 구분하여 계획 • 기타 항목은 분류하여 계획
❽ 법인세비용계획	• 법인세 및 관련 주민세 계획 • 세법 개정 시 반영
❾ 재무상태표계획	• 운전자본은 매출채권, 재고자산, 매입채무 등 주요 항목별로 목표 회전율 및 회전기일 반영하여 구분계획 • 유형자산 및 투자자산은 투자 및 처분 계획과 연계하여 계획 • 손익계산서 연계 항목의 경우 수익/비용계획 연계하여 추정 • 기타 항목의 경우 비중이 큰 주요 계정 위주로 계획 수립
❿ 현금흐름계획	• 손익계산서 및 재무상태표를 근거로 현금흐름표 계획 수립 • 투자 및 자금조달 계획 반영 • 월별 자금수지를 바탕으로 가급적 보수적인 자금조달계획 수립

앞의 과정을 통해 작성된 계획 손익계산서는 매출액 대비 매출총이익, 영업이익, EBITDA(이자, 법인세, 감가상각비 차감 전 영업이익, 영업이익에 순금융비용과 감가상각비를 더해서 계산), 당기순이익 등의 비율 분석을 수행하고, 과거 수년간의 실적과의 연속선상에서의 시계열 분석 및 경쟁사 재무비율과의 피어그룹(Peer Group) 비교 분석을 통해 목표 수준의 적정성 및 재무제표 작성의 정합성을 점검하는 절차를 반드시 거쳐야 한다. 물론 계획 재무상태표 및 현금흐름표도 매출액 대비 총자산/유형자산 회전율 등 효율성 지표와 ROA(Return on Assets, 총자산순이익률), ROE(Return on Equity, 자기자본이익률) 등의 수익성 지표, 매출액 대비 영업현금흐름, EBITDA 대비 순투자현금흐름 등 유동성 지표 등의 검토를 통해 동일한 절차를 거치는 것이 필요하다.

연간 경영계획은 중장기 경영계획과 연계된 수준에서의 목표치를 반영하는 것이 일반적이며, 목표 달성에 영향을 미칠 만한 주요 위험항목과 그 영향 및 대응 방안은 별도 관리하는 것이 바람직하다. 연간 경영계획 또한 중장기 경영계획과 마찬가지로 목표 달성과 전사 실행력 제고를 위해 전사 워크숍을 개최하여 경영계획을 공유하고, 조직 내 공감대 형성을 위해 노력하는 것이 일반적이며, 궁극적으로 전략과제 및 경영목표 KPI는 기업의 MBO(Management by Objectives, 목표관리) 평가 방법을 통해 성과평가로 연결되는 것이 통상적인 관리체계이다. 공통적으로 매출액, 영업이익, 당기순이익, 현금흐름지표(OCF(Operating Cash Flow, 영업활동으로 인한 현금흐름), FCF(Free Cash Flow, 잉여현금흐름)) 등이 전사 차원의 MBO 재무지표로 반영되는 것이 보통이나, 유동성 관리가 화두인 기업의 경우 현금흐름지표가 비중 있게 반영되어야 하며, 안정성 관리가 화두인 기업의 경우 부채비율 또한 비중 있게 관리되어야 한다. 마찬가지로 기업이 처한 상황과 전략적 방향 등에 따라 차별화된 평가체계를 갖추는 것이 바람직하다.

3) 예산편성

　연간 경영계획의 마지막 단계이자 사업계획의 후속 절차로 진행되는 것이 예산편성이다. 예산편성은 정부와 지방자치단체에서 연간 사용될 재원을 추계하고, 각종 사업을 지원할 지출 규모를 배분 및 확정하는 절차에서 유래한 것으로, 일반 기업의 경우에도 사업계획을 통해 도출된 연간 비용 및 자금 집행계획을 관리하기 위해 책임 중심점별로 월별 세부 집행계획을 수립함으로써 사업계획 목표 달성의 큰 축을 담당하고 있는 비용 및 자금 집행관리의 기반을 마련하는 절차이다.

　편성하는 예산의 항목별 성격에 따라 다음과 같이 구분이 가능하며, 그 속성에 따라 차별화된 예산 책정 및 관리가 필요하다.

- **특정 요인에 연동되는 항목:** 비용 발생 동인이 되는 요인의 크기에 따라 비용 규모가 좌우되는 항목으로 재료비, 복리후생비 등이 이에 해당한다. 원재료 구매 예산은 생산계획을 기반으로 수립된 원재료 구매 수량계획 및 목표단가에 의해 결정되며 매출 및 생산계획에 따른 구매물량에 연동되는 예산이다. 또한 복리후생비는 운영인력 규모 및 인당 목표소요액에 의해 결정되며 인력 규모에 연동되는 예산이다.
- **특정 요인에 연동되지 않는 항목:** 독립적으로 예산규모 책정이 가능한 예산으로 경상개발비, 광고선전비 등이 이에 해당한다. 경상개발비는 특정 품목에 대한 최근의 경상개발비 지출 규모 및 효과 분석을 토대로 연간 품목별 지출 규모에 대한 전략적 의사결정이 필요하다. 광고선전비 또한 최근 제품 범주별 광고선전비 지출 규모 및 그 효과 분석을 토대로 연간 범주별 광고선전비 규모에 대해 전략적 의사결정을 한다.

예산을 편성하고 관리하는 기법으로는 건별 빈도와 금액적 중요도 및 집행투명성 확보의 필요 등의 기준에 따라 다음과 같이 구분할 수 있다.

- **사전통제 기법:** 사전에 배정된 한도 내에서 예산을 집행하고, 한도를 초과하는 부분에 대해서는 적절한 승인 절차를 통해 증액이 이루어지도록 하는 방법이다. 주요 투자 건에 대해서는 개별 투자 건에 대한 통제를 통해 사전통제하는 것이 일반적이다.
- **사후통제 기법:** 예산 항목의 건별 빈도가 많고, 금액적 중요도가 작으며, 집행투명성 위험이 적은 항목에 대해 연간 집행액에 대한 사후 분석을 통해 평가를 수행하는 방법이다.

예산을 편성하고 관리하는 기법은 기업의 비용 통제에 대한 운영 철학 및 사업의 속성을 감안하여 각 기업의 사정에 맞게 적절한 모형을 갖추는 것이 바람직하다.

3. 실적관리 및 성과평가

앞서 정리한 중장기 경영계획과 연간 경영계획은 기업이 사업을 운영하는 데 있어 꼭 필요한 계획수립 과정이었다. 이 계획이 구체적 성과로 연결되기 위해서는 사업수행 과정에서 나타난 경과 기간에 대한 실적과 발견된 이슈 및 연간 실적전망치를 모니터링하고, 불가피하게 발생한 목표 대비 차이를 만회하기 위해 지속적인 노력을 기울여야만 한다. 또한 계획 기간이 종료된 다음 회사로 귀결되는 성과에 대해서는 객관적 성과평가 후 적절한 보상이 이어지도록 하는 것이 기업의 지속가능한 성장을 담보하는 합리적인 성과관리체계라는 데는 이견이 없을 것이다.

특히 정확한 연중 실적관리를 위해서는 상당수의 이론적 지식과 경험을 갖춘 기획, 관리 및 재무 인력과 IT 인프라 운영이 전제되어야 한다. 이런 측면에서 보자면 규모가 작은 기업의 경우 경영계획과 성과평가 프로세스에 비해 연중 실적관리에 상대적으로 적은 노력을 기울이는 사례가 있다. 그러나 지속적인 실적과 이슈 관리에 얼마나 노력을 기울이냐에 따라 연말 최종성과는 다양하게 나타날 수 있다는 점을 생각하면 연간 실적관리의 중요성을 결코 간과할 수 없다.

1) 연간 실적 모니터링 체계 운영

기업은 사업수행 과정에서 이미 수립된 연간 경영계획에 대비해 연초 이후 각 경과 기간에 대한 실적 및 발견된 이슈에 대한 모니터링 체계를 운영하는 것이 일반적이다. 여기서 모니터링이라 함은 이익 중심점이 되는 사업부별로 발생한 실적과 이슈를 분석한 다음 최고경영진에 이를 보고하고 논의하는 시스템적인 행위를 말한다. 이는 연간 경영계획에 대비해 성과의 이상 징후에 대한 조기 경보와 원인 파악 및 성과 전망을 통한 신속한 조직적 대응체계를 구축하고 효과적 피드백을 가능케 하는 프로세스이다.

그렇다면 모니터링 주기는 어느 정도로 하는 것이 좋을까? 핵심성과지표와 관련 이슈에 따라 얼마든지 차별화해서 운영할 수 있겠으나, 보통 이익 중심점인 사업부의 월 결산에 의해서 월별 손익이 집계된다는 점을 감안하면 월별로 운영하는 것이 가장 보편적이다. 물론 사업부 내의 영업, 구매, 생산 등 가치사슬(Value Chain, 기업활동에서 부가가치가 생성되는 과정)에 있는 실행 부서는 해당 운영지표에 대해 보다 정밀하게 일 단위, 주 단위로 짧은 주기를 두고 모니터링하는 것이 일반적이다.

모니터링 대상이 되는 항목은 기업별로 처한 상황이나 전략적 중요도에 따라 차별화하여 운영할 수 있겠지만 기본적으로는 다음과 같은 지표가 사용되는 것이 통상적이다.

- **매출성과:** 제품군별 매출액(수주액)
- **전략성과:** 주요 전략과제 진척도 및 성과
- **투자성과:** 투자안별 진척도 및 성과
- **수익성:** 영업이익(률), 경상이익(률), 당기순이익(률)
- **유동성:** 현금흐름(OCF, FCF), 운전자본 현황
- **안전성:** 이자보상비율, 부채비율, 차입금 현황
- **생산성:** 원가차이, 품질지수
- **기타:** 원자재가 추이, 고객불만지수, 환율, 주가 등

---

2) 실적분석 및 연간 실적전망

기업이 연간 모니터링 체계 운영을 통해 모니터링하고자 하는 대상은 연간 경영계획과 대비하여 연중 경과기간 동안에 발생한 KPI 실적과 그 차이 및 원인, 그리고 발견된 경영목표 달성과 관련한 제반 이슈들이다. 최고 경영진은 연중 현재시점 기준으로 실제 달성가능한 연간 실적전망(Fore-casted Performance)은 어떻고, 연간 경영계획과 대비해 어느 정도 차이가 발생할 것으로 전망되며, 어떤 노력을 통해 이 차이를 최소화할 수 있을지가 주된 관심사일 것이다. 대부분의 기업은 그 기업의 상황에 맞는 차별화된 주기를 가지고 실적회의 또는 실적보고 등으로 불리는 실적관리 협의체를 운영

하고 있다. 이런 활동들이 바로 그 예가 되는 경영 행위이다.

연간 경영계획 대비 경과기간 동안에 발생한 실적 및 연간 실적전망과의 차이에 대한 분석은 다단계적인 원인분석에 기반해야 하며, 이는 〈그림 2-4〉와 같은 VDT(Value Driver Tree, 가치 동인 트리)를 그 분석 방법으로 사용하는 것이 통상적이다. VDT는 조직의 최종 성과목표 달성에 영향을 미치는 내·외부 요소를 논리적 인과관계에 따라 나무 형태로 도식화한 것이다. VDT는 조직의 최종 성과목표를 명확히 하고, 이에 대한 영향요인들을 논리적으로 도출해 정리하여 목표 달성을 위한 성과창출 구조를 명확히 함으로써 각 기능 간 권한과 책임을 분명히 하며, 성과 차이 발생 시 원인 파악 및 실행계획 수립을 용이하게 하는 기능을 한다.

이 같은 VDT의 목적을 감안하면 VDT는 최종 KPI 성과지표의 실현에 영향을 미치는 복수의 2차, 3차, 4차 지표가 복합적인 형태를 띠면서 충분한 설득력을 갖추도록 작성되는 것이 바람직하다. 기업을 운영하다 보면 비단 경영계획 성과목표에 대비한 차이뿐 아니라 예상치 못한 다양한 이슈를 마주하게 되는 것이 보통이다. 이때, 문제의 원인을 찾아 보고하는 데 급급한 나머지 문제의 진원지(Root Cause)를 찾아내지 못하면 최선의 대응방안 수립은 요원한 것이 되며, 이에 소요되는 회사의 인적·물적 피해 또한 적지 않게 된다. 따라서 VDT가 가지고 있는 인과관계의 정합성과 충분한 설득력이 결여된 형식적인 VDT 활용은 사실상 무용지물이라 해도 과언이 아닐 것이다.

〈그림 2-4〉에 예시된 VDT는 순이익이라는 성과지표가 실현되는 논리적인 과정을 설명하고 있다. 연간 경영계획 대비 순이익에 차이가 발생하는 경우, 그 원인을 매출, 매출원가, 영업비용, 차입원가, 투자수익, 법인세 등의 요인으로 드릴 다운(Drill Down, 문제를 세분화하여 분석하는 기법)하여 추적해갈 수 있으며, 매출액의 차이는 다시 고객 1인당 매출액과 고객수의 영향

* 출처: http://www.superchargedfinance.com/blog/how-to-define-value-drivers

으로, 고객 1인당 매출액의 차이는 또다시 제품별 단가, 제품믹스, 고객 1인당 소비량 등으로 추적함으로써 실적 차이를 발생시킨 원인을 찾아갈 수 있다. 결국 이를 바탕으로 대응방안 수립이 가능한 것이다. 이때, 수립하는 대응 방안은 회사의 인적·물적 자원 투입을 필요로 하는 것으로 실현 가능한 것이어야 하며, 성과 차이의 원인을 제어하고, 성과 개선으로 귀결되는지에 대한 면밀한 검토가 필요하다.

3) 성과평가

중장기 경영계획과 연간 경영계획의 목표수립 과정을 거쳐 확정된 전략과제 및 경영목표 달성을 위해 어떻게 조직의 실행력을 최대치로 끌어올릴 수 있을까? 이는 모든 CFO들의 고민이자 관심사일 것이다. 이를 위해 일정 기간 기업활동을 수행한 후 목표에 대비해 어느 정도나 달성되었는지 철저히 성과평가를 수행하는 것은 관리 절차의 마무리 단계이자 기존 중장기 경영계획을 조정하고 차기 연간 경영계획을 효과적으로 수립하기 위한 필수적인 절차이다.

대부분 기업은 각 상황에 맞는 목표관리(MBO)제도를 운영함으로써 이와 같은 성과관리를 수행하고 있다. 목표 수립 및 평가는 공정하고 엄격한 절차에 의해 객관적으로 수행되어야 하며, 조직 구성원들의 합의에 기반한 평가를 그 전제로 한다.

일반적으로 다음과 같은 절차에 의해 평가가 이루어진다.

- **자기평가:** 피평가자는 정확하고 객관적인 성과평가를 위해 수립된 목표의 달성 여부 및 정도를 가늠할 수 있는 근거 자료를 수집
- **평가자/피평가자 회의:** 성과 달성에 대한 서로의 의견을 이해하고 공유함으로써 평가자의 평가 결과의 왜곡을 최소화하기 위해 노력
- **최종평가:** 평가자 주관하에 모든 목표관리 항목에 대한 근거 자료를 바탕으로 자기평가, 평가자/피평가자 회의 결과를 바탕으로 평가
- **피드백:** 최종 평가결과는 각 피평가자에게 통보되어 평가 결과에 대한 이의가 있는 경우 이에 대한 조정 절차를 거침으로써 피평가자의 구제를 통한 평가의 공정성을 확보

경영계획 수립이 연간 단위로 이루어지는 경우 연간 재무지표에 대해 실적을 연말에 마감하고, 실적과 연계하여 성과평가도 연 1회 수행하는 것이 일반적이다. 물론 영업 및 생산 실행부서 단위에서는 관련 운영지표에 대해 일별, 주별, 월별로 보다 짧은 주기에 의해 평가가 이루어지는 것이 보통이다. 따라서 평가에 사용되는 실적지표의 객관성과 투명성이 보장되는 한, 기업이 영위하는 사업의 속성 및 경영환경에 적합한 평가 주기를 자율적으로 선택해 운영하는 것이 바람직하다.

성과평가 시 염두에 두어야 할 사항은 개별 조직의 평가 결과와 전사 조직의 성과와의 연계성이다. 다시 말해 연초에 수립된 목표관리 및 핵심성과지표에 근거한 기계적인 평가에만 그칠 것이 아니라, 각 조직의 평가 결과가 전사적 성과와 어떻게 연계되어 있는가를 충분히 고려해서 평가해야 한다는 말이다. 이 같은 검토 결과가 당기 성과평가에 대한 조정뿐만 아니라 차기 목표관리 수립을 위한 방향성 검토의 기반이 되어야 한다. 성과평가

를 통한 보상은 조직원들의 동기 부여를 통한 몰입도를 제고하고, 기업 및 개인의 성장을 도모하기 위한 것이지만 현실적으로 조직 구성원들은 보상 자체에 필요 이상 민감한 것이 일반적이므로 이와 관련하여 객관성 및 공정성 확보가 가장 중요한 쟁점이 될 것이다.

예전의 시각으로 본다면 성과평가는 기업이 수립한 목표에 대비해 실제로 달성한 실적을 평가함으로써 조직과 개인에 대한 상여금 수준을 판단하고, 승진 여부를 결정하는 단순한 보상체계 운영의 기반이었다. 이런 제도 하에서 기업 내부조직과 개인은 목표 설정 및 성과평가 시 결과적인 보상에 연연한 나머지 기업 전체 성과와의 연계성이 미흡함에도 불구하고 비교적 달성이 용이한 목표를 설정하고자 하는 유혹에 빠지기 쉽다. 이것이 바로 성과관리를 수행하는 컨트롤 타워 부서가 전문성과 균형감을 갖추어야만 하는 이유이다. 다시 말해서 이 업무를 주관하는 부서는 VDT와 관련하여 앞서 설명한 바와 같이, 성과목표 달성과 관련한 전사적인 동인과 논리적인 인과관계를 충분히 이해하고 적용할 수 있는 재무적·논리적 전문성은 물론 기업 내부조직 간의 이해관계에 편향되지 않은 객관성을 바탕으로 한 균형감이 필수 덕목이 되어야 하는 것이다.

이와 더불어 성과평가의 목적이 한 해를 마무리하는 보상 프로세스로 끝나서는 안 될 것이다. 성과평가는 성과창출 과정에서 발생했던 과정상에서의 문제점뿐 아니라 목표가 되는 핵심성과지표 선정부터 시작해서 운영 중인 목표관리제도 자체의 문제점을 개선해나가는 일련의 과정에 있는 것이다. 또한 성과평가는 보다 효과적인 차기 경영계획을 수립하고, 평가 과정에서 발견된 조직 구성원의 코칭 포인트를 활용한 역량 개발의 기반이 되는 것으로, 궁극적으로는 조직 및 개인의 지속가능한 발전을 도모하는 것이 그 목적이 되어야 할 것이다.

CFO가 객관적 자료와 과학적 분석을 통해 중장기 경영계획과 연간 경영계획을 알차게 수립한 다음 실적관리와 성과평가를 치밀하게 수행하고 있다면 상당히 유능한 CFO라 할 수 있다. 하지만 그에 못지않게 CFO가 맞닥뜨려야 할 가장 현실적인 문제는 돈을 관리하는 일, 즉 자금을 조달하고 운용하는 일이다. 축구나 야구 등 스포츠에서 경기의 흐름을 우리 팀에 유리하게 이끌어가는 것이 감독의 역할이듯 기업에서 자금의 흐름이 우리 회사에 유리하도록 자연스럽게 흘러가게끔 유지하고 관리하는 것, 이것이 바로 CFO에게 부여된 가장 중요한 의무이자 책임이다.

CEO가 회사를 대표해 외부활동을 열심히 하면서 큰 그림을 그리는 사이 회사 안에서 알뜰히 살림을 챙기면서 구석구석 자금이 잘 흘러가는지, 배분된 자금이 제대로 쓰이고 있는지, 신규 자금은 어떻게 조달해 운용하는 게 좋은지 등을 계획하고 실행하는 것이 CFO이다. 이런 측면에서 3장에서는 자금조달 및 운용에 대해 살펴보고자 한다.

박대현 대표는 현재 AJ네트웍스 대표이사로 재직 중이다. 서울대학교 사회과학대학을 졸업하고 同 대학원 경영학 석사학위를 취득했다. 그리고 한국공인회계사 자격 및 미국 CFA 자격을 보유하고 있다. PwC 삼일회계법인 근무 시 회계감사, 시스템 구축, 재무구조 조정, 법정관리 조사 및 M&A 자문 등 다양한 컨설팅 업무를 수행했으며, 이후 두산그룹 재무 임원으로 근무 시 경영계획, 성과관리, 사업관리, 회계, IR 업무뿐만 아니라 M&A, IPO, PMI 등 다양한 프로젝트를 주관한 경험을 보유하고 있다. AJ그룹에서는 그룹 사업 포트폴리오를 대상으로 한 경영전략, 성과관리, 자금조달 및 IR 등 컨트롤 타워 역할을 수행하는 경영기획실 총괄부사장을 역임했다.

3장
자금조달 및 운용

김광오 (효성그룹 부사장, CFO, 공인회계사)

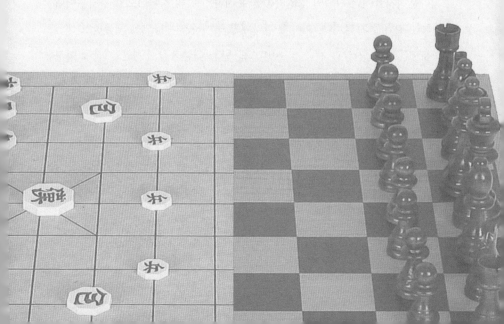

경영계획과 예산이 수립되면, 먼저 현금흐름을 기초로 용도에 따른 자금의 필요 규모 및 필요 시점을 예상해야 한다. CFO의 많은 역할 중에 적기에 자금을 조달하고 적소에 자산을 운용해서 기업이 본래의 기능을 제대로 유지할 수 있도록 하는 것보다 더 중요한 것은 없다고 해도 결코 과언이 아닐 것이다.

1. 자금조달

1) 자금조달 계획 및 방안

(1) 자금조달계획

자금의 용도는 크게 원·부재료, 근로자 급여, 경비 등 기업이 정상적인 영업활동을 수행하는 데 사용되는 운전자금과 기업의 생산설비 및 기계장치 구입, 전산 시스템 구축, 사업장 확보 등에 필요한 시설자금으로 나눌 수 있다.

운전자금이란 기업이 영업활동을 유지하기 위해 지속적으로 투입되어야 하는 자금을 가리킨다. 회사가 원자재를 구매하거나 용역을 제공받고 대금을 지급하는 기간과 제품 및 서비스를 팔고 대금을 회수하는 기간에 따라 운전자금의 투입 규모가 결정된다. 중공업이나 건설 업종처럼 시공 및 서비스를 제공한 대가를 장기간에 걸쳐 회수하는 업종은 다른 업종에 비해 운전자금 투입 규모가 큰 편이다.

운전자금 규모를 산출할 때 계절별로 자금 수요가 다르거나 경기 변동에 민감한 기업의 경우에는 필요자금 규모가 계속 변경될 수 있다는 점을 감안해야 한다. 아울러 회사가 제품 및 서비스에 대한 매출채권을 일정 기간 안에 회수하지 못하는 일이 발생하더라도 회사를 운영할 수 있을 만큼의 여유자금의 규모도 별도로 계산할 필요가 있다.

시설자금은 투자 프로젝트별로 총 투자금액, 투자 기간, 현금흐름에 기반을 둔 예상 회수기간을 산정하여 개별 자금조달계획을 수립해야 한다. 시설자금 조달 시에는 프로젝트별로 투자 타당성을 분석하고 회수가능 기간을 고려하는 것도 중요하지만, 기존 회사 경영실적 및 재무구조에 따라 조달 가능한 규모 및 기간의 제한이 있을 수 있으므로 투자 규모를 정하기 전에 자금조달 가능성을 먼저 검토할 필요가 있다.

또한 자본조달을 할 때는 해당 시장 및 경기 상황 등에 따라 사업계획을 달성하지 못할 가능성이 크기 때문에 조달 규모 및 부채상환계획을 좀 더 보수적으로 검토하여 결정하는 것이 합리적이다.

(2) 자기자본 對 타인자본

기업은 필요자금의 용도와 현금흐름 등을 고려하여 적절한 자금조달 방안을 선택해야 한다. 기업의 자금조달 방법은 크게 원금 상환 만기가 정해지지 않은 지분(Equity) 발행을 통한 조달(자기자본)과 원금 상환 만기가 정해져 있는 채무(Debt)로서 금융기관이나 회사채 발행 등 외부 차입을 통한 조달(타인자본), 또는 이들의 특징을 혼합한 메자닌(Mezzanine, 이탈리아어로 건물 1층과 2층 사이에 놓인 라운지 공간을 가리킨다. 금융에서는 채권과 주식의 중간 정도 위험 단계에 있는 전환사채와 신주인수권부사채 혹은 관련 파생금융상품 등에 투자하는 것을 말한다)으로 나눌 수 있다.

〈표 3-1〉은 자기자본, 타인자본 및 메자닌의 장·단점을 비교 구분한 것이다.

〈표 3-1〉 자기자본, 타인자본 및 메자닌의 장점과 단점			
구분	자기자본	타인자본	메자닌
장점	• 이자비용 없음 • 조달 성공 시 대외 인지도 상승 • 부채비율 저하에 따른 재무건전성 강화	• 편리한 발행 절차 • 필요한 자금의 정확한 조달 가능 • 기존 주주의 지분율 변동 없음	• 낮은 금리의 자금조달 가능 • 자기자본과 타인자본 장점을 동시에 갖춰 자금조달이 비교적 용이
단점	• 최대주주 지분율이 낮아짐*	• 신용평가 획득 필요 • 신용평가 등급에 따른 금리 변동 • 부채비율 상승에 따른 재무건전성 악화	• 신용평가 획득 필요 • 신용평가 등급에 따른 금리 변동 • 부채비율 상승에 따른 재무건전성 악화 • 전환/신주인수권 미행사 시 자금상환 압박 존재

* 지분율이 낮아지는 것을 희석이라고 통칭한다. 이하에서는 지분율이 낮아지는 경우와 희석이라는 용어를 상황에 따라 혼용하기로 한다.

한편, 자기자본과 타인자본의 구성 비율을 자본구조라고 하고, 자기자본에 비해 타인자본을 어느 정도 사용할 것인지를 결정하는 것을 자본구조 의사결정이라고 한다. 기업의 자기자본 비율이 클수록 재무안정성이 높아지지만 逆으로 주주의 자금 부담이 다소 커지는 단점이 있다. 따라서 기업의 재무구조가 안정적일 때는 상대적으로 비용이 저렴하고 경영권에 영향이 없는 타인자본으로 자금을 조달하는 것이 타당하나, 부채비율이 높은 상황에서는 자기자본으로 자금을 조달함으로써 안정적인 재무구조를 유지하는 것이 좋다.

(3) 자기자본(유상증자)

기업이 주식을 발행하여 자금을 조달하는 경우를 자기자본조달이라고 하며, 재무제표상 자본으로 표시된다. 이자를 지급하거나 원금을 상환할 의무가 없어 현금흐름상 유리한 측면이 있지만 신주발행으로 인해 기존 주주의 지분이 희석되는 단점이 있다. 특히 신주발행으로 대주주 지분율이 낮아져 경영권 방어를 제대로 하지 못할 경우 새로운 주주들이 경영에 간섭하여 경영진의 의사결정에 영향을 미침으로써 예상치 못한 방향으로 상황이 진행될 수도 있다.

주식은 보통주 외에도 다양한 권리가 설정된 종류주식(種類株式)*을 발행할 수 있다. 상법에 따라 사전에 회사가 정관에 종류주식 및 발행 한도를 설정할 경우, 이사회 결의에 의해 동 주식을 발행할 수 있으므로 회사는 적절한 자본구조 및 경영권 방어 목적 등을 고려해 미리 정관을 제정하거나 수정할 필요가 있다.

유상증자에는 여러 방법이 있다. 상장회사의 경우 대표적으로는 주주배정, 주주배정 후 실권주 공모, 일반 공모가 존재한다. 〈표 3-2〉에 나타난 것처럼 방안별로 소요 기간, 실권 위험, 발행비용 등의 차이가 있으므로 회사는 각자 상황에 맞는 방안을 선택할 필요가 있다. 비상장회사의 경우, 주주배정 방식과 제3자 배정 등 투자자 모집을 거치게 되며, 공개 모집 시에는 금융감독원 증권신고서 제출이 필요하기 때문에 동 사항을 꼭 유의해야 한다.

---

* 종류주식(種類株式)은 이익의 배당과 잔여재산 분배에 따라 우선주, 후배주, 혼합주 등으로 나뉜다. 우선주는 보통주보다 우선 배당을 받을 권리가 있지만 의결권이 없는 주식, 후배주는 보통주보다 배당을 늦게 받는 주식, 혼합주는 배당이익을 보통주보다 빨리 받지만 잔여재산은 보통주보다 늦게 배당받는 주식이다.

〈표 3-2〉 유상증자의 다양한 방안

구분	주주배정	주주배정 후 실권주 공모	일반 공모
특징	기존 주주를 대상으로 신주를 발행하는 방식	가장 일반적인 방식. 주주배정 방식에서 발생한 실권주에 대해 일반 투자자 등에게 공모 예정된 방식	기존 주주의 신주인수권 배제. 불특정 다수를 대상으로 신주 발행하는 방식
실권 위험	높음	거의 없음	높음
실권주 처리	이사회 결의	일반 공모	증권회사 인수 등
증여세	실권주 이익에 부과	없음	없음
소요 기간	약 54일	약 61일	약 23일
신주발행비용	기본적 증자비용	인수수수료 추가	인수수수료 추가
인수 및 모집 사무	발행회사	대표주간회사	대표주간회사
기존 주주의 권리	신주인수권	신주인수권	없음
신고서 효력 발생 기간	7일	10일	10일
기존 주주 자금 부담	배정주식 수에 따라 결정. 신주인수권 매각으로 자금부담 완화 가능	배정주식 수에 따라 결정. 신주인수권 매각으로 자금부담 완화 가능	없음

(4) 타인자본(차입금, 회사채)

은행 대출, 회사채 발행, 어음 발행 등과 같이 외부로부터 자금을 조달하는 것을 타인자본조달이라고 한다. 타인자본은 재무제표상 부채로 표시되며, 일반적으로 만기 혹은 상환 기간에 걸쳐 이자를 지급하고 원금을 상환하는 원리금 상환 스케줄을 가진다.

타인자본의 경우 일정한 금리를 부담하고 원리금 상환을 확실하게 만들기 위해 잔여재산 분배의 우선권이나 담보 등을 요구하는 만큼 기업 경영 여건상 부담이 될 수 있지만, 기업의 수익성 및 현금흐름이 양호할 경우 타인자본을 적절히 활용함으로써 레버리지 효과에 의해 기업가치를 극대화하는 방안을 고려할 수도 있다.

타인자본을 조달할 때는 대출의 규모와 만기를 정하고, 금리를 산정하기 위해 금융기관 또는 신용평가 전문기관으로부터 기업의 현금흐름(사업의 안정성), 시장 점유율 및 경쟁력, 재무구조 안전성 등을 평가하는 기업신용 평가를 받게 된다.

신용평가 시 기업은 경영실적, 수익성, 매출처(고객)의 안정성 및 장기 계약 여부, 시장경쟁력, 향후 매출 성장성 등 구체적인 사업계획, 원리금 상환 계획, 향후 자본구조 목표 등 다양한 자료를 구비해야 하며, 금융기관 및 신용평가사 담당자를 만나 수개월 동안 자료 제출 및 설명 작업을 거쳐 최선의 등급을 받도록 노력해야 한다. 만약 신용평가 등급이 낮게 나올 경우, 금융기관에서는 담보 제공이나 다른 회사의 보증 등을 요구할 수도 있다.

회사채 발행은 대규모 자금을 일시적으로 확보하는 데 유용하며, 금융권 대출보다는 금리가 낮게 형성되는 장점이 있다. 하지만 기업의 경영 상황 이 나빠지거나, 금융시장의 유동성 경색 등 기업 내부와 외부에서 발생하는 다양한 요인에 따라 만기 시 회사채 재발행이 어렵거나, 금리가 급등할 수 있는 위험이 존재하므로 타인자본 조달 시 금융기관을 통한 차입과 회사채 비중을 적절히 구성하는 것이 바람직하다.

2) 타인자본 조달 유형

타인자본은 크게 1년 이하의 단기 자금조달과 1년 이상의 중장기 자금조달로 분류할 수 있다.

(1) 단기 자금조달

단기 자금조달이란 상환기간 1년 이하의 부채를 조달하는 방법을 말하며, 은행 차입금은 기업의 가장 보편적인 단기 자금조달 방법이다. 단기적인 자금부족은 매출채권의 회수 지연이나 원·부자재 매입자금의 일시적인 증가 등으로 인해 수입과 지출이 일치하지 않을 때 발생한다. 따라서 CFO는 먼저 단기 자금수지계획을 통해 부족한 자금의 규모와 시기를 정확히 추정해서 조달해야 할 금액과 차입 기간을 파악한 다음 자금조달 수단 중 가장 적합한 금융상품을 선택해야 한다.

- **일반운영자금대출**

기업의 운전자금, 즉 경상적인 영업활동에 소요되는 자금을 조달하는 가장 보편적인 방식으로 금융기관과의 차입약정에 따라 일정한 금액을 인출해 일정 기간 동안 사용하다가 약정된 만기일에 일시상환하거나 분할상환하는 차입금이다.

- **기업어음(CP: Commercial Paper)**

기업어음(CP)이란 신용 상태가 양호한 기업이 상거래와는 무관하게 단기 자금융통을 목적으로 기업신용에 기반하여 발행하는 만기가 1년 이내인 어음을 일컫는다. 발행된 기업어음이 사전에 한도약정이 체결되어 있는 은행, 증권회사, 종합금융회사 등을 통해 투자자에게 판매되어 자금이 조달된다.

조달금액은 어음 액면금액에서 발행기업의 신용등급에 따른 이자율로 계산한 할인액을 공제한 금액이 된다. 기업어음은 담보나 보증 제공 없이도 자금조달을 할 수 있다는 장점을 지니며, 기업신용등급에 따라서 이자율에 차이가 크다는 특징을 지닌다.

- **수출입금융**

무역금융 형태 중 가장 일반적인 것으로 물품수출에 관련된 대출이다. 수출신용장, DA(Document against Acceptance, 매출자나 수출상이 발행하는 기한부환어음의 인수만으로 선적 서류를 내주는 인수인도 방식)·DP(Document against Payment, 은행을 통해 선적 서류를 인수하면서 바로 결제하는 지급인도 방식), 내국신용장 및 기타 수출 관련 계약서 등을 보유하고 있거나 수출실적이 있는 업체 등이 이용할 수 있다.

수출용 완제품 및 원자재를 직접 제조 가공하는 데 소요되는 자금(생산자금), 수출용 원자재를 수입하거나 내국신용장에 의해 구매하는 데 소요되는 자금(원자재금융) 및 이러한 용도에 구분 없이 일괄하여 지원하는 자금(포괄금융)으로 구분된다.

(2) 중장기 자금조달

기업이 지속적으로 성장하고 발전하려면 기존 사업을 확대하거나 신수종 사업을 추진하는 등 적절한 투자가 필요하다. 생산 능력을 확대하기 위해 설비를 증설하거나 새로운 공장을 건축할 경우 토지 매입, 설비 구매, 건물 신설과 증축 등으로 인해 상당한 규모의 자금이 필요하다. 이런 시설 투자는 기간이 수개월에서 수년까지 소요될 뿐만 아니라 생산 인력과 원·부자재의 확보, 가동 준비 등에 소요되는 시간과 지출도 상당한 것이 일반적이다. 중장기 자금조달 방법으로는 시설자금대출, 신디케이트론, 프로젝트 파이낸싱(PF) 등 간접금융 방식과 회사채를 발행하는 직접금융 방식이 있다.

• 시설자금대출

시설자금대출은 생산설비의 신설 및 증설 등을 위해 금융기관에서 조달하는 장기 차입을 의미한다. 심사 절차가 매우 엄격하고 기술적·상업적 사업타당성 검토 보고서를 요청하는 것이 보통이다. 대출금액은 기업이 필요한 시설자금의 70~80% 정도로 기업이 투자비용 전액을 외부 금융기관에 의지하지 않도록 하기 위해 일정 비율의 자기자금을 부담하게 한다.

시설자금대출도 일반담보대출처럼 담보를 요구하는데, 우선 기업이 보유하고 있는 기존의 토지, 건물, 기계설비 등에 대해 저당권을 설정하는 것이 일반적이다. 더불어 시설자금대출을 지원받아 건설하는 신규 공장이 완공되면 즉시 추가로 담보 제공을 확약하고 실행해야 한다. 금융기관은 공사 진척도에 따라 일정 기간 동안 실제로 기업이 지출하는 금액에 대해 일정 대출 비율을 곱해 산출된 금액만을 인출해주기 때문에 차입계약금액 전액을 일시에 인출할 수 없다.

- **신디케이트론(Syndicate Loan)**

신디케이트론(Syndicate Loan)이란 2개 이상의 금융기관이 채권단(대주단)을 구성하여 공통의 조건으로 일정 금액을 제공해주는 대출을 말한다. 주간사인 은행이 먼저 대출 구조와 기본 조건을 정한 후에 추가로 참여할 금융기관을 모집해 채권단을 구성한다. 이러한 신디케이트론은 채권단으로부터 대규모 자금을 조달할 경우에 유용하게 사용된다. 차입기업으로서는 대규모 소요자금을 단일 조건으로 조달할 수 있는 장점이 있으며, 채권금융기관은 특정 차입기업의 채무불이행 위험을 공동융자 방식으로 낮출 수 있다는 장점이 있다.

- **프로젝트 파이낸싱(PF: Project Financing)**

프로젝트 파이낸싱(PF)은 대규모 프로젝트 건설 산업이나 자원개발 사업 등 장기간에 걸쳐 거액의 투자액을 필요로 하는 사업을 위한 금융이다. 우리나라에서는 주로 부동산 투자 개발과 관련된 금융으로 많이 사용되고 있다. 프로젝트 파이낸싱에서는 별도의 사업을 수행하는 특수목적회사(SPC: Special Purpose Company)를 설립하고 이 회사를 통해 자금을 조달해서 프로젝트를 완성한 후 해당 프로젝트에서 발생하는 미래의 현금흐름을 통해 차입금을 상환하게 된다.

프로젝트 파이낸싱은 형식적으로 독립된 별개의 회사를 설립해서 그 회사가 사업을 수행하고 자금을 조달하기 때문에 프로젝트 파이낸싱으로 조달된 차입금은 모기업과 직접적인 관련이 없어 모기업은 자체의 재무상태를 약화시키지 않으면서 자금조달을 할 수 있는 장점이 있다. 따라서 모기업은 SPC의 차입금에 대한 원리금 상환에 직접적인 책임을 부담하지 않는 대신에 출자금에 대한 위험만 부담하게 된다.

또한 일반적인 대출과는 달리 해당 프로젝트를 완성한 다음 상업적으로 운영하면서 발생하는 판매대금이나 수익을 상환재원으로 하며, 원칙적으로 프로젝트의 자산만을 담보로 취득한다. 반면 일반적으로 장기 및 거액의 금융인 만큼 상대적으로 이자율과 수수료가 높고, 사실상의 사업 소유자인 모기업, 사업 시행사, 금융기관, 건설회사, 생산품 구매회사 등 참여 기관이 다양하고 구조가 복잡하다는 게 특징이다.

- 회사채

회사채는 기업이 필요한 자금을 조달하기 위해 발행하는 채권. 채권 및 채무 관계를 정형화된 증권으로 표준화해 증권시장에서 자유롭게 양도할 수 있다. 따라서 증권시장에서 회사채를 매입한 투자자는 매입과 동시에 그 회사채 발행 기업에 자금을 빌려준 채권자가 된다. 주로 거액의 자금을 장기간 차입할 경우에 많이 이용되며, 회사채 발행으로 조달되는 자금은 주로 시설투자자금, 운영자금 또는 다른 차입금의 차환재원으로 사용된다.

회사채는 공모(公募)와 사모(私募)로 발행이 가능하다. 사모 회사채는 발행기업이 직접 특정한 은행 또는 투자회사 등 50인 이하의 인수인과 합의해 발행하는 회사채로 발행 절차가 단순하고, 조건도 필요에 따라 변경할 수 있으며, 발행비용도 상대적으로 저렴하다. 반면에 공모 회사채는 다수의 일반 투자자로부터 자금을 모집하기 때문에 거액의 자금을 조달할 수 있으며, 조건이 정형화되어 있어 증권 유통시장에서 제한 없이 자유롭게 거래가 이루어진다. 다만, 공모 회사채의 경우 금융감독원의 증권신고서 제출 등 까다로운 절차와 신용평가 과정이 있기 때문에 다소 기간이 걸리는 단점이 있다.

회사채는 발행 방법, 이자율 형태, 이자지급 방법, 보증과 담보의 유무, 주식으로의 전환 및 인수 가능 여부에 따라 〈표 3-3〉과 같이 분류한다.

〈표 3-3〉 회사채의 종류	
구분	종류
발행 방법	사모채, 공모채
이자율 형태	고정금리채, 변동금리채
이자지급 방법	이표채, 할인채, 복리채
보증 및 담보 유무	보증사채, 담보부사채, 무보증사채
주식전환 인수 가능 여부	전환사채, 신주인수권부사채, 교환사채

(3) 메자닌(주식연계증권)

메자닌(Mezzanine)은 부채와 자본의 요소가 혼합된 자금조달 방식으로 전환사채(CB: Convertible Bond)나 신주인수권부사채(BW: Bond with Warrants)가 대표적인 상품이다. 전환사채는 기업이 처음 발행할 때 회사채와 똑같지만 일정한 기간이 지나 주식전환권이 발동하면 투자자가 원할 경우 채권을 주식으로 바꿔 주가 상승에 따른 차익을 볼 수 있는 자금융통 수단이다. 반면 신주인수권부사채는 발행 후 일정 기간이 지나면 특정 가격으로 주식을 살 수 있는 자격을 주면서 아울러 만기까지 채권의 이자와 원금도 함께 받을 수 있는 자금조달 방법이다. 전환사채와 신주인수권부사채는 일반 회사채보다 낮은 이자율로 필요자금을 조달하는 대신 투자자들에게 향후 주식으로 전환하거나 신주를 인수할 수 있는 권리를 부여한다는 측면에서 주식과 채권의 특징을 모두 가진 중간 지대의 상품이다.

전환사채나 신주인수권부사채 투자자는 대개 금리보다는 주식 전환을 통한 차익 실현을 목표로 하기 때문에 전환가격이나 전환가격 조정요인 등을 투자 포인트로 생각하며, 최근에는 기준금리가 낮아 전환사채나 신주인수권부사채에 대한 인기가 높은 편이다.

이 외에도 사채권자의 의사에 따라 기업이 보유하고 있는 자사 및 타사 주식으로 교환할 수 있는 교환사채(EB: Exchangeable Bond), 약속한 기간이 되면 채권처럼 상환을 받거나 발행회사의 보통주로 전환할 수 있는 권리가 붙은 상환전환우선주(RCPS: Redeemable Convertible Preference Shares)가 있다.

주식연계증권은 통상적으로 기업이 유상증자나 타인자본을 조달하는 조건이 좋지 않을 경우에 사용하는 것이 일반적이다. 발행 시 타인자본 조달 조건보다는 금리가 낮기 때문에 손익개선 효과를 볼 수 있으나, 보통주나 우선주 등 주식으로 전환하는 권리를 가지고 있는 만큼 기존 주주들의 지분 권리를 희석시킬 수 있어 경영권 방어 차원에서 신중한 접근이 필요하다.

〈표 3-4〉에서는 앞서 설명한 메자닌의 대표적인 상품 특징을 설명하기로 한다.

〈표 3-4〉 메자닌의 종류와 특징		
구분	발행사 입장	투자자 입장
전환사채 (CB)	• 전환권의 부여를 통한 낮은 비용의 장기자금을 용이하게 조달 • 사채와 주식의 양면성으로 광범위한 투자자층 모집 가능 • 전환 시 타인자본이 자기자본화되어 기업의 재무구조 개선 • 전액 전환되기 전까지 유예기간이 있어 증자에 비해 배당부담이 경감	• 사채의 안정성과 주식 투자의 이익을 선택할 수 있는 신축적인 자산운용 수단 • 주가 상승 시 전환권 행사로 높은 자본이득 획득 가능 • 만기보유 시 사채원리금 보장
신주인수권 부사채 (BW)	• 일반 사채에 신주인수권 부여로 저리의 자금조달 • 행사 후에도 저리의 사채가 존속함으로써 저비용의 자금을 상환 기간까지 향유 • 현금 납입 방식의 경우 신주인수권 행사에 따른 추가 자금조달이 가능해져 재무구조 개선 효과	• 사채의 안정성과 주식 투자의 이익을 선택할 수 있는 신축적인 자산운용 수단 • 주가 상승 시 보증서 행사로 높은 자본이득 획득 가능 • 신주인수권 개별 매매 가능 • 회사 청산 시 보통주 대비 우선순위 확보

구분	발행사 입장	투자자 입장
교환사채 (EB)	• 자사주 교환사채의 경우 할증 발행을 통한 주가 상승 기대 • 보유주식의 직접매각 시 주가 하락을 분산시킬 수 있음 • 예탁 기관 소정기간 예치로 담보화 초래	• 타사주식 교환사채 발행 시 이중의 신용 보강 효과 • 교환권 행사 통한 자본 이득 획득
상환전환 우선주 (RCPS)	• 상환우선주: 채권의 성격이 강하며 배당, 원금의 지급이 비강제적인 측면 존재 • 전환우선주: 기존 우호주주에게 우선 배정하여 경영안정 도모	• 배당과 이자 수익 모두 향유, 고수익 실현 가능 및 최악의 경우 상환권 행사를 통한 원금 보장 • 채권처럼 강제성이 없어 여타 상품 대비 투자자에게 다양한 투자 옵션 제공

3) 자금조달 시 고려사항

기업이 자금을 조달할 때 고려해야 할 사항은 만기(단기와 중장기), 금리구조(고정과 변동), 차입통화(원화와 외화), 조달지역(국내와 해외), 상환방식(만기일시상환과 분할상환), 담보 및 보증 유무 등이 있다.

(1) 만기 및 차입기간

만기에 따라 1년 이하의 단기 자금조달과 1년 이상의 중장기 자금조달로 나눌 수 있으며, 일반적으로 만기가 길어질수록 이자율은 더 높아진다. 단기 자금조달의 금리가 낮기 때문에 이자비용 절감을 위해 단기 차입금 위주로 조달할 경우 금융시장 경색 등 위기 상황에서 기업의 재무안정성이 크게 흔들릴 수 있어 신용평가 시 부정적인 요소로 작용하게 된다.

또한 상환 만기일을 적절히 배분하지 않는다면 상환일이 집중된 기간의 자금시장 상황에 따라 연장에 어려움을 겪을 수도 있다. 이럴 경우 일시적으로 자금이 부족하게 되어 불필요한 추가 자금조달 비용이 발생할 수 있기 때문에 기업의 필요자금 규모 및 현금흐름 등을 충분히 고려하여 만기 및 차입기간을 결정해야 한다.

(2) 금리구조(고정금리 對 변동금리)

자금조달 시 금리구조는 대출기간 중에 발생하는 이자율 변동 여부에 따라 '고정금리(Fixed Rate)'와 '변동금리(Variable Rate)'로 나눌 수 있다.

고정금리는 자금조달 기간 동안 조달 시점에 약정한 이자율이 변하지 않는 것으로 채권, 기업어음(CP), 양도성예금증서(CD) 등이 이에 해당하며, 변동금리는 자금조달 기간 중에 기준금리의 변동에 따라 조달 이자율이 함께 변하는 것을 의미한다.

고정금리는 향후 급격한 금리 상승에 따른 위험을 방지할 수 있으므로 안정적인 회사 운영에 도움이 되지만 기준금리 하락 시에는 비용을 줄일 수 있는 기회가 없어진다. 현재 한국과 같이 잠재성장률이 하락하는 시점에는 금리가 상승할 가능성이 낮기 때문에 변동금리가 다소 유리할 수 있으나, 금융위기와 같이 급격한 금융경색이 나타날 경우 조달비용이 증가할 수 있으므로 고정금리와 변동금리를 적절히 조합하는 것이 바람직하다.

(3) 원화 對 외화(차입통화)

자금조달 시 기업의 상황에 따라 차입통화를 선택할 수 있다. 해외사업장을 운영하고 있거나 수출 및 수입거래의 비중이 커 외화에 대한 필요성이 높은 기업의 경우 원화를 조달하여 외화로 환전하는 것보다 조달 시점에 외화를 조달하는 것이 더 안정적일 수 있다.

(4) 국내 조달 對 해외 조달

자금조달 시 조달처를 국내로 한정하지 않고 글로벌화를 추진하게 되면 각국의 이자율 차이를 이용하여 효율적인 자금조달과 운용이 가능해진다. 또한 해외 진출을 하게 되었을 때 현지금융을 이용하여 재원을 마련하면 자금수입과 자금지출이 같은 통화가 되어 현지통화 환율변동을 대비할 수도 있다. 다만, 급격한 경기 변동 및 금융위기 발생 시 금리 이익효과보다 더 큰 환손실을 볼 수 있다는 점도 유의해야만 한다.

(5) 만기일시상환 對 분할상환

외부로부터 조달한 자금을 상환하는 방식으로는 자금조달 기간 중 이자만 상환하다가 원금을 마지막에 상환하는 만기일시상환과 이자와 원금을 자금조달 기간 중에 균등하게 나누어서 상환하는 분할상환으로 구분할 수 있다.

4) 은행 여신 프로세스

은행에서는 다음과 같은 여신 절차를 규정하고 있으며, 여신의 종류에 따라 짧게는 1~2개월에서부터 길게는 8~9개월에 걸쳐 여신 절차가 진행되기도 한다.

(1) 여신 섭외·상담

여신(與信)이란 금융기관에서 고객에게 돈을 빌려 주는 일을 가리키며, 자금이 필요한 대상을 선정해 찾아가거나 자금이 필요해 찾아온 대상을 만나 구체적인 계획, 규모, 조건, 방법 등을 서로 조율하고 조정하는 과정을 거치게 된다.

(2) 여신 신청·접수

여신이 필요한 대상과 금융기관 사이에 구체적인 조율과 조정이 끝나면 이에 맞게 서류를 준비하고 갖춰서 대출신청을 하면 금융기관이 이를 접수하게 된다.

(3) 기업신용평가

금융기관에서는 접수된 서류를 토대로 여신을 받게 될 대상에 대한 신용평가를 하게 된다. 정확한 평가를 위해 해당 기업의 재무 및 비재무 정보와 미래의 채무상환능력 등을 종합적으로 조사하고 분석하여 신용등급 및 여신등급을 산출한다. 이 결과에 따라 여신이 가능한지 여부와 이자율과 기간 등 구체적인 조건들이 결정된다.

(4) 담보물평가

신용평가와 더불어 여신이 필요한 대상의 담보물을 설정해 어느 정도의 담보가치가 있는지를 정밀하게 측정한다. 담보대출은 부도가 나지 않는 대출이기 때문에 대출대상의 신용평가 결과가 좋지 않더라도 담보가치만 인정되면 쉽게 대출이 이루어질 수 있다.

(5) 여신금리 및 수수료율 결정

금융기관이 가지고 있는 분석 척도에 따라 엄밀한 신용평가와 담보물평가가 이루어지고 나면 금리와 수수료율 등 여신에 관한 구체적인 조건이 결정된다.

(6) 여신승인 의사결정

이 모든 과정을 거친 다음 최종적으로 여신에 관한 승인이 나게 된다. 금융기관별로 보다 객관적이고 합리적인 여신업무를 위해서 각종 여신승인제도와 여신심사위원회 등을 운영하고 있다. 우리은행의 경우 2019년부터 기업여신에 관한 노하우 등 여러 정보를 총망라하여 기업여신 자동심사 시스템을 도입하기로 했다고 밝혔다.

(7) 여신 실행

마지막 단계는 여신의 실행, 즉 기업이 필요로 하는 자금의 대출을 시행하는 단계다. 대출이 실시되면 기업은 필요한 자금을 조달받게 되며, 이 시점부터 해당 금융기관과 여신을 받게 된 기업 사이에는 채권자와 채무자의 관계가 성립된다.

5) 조기상환

자금조달 후 만기 이전에 조기상환이 이루어지는 경우가 있다. 이자율 등 자금조달의 조건은 조달시기와 조달자의 상황에 따라 달라진다. 자금조달 이후 기업 경영여건 변화로 기존의 차입금(사채)을 상환하고, 새로운 은행 차입을 하는 것이 유리하여 소위 말하는 재융자 혹은 리파이낸싱(Refinancing, 자신이 보유한 대출보다 더 좋은 조건을 가진 상품이 있거나 여러 건의 대출을 하나로 합치는 등 필요에 의해 부채상환을 목적으로 다시 자금을 조달하는 금융거래)을 고려할 수도 있다. 또한 자금 사정의 여유로 기존의 차입금을 만기 전에 미리 상환하는 경우도 있다. 이 모든 경우라도 당장 이자율이 싸고 여유자금이 있다고 해서 조기상환을 다할 수 있는 것은 아니다.

모든 차입계약서는 조기상환에 관한 조항이 있는데, 조기상환을 하면 통상 위약금이 부과되는 경우가 많다. 위약금이 큰 경우 조기상환이 어려울 수도 있는 것이다. 조기상환 위약금은 만기까지 조달처(은행 등)가 취할 이익을 한꺼번에 청구하는 의미를 가지고 있다. 따라서 자금조달 시 위약금을 가능하면 최소화시키는 방향으로 계약서를 작성하는 게 좋다.

2. 자금운용

1) 여유자금 운용

기업은 여유자금을 합리적으로 운용하여 영업외수익을 창출할 수 있으며, 현금흐름을 개선시킬 수 있다. 여유자금을 운용할 수 있는 금융상품은 다양하기 때문에 각 상품의 장단점을 비교하여 적합한 자금운용계획을 세워야 한다.

• 머니마켓펀드(MMF: Money Market Funds)

머니마켓펀드(MMF)란 단기금융상품에 집중 투자해 단기 실세금리의 등락이 펀드 수익률에 신속하게 반영될 수 있도록 한 초단기 상품이다. 즉, 고객의 돈을 모아 주로 금리가 높은 기업어음(CP), 양도성예금증서(CD), 콜 등 단기금융상품에 집중 투자함으로써 여기서 얻는 수익을 되돌려주는 실적배당 상품을 가리킨다. 주로 고수익상품에만 운용하기 때문에 수익이 높은 게 특징이다. 머니마켓펀드의 최대 장점은 가입 및 환매가 청구 당일에 즉시 이뤄지므로 자금 마련에 불편함이 없고, 펀드 내에 있는 채권에 대해 시가평가를 적용하지 않으므로 시장금리의 변동과 무관하게 안정적 수익률을 기대할 수 있다는 것이다.

• 수시입출금식 예금(MMDA: Money Market Deposit Account)

수시입출금식 예금(MMDA)은 미국 은행들이 머니마켓펀드에 대응하기 위해 만든 고금리 상품이다. 은행이나 수산업협동조합, 농업협동조합에서 취급하는 저축성 예금의 하나로 보통예금처럼 입출금이 자유롭고, 각종 이체와 결제도 할 수 있다. 가입대상에 제한이 없어 일시적으로 목돈을 운용하는 데 유용하다. 예금자보호법에 의해 5,000만 원 한도 내에서 보호를 받을 수 있다.

- **머니마켓트러스트(MMT: Money Market Trust)**

머니마켓트러스트(MMT)는 단기간에 자금을 운용할 수 있는 금융상품으로 수익증권이 아닌 특정금전신탁의 형태지만 수익률이 높고 입출금이 자유롭다. 당일환매가 가능하며 기존 머니마켓펀드의 특성을 그대로 보유하는 장점이 있으나 예금자보호는 받지 못한다.

- **환매조건부채권(RP: Repurchase Agreement)**

환매조건부채권(RP)은 채권발행자가 일정기간 후 금리를 더해 다시 사는 것을 조건으로 파는 채권으로 '환매채'라고도 한다. 주로 금융기관이 보유한 국공채나 특수채, 신용우량 채권 등을 담보로 발행하여 환금성이 보장되며, 경과기간에 따른 확정이자를 받는다.

- **양도성예금증서(CD: Certificate of Deposit)**

양도성예금증서(CD)는 예금증서, 즉 금융기관이 예금자에게 발급하는 보증증서를 제3자에게 자유로이 양도가 가능하도록 만든 예금상품을 말한다. 예금이란 고객이 금융기관에 실명을 사용하여 가입하고, 일정금액을 예치한 다음 일정기간이 지나면 다시 찾는다는 조건으로 일정한 이율을 받는 게 일반적인 형식이지만 양도성예금증서의 경우 예금자의 실명을 기재하지 않고 무기명으로 발행이 되며, 만기일까지 자유롭게 거래가 가능한 상품이기 때문에 일반예금과는 차이점이 있다.

- **특정금전신탁**

고객들로부터 돈을 예탁받아 이를 대출이나 채권 등에 적절히 투자한 뒤, 일정기간 후에 원금과 수익을 돌려주는 금융상품을 신탁(信託)이라고 하는데, 특정금전신탁은 고객이 금융기관에 돈을 맡기면서 특정기업의 주식이나 기업어음, 회사채 등을 구입해 달라고 지정하는 것을 가리킨다. 운용 실적에 따라 이익 배당이 달라질 수 있고 원금이 보장되지 않을 수 있으며 예금자보호법에 의해 보호를 받지 못한다는 단점이 있다.

- **정기예금**

정기예금은 고객이 일정기간 동안 환급을 요구하지 않는다고 약정한 후 일정금액을 은행에 예치하고, 은행은 일정한 이율의 이자를 지급할 것을 약속한 후 증서나 통장을 발행하는 예금이다. 저축성 예금이라고도 하며 법적 성질을 따지면 기한부 소비임차계약인 셈이다.

2) 유동성관리 전략

기업에 있어서 유동성이란 언제든지 사용할 수 있는 가용자금을 말하며, 현금과 요구불예금(예금주가 원할 때 조건 없이 즉시 지급할 수 있는 예금) 및 한도에 맞춰 대출할 수 있는 가능금액을 모두 합친 것이라고 볼 수 있다.

유동성이 높은 기업은 재무안정성이 높다고 평가할 수 있지만 한편으로는 현금을 쌓아두고 있는 것과 마찬가지이기에 수익성은 자연히 낮아지게 된다. 보유현금은 무이자 자산이고, 당좌예금 등 요구불예금은 이자율이 매우 낮거나 무이자이며, 한도대출은 약정수수료 등 설정비용과 미사용 시에는 미사용수수료, 차입 시에는 이자비용이 발생하기 때문이다.

따라서 기업의 재무안정성과 수익성을 동시에 달성하려면 이 두 가지를 균형 있게 조합하여 적절한 수준의 유동성을 산정하고 이를 확보하는 것이 중요하다. 적정 유동성은 매출채권과 재고자산을 더하고, 여기에서 매입채무를 차감한 운전자본과 매우 밀접한 관계가 있다. 적정 유동성을 산정하는 공식은 없지만 통상적으로 각 기업의 1회전 운전자본이 적정 유동성을 산출하는 가장 합리적인 지표라고 볼 수 있다. 1회전 운전자본은 기업의 자금이 생산영업활동에 투입되어 회수되기까지 필요한 자금의 규모를 말한다.

기업이 1회전 운전자본 금액을 확보하고 있다면 재고 부족, 여신 미회수 등 비정상적인 상황 발생으로 생산영업활동에 일시적인 차질이 발생하더라도 보유하고 있는 자금을 활용하여 재고를 확보하거나 여신을 회수할 때까지 정상적으로 기업활동을 수행해나갈 수 있을 것이다.

3) 외환거래와 환위험관리

(1) 외환 및 외환거래

외환(外換)은 외국환의 약자로 사용되며, 외국 화폐 사이의 교환을 의미하기도 한다.

우리나라 기업의 경우 자국 통화, 즉 원화로만 거래를 하지는 않는다. 기업은 재화와 용역의 수출입을 의미하는 경상거래나 무역거래뿐만 아니라, 국내·외 금융기관을 통한 외화자금의 차입과 상환, 국내기업 및 국외기업 주식매매 등 다양한 자본거래를 한다. 이렇게 다양한 기업활동 중에 다른 국가의 통화를 거래하거나, 국가 간 결제를 위해 서로 다른 두 통화를 교환하는 것을 외환거래라고 한다.

(2) 환율

한 국가의 환율은 물가, 교역조건, 경기 변동 및 주요 경제·사회 뉴스 등으로 인한 외환의 거래에 따라 결정되며, 금융기관이나 기업·개인 등 외환시장 참여자들이 사고파는 가격을 끊임없이 제시(Quote)하고 매매를 체결하면서 변동된다.

이때, 환율은 외국 통화 한 단위를 얻기 위해 지불해야 하는 자국 통화의 양을 표시하는 직접표시법(자국통화표시법)과 자국 통화 한 단위를 지불할 때 수취할 수 있는 외국 통화의 양을 표시하는 간접표시법(외국통화표시법)이 있으며, 일반적으로 직접표시법이 많이 사용된다.

한편, 환율은 매입환율과 매도환율, 은행간환율과 매매기준율 및 대고객환율, 현물환율과 선물환율 등으로 구분할 수 있다.

• 매입환율과 매도환율

환율은 매입환율과 매도환율 가격을 동시에 표시하는 兩方고시방식(Two-Way Quotation)으로 표시된다. (예시: USD / KRW = 1,160.20 / 1,162.20)

앞쪽에 표시하는 매입환율은 'Buying Rate'라고 하고, 뒤쪽에 표시하는 매도환율은 'Selling Rate'라고 하며, 매입/매도 환율의 차이를 '스프레드(Bid-Ask Spread)'라고 한다.

• 은행간환율, 매매기준율 및 대고객환율

은행간환율(Interbank Exchange Rate)은 은행간시장에서 은행 외환딜러들 사이에 외환을 사고파는 환율을 말하며, 거래 건 단위로 수시로 변동한다.

매매기준율은 서울외국환중개(주)가 전일자 영업일에 국내 외국환 중개회사를 통해 거래된 미국 달러화의 현물 거래량 및 거래금액을 가중평균한 시장평균환율(MAR: Market Average Rate)이다. 국내에서는 2016년부터 중국 위안화도 미국 달러화와 같은 방식으로 중국 위안화 매매기준율을 고시하고 있다. 미국 달러화, 중국 위안화 제외 기타 외국통화와 원화와의 환율은 국제외환시장에서 형성된 USD/기타 외국 통화의 환율을 같은 날짜의 USD/KRW 환율과 비교 계산해 결정한다. 시중은행은 매 영업일 업무개시 동시에 서울외국환중개(주)가 고시하는 매매기준율을 최초 1회차 매매기준율로 고시한 후 변동되는 은행간환율을 참고하여 하루에 수차례 매매기준율을 변경, 재고시한다.

한편, 고객환율은 은행이 고객(기업 또는 개인)과 거래하는 환율로 은행간환율에 적정 매입매도 스프레드를 가감하여 결정한다. 고객환율은 전신환매매율(Telegraphic Transfer Buying Selling Rate)과 현찰매매율(Cash Buying Selling Rate), 여행자수표매매율(Traveler's Check Rate) 등으로 구분할 수 있다.

• 현물환율과 선물환율

현물환율(Spot Exchange Rate)은 매매거래 후 2영업일 이내 외환을 사고판 당사자 간에 결제가 이루어지는 거래 환율을 말하며, 선물환율(Forward Exchange Rate)은 매매계약이 체결된 다음 미래의 특정 시점에 외환결제가 이루어지는 환율을 말한다. 현물환율과 선물환율의 차이는 두 통화의 이자율 차이로 인해 발생한다. 매매계약 체결 후 실제 결제되기까지 거래 쌍방이 각각 다른 통화를 보유해 발생하는 이자금액 차이를 거래 환율에 반영하는 것이다.

(3) 환위험관리

환위험관리란 환율변동에 따른 위험을 사전에 대비함으로써 환위험이 발생하더라도 크게 영향받지 않고 안정적인 경영이 이루어질 수 있도록 관리하는 것이다. 환율을 정확히 예측하는 것은 불가능하지만 다양한 경제지표와 국내·외 경제의 흐름을 보면서 추정하는 것은 가능하다.

이때, 기업은 외환포지션(FX Position)으로 환위험 노출을 측정한다. 외환포지션이란 기업이 환율변동으로 인한 위험에 얼마나 노출되어 있는지를 측정하는 지표로써 특정 통화에 대한 자산과 부채의 차이를 의미한다. 외환포지션을 파악하여 환율변동에 따른 영향을 사전에 예측하는 것은 체계적인 환위험 관리의 시작이다.

특정 통화에 대한 자산과 부채는 차입금을 제외하고, 주로 외화 매출로 인한 외화 매출채권과 외화 매입으로 인한 외화 매입채무에서 발생한다. 환의 영향은 단순히 자산부채의 평가로 나타나는 외화 평가항목뿐만 아니라 계약 시부터 물건 선적 시(주로 매출 인식 시)까지의 환율변동분이 매출액의 변동으로 나타나기도 한다. 매입활동 역시 마찬가지다.

이익률이 민감한 매출의 경우는 계약 시 미리 선물환 등을 계약하여 계약 시 수익률이 환변동으로 인해 변경되지 않도록 하지만 이러한 손익계산서상의 환관리는 현실적으로 큰 계약을 제외하고는 매번 적용하기가 어렵고 유동적이라서 많이 사용되지는 않는다. 대부분의 매출은 매출채권이라는 자산에 기록되므로 평균매출채권을 계산하여 외환포지션을 계산하면 손익계산서에 미치는 영향을 최소화할 수 있다.

환위험관리 방법은 내부 관리기법과 외부 관리기법으로 나눌 수 있다. 우선 내부 관리기법이란 기업이 자체적으로 외화자금의 유출과 유입을 관리하여 환위험을 회피하는 방법을 말한다.

다음은 주로 사용되는 내부 관리기법이다.

- **Matching**: 외화자금의 유입과 유출을 통화별, 만기별로 일치시킴으로써 외화자금흐름의 불일치에서 오는 환위험을 제거하는 방법
- **Netting**: 외화 자산과 부채를 서로 상계하고 남은 차액만을 결제하는 방법
- **Leading & Lagging**: 환율 예측을 바탕으로 외화자금 수급의 회수일과 결제일을 의도적으로 앞당기거나 후일로 미루는 방법
- **가격정책(Price Policy)**: 수출하는 상품의 가격을 조정하거나, 결제 통화를 변경하여 환위험에 대응하는 방법
- **자산부채 종합관리(ALM: Asset-Liability Management)**: 환율 예측을 바탕으로 보유하고 있는 외화 자산과 부채의 포지션을 조정하는 방법

외부 관리기법은 은행이나 증권사 등 외부금융기관과 파생금융상품을 거래하여 환위험을 회피하는 관리기법을 말한다. 예정되어 있는 외화자금의 유입과 유출을 외화자금 결제의 반대방향으로 미리 매도 또는 매수함으로써 파생상품금융 거래 이후의 환율변동에도 불구하고 손익을 고정시키거나 일정범위 내에서 제한하는 헷지(Hedge)거래를 하는 것이다.

다음은 주로 사용되는 외부 관리기법이다.

- **선물환(Forward Exchange):** 미래의 특정시점(또는 특정기간 이내)에 거래 쌍방이 체결한 환율로 거래하는 방법
- **환변동보험:** 수출과 수입을 통한 외화 유출입 과정에서 발생할 수 있는 환차손익을 제거하여, 사전에 외화금액을 원화로 확정시킴으로써 환율변동에 따른 위험을 헷지하는 방법이며, 한국무역보험공사(K-Sure)가 중소 · 중견수출기업의 환위험 헷지를 위해 제공하는 선물환 방식의 비영리 정책보험
- **통화선물(Currency Futures):** 선물시장(Futures Market)에 상장되어 있는 특정통화를 사전에 합의된 환율로 미래의 특정시점에 매매할 것을 약정하고, 해당 기일에 실물을 직접 인도 또는 반대거래를 통해 청산하는 거래
- **통화옵션(Currency Option):** 특정통화를 미리 정한 환율(행사가격)로 만기일 또는 그 이전에 사거나 팔 수 있는 선택가능한 일정한 조건을 붙여 거래하는 방법
- **통화스왑(Currency Swap):** 거래 쌍방이 계약일에 약정된 환율에 따라 해당 통화를 일정시점에서 상호 교환하는 외환거래로 환위험뿐만 아니라 금리변동위험에 대한 헷지 기능도 동시에 가능

이번에는 환위험관리 절차에 대해 살펴보도록 하겠다.

기업이 환위험관리를 효과적으로 하기 위해서는 맨 먼저 외환포지션을 집계하고 파악해야 한다. 특정기간 동안 외환의 유입·유출 규모와 통화 종류를 정확히 파악하는 것이다.

두 번째는 환위험관리의 목표와 범위를 설정해야 한다. 이는 관리해야할 환위험 범위 및 헷지 비율을 설정하는 것을 의미한다.

세 번째는 효과와 비용을 고려하여 내부 또는 외부 관리기법 중 적절한 방법을 선택하여 거래를 실행하는 것이다.

마지막으로 거래 실행 이후에는 선택한 헷지 전략과 환위험관리 방법의

효과를 측정하고, 측정 결과를 바탕으로 환위험관리 전략의 수정과 개선을 지속적으로 수행해야 한다.

환위험관리는 기업활동의 결과가 환율변동에 의해 예측 불가능해지는 것을 막기 위한 것인데, 일부 경영자나 관리자는 환위험관리를 돈을 버는 수단으로 오해하고 있어 이러한 사고와 접근방식을 배제하는 것이 무엇보다 중요하다.

4) 퇴직연금 자산운용

(1) 퇴직연금제도 개요*

퇴직연금제도는 근로자의 노후소득보장과 생활안정을 위해 재직기간 중 사용자가 퇴직금 지급재원을 외부의 금융기관에 적립하고, 이를 사용자 또는 근로자의 지시에 따라 운용하여 근로자 퇴직 시 연금 혹은 일시금으로 지급하도록 하는 기업복지제도이다. 근로자 1인 이상 사업장의 사용자는 퇴직급여제도인 퇴직금제도와 퇴직연금제도 중 하나 이상의 제도를 설정해야 한다.(근로자퇴직급여보장법 제4조 ①)

---

* 자세한 내용은 금융감독원 통합연금포털(100lifeplan.fss.or.kr) - 연금자료실 - 연금자료 - 퇴직
연금 가이드북을 참고하기 바란다.

(2) 퇴직연금제도의 종류

퇴직연금제도는 다음과 같이 확정급여형 퇴직연금제도(DB), 확정기여형 퇴직연금제도(DC), 개인형 퇴직연금제도(IRP)로 분류된다.

- **확정급여형 퇴직연금제도(DB: Defined Benefit)**
  근로자가 퇴직할 때 받을 퇴직급여가 사전에 확정된 제도로 사용자가 매년 부담금을 금융회사에 적립하여 책임지고 운용하며, 근로자는 운용 결과와 관계없이 사전에 정해진 수준의 퇴직급여를 수령한다. 사업자의 수익률에 따라 성과가 날 경우 해당 수익금은 사용자에게 귀속되고, 손실이 생길 경우 이를 사용자가 부담하므로 근로자가 받게 되는 퇴직급여에는 영향을 미치지 않는다. 기존 퇴직금제도와 유사하게 퇴직 직전의 임금을 기준으로 퇴직급여가 계산되기 때문에 재직기간 중의 임금인상분이 반영된다는 장점이 있으며, 대기업 장기근속자에게 유리하고, 투자 성향이 보수적인 근로자들이 선호하는 경향이 있다.

- **확정기여형 퇴직연금제도(DC: Defined Contribution)**
  사용자가 근로자에게 기여(부담)해야 할 금액이 확정되어 있다는 의미이며, 사용자는 매년 근로자 연간 임금의 1/12 이상을 부담금으로 납부하고, 근로자는 적립금의 운용방법을 스스로 결정하는 제도이다. 근로자의 적립금 운용 성과에 따라 퇴직 후의 연금 수령액이 증가 또는 감소하게 되기 때문에 결과적으로 적립금 운용과 관련한 위험을 근로자가 부담하게 된다. 다시 말해서 근로자가 퇴직연금을 운용해 높은 수익률을 기록하게 되면 더 많은 퇴직급여를 받을 수 있고, 반대로 손실이 발생할 경우에는 적은 퇴직급여를 받게 되는 것이다. 투자 지식과 경험이 많은 근로자에게 유리하지만 임금 인상률이 낮은 직종이라면 확정급여형 제도가 좀 더 유리하다고 볼 수 있다.

- **개인형 퇴직연금제도(IRP: Individual Retirement Pension)**
  개인형 퇴직연금제도(IRP)란 근로자가 재직 중에 직접 가입하거나 아니면 퇴직시 받은 퇴직급여를 계속해서 적립·운용하여 노후자금으로 활용할 수 있게 한 제도를 말한다. 다른 퇴직연금제도의 보완적 기능을 수행하기 위해 만들어졌다.

(3) 퇴직연금사업자의 역할 및 선정 시 고려사항

퇴직연금사업자는 운용관리업무와 자산관리업무를 수행하는데, 이 같은 업무를 수행하는 퇴직연금사업자를 각각 '운용관리기관'과 '자산관리기관'이라 부른다. 운용관리기관과 자산관리기관의 역할을 구분하면 〈표 3-5〉와 같다.

〈표 3-5〉 운용관리기관과 자산관리기관의 역할

운용관리기관의 역할	자산관리기관의 역할
퇴직연금제도 컨설팅·설계 사용자 부담금 계산(연금계리) 적립금 운용방법의 제시 적립금 운용지시 내역의 전달 각종 데이터의 기록관리 가입자 교육 실시 등	퇴직연금 적립금의 보관·관리 적립금 운용지시의 이행 급여의 지급

한편, 퇴직연금사업자로는 크게 안정성을 중시하는 은행과 수익성을 중시하는 증권이나 보험회사 등이 있다. 현재는 거의 대부분의 금융기관이 퇴직연금을 취급하며, 연말이면 이를 유치하기 위한 경쟁이 치열하게 벌어진다. 안정성을 중시하는 은행의 경우 퇴직연금펀드의 수익성이 낮은 편이고, 증권사는 상대적으로 수익률이 높은 편이다. 따라서 안정성과 수익성을 다 만족시키기 위해 은행과 증권·보험사에 분산하여 퇴직연금을 불입하는 것이 일반적이다.

다음에 생각해볼 CFO의 임무는 재무회계와 재무보고에 관한 것이다. 아무리 경영계획을 잘 세우고, 주도면밀하게 성과관리를 하며, 다양한 자금조달에 능숙하고, 자금관리에 만전을 기함으로써 기업이 탄탄대로를 걷고 있다고 해도 합리적인 회계정책을 수립해 회사가 가진 장점과 진면목이 재무보고를 통해 회사 내·외부에 정확히 드러나고 전달되지 않는다면 수많은 이해관계자들을 이해시키고 설득하면서 이들의 의사결정을 지원할 길이 없어지게 된다. 기업의 결산이나 재무상황은 제대로 작성된 재무보고서를 통해 고스란히 드러나게 마련이다. 최적의 보고서를 빠른 시간 안에 작성하여 기업 내·외부 관계자들에게 서비스하는 것이 CFO의 중요한 과제임에 틀림없다.

최근 경영책임자들에게 요구되는 중요한 덕목 중 하나는 'Accountability', 즉 '설명 책임'이다. 주주들이나 기업 내·외부의 이해관계자들에게 경영 성과를 이해하기 쉽고 친절하며 정확하게 설명할 수 있어야 한다는 것이다. 이는 단순히 말을 잘하고 소통을 잘해야 한다는 차원만이 아니다. 기업의 이력서라 할 수 있는 재무보고서를 이해하기 쉽고 친절하며 정확하게 작성해야 한다는 뜻이다. 4장에서 이 문제를 중점적으로 생각해보고자 한다.

김광오 부사장은 현재 효성그룹의 지주사인 (주)효성의 CFO로 근무하고 있다. 연세대학교 경영학과(학사)와 同 대학원에서 석사를, 홍익대학교에서 경영학 박사를 취득했다. 공인회계사로서 삼일회계법인 근무 당시 조세, 회계감사 및 컨설팅 서비스를 제공했다. 현재는 (주)효성그룹 CFO로서 그룹 회계, 자금, IR 등의 업무를 관장하고 있다.

4장
재무회계와 재무보고

신장훈 (삼정회계법인 부대표, 공인회계사)

앞의 1장에서 살펴본 바와 같이 CFO는 경영자원을 효율적으로 조달하고 배분함으로써 최적의 투자 포트폴리오를 관리하며, 기업의 전사적 위험을 모니터링하고, 신성장동력을 발굴해 투자하는 등 전략적 의사결정을 지원하는 방향으로 그 역할이 계속 확대되고 있다. 하지만 다양한 이해관계자와의 관계를 기반으로 지속적으로 성장하고 발전하는 기업의 특성을 고려할 때, 그들의 의사결정을 지원하는 재무보고의 역할은 전통적이지만 여전히 가장 핵심적인 CFO의 기능이다.

1. 재무결산

1) 재무보고와 관련한 CFO의 역할 및 책임

(1) 재무보고 관련 CFO의 역할

기업의 가장 중요한 존재 목적은 주주가치를 극대화하는 것이다. 주주가치는 어떻게 산정되는가? 때로는 특정 시점의 순자산가치로 측정되기도 하고, 때로는 미래 영업현금의 창출 능력으로 평가되기도 한다. 어떤 경우든 투자의사결정의 핵심 정보로써 주주가치는 기업이 제공하는 재무정보에 기반해 산출되는 것은 분명하다. 물론 기업이 당면한 다양한 불확실성에 따라 기업가치가 변동하므로 이를 예측하는 것은 쉽지 않다. 하물며 예측의 기본 정보로써 기업이 제공하는 재무정보마저 신뢰성을 담보할 수 없다면 가치 변동성은 더욱 커질 것이며, 주주가치는 제대로 평가받지 못할 것이다. 따라서 CFO가 주도하는 재무보고의 신뢰성은 기업가치를 제대로 인정받기 위한 필수조건이며, CFO는 기업가치의 수호자라고 할 수 있다.

(2) 기업정보의 불균형과 재무보고

기업 내부에서는 다양한 형태의 계량 경영정보들이 수시로 측정되고 보고되는 반면, 외부 이해관계자가 공식적으로 활용할 수 있는 정보는 CFO가 제공하는 재무정보가 사실상 유일하다. 이와 같은 기업 내부와 외부 간 정보의 불균형을 고려하면 재무보고는 회사의 가장 중요한 공시 사항으로 그 책임은 궁극적으로 CFO가 부담하고 있다.

(3) 新외부감사법과 강화된 재무보고의 책임

오랜 기간 동안 한국 자본시장에서 기업가치의 저평가요인으로 지목된 회계투명성 문제는 세계 최하위권 수준의 회계투명성 순위로 가시화되었다. 이러한 자본시장의 회계투명성 문제를 개선하기 위해 2017년 9월, 주식회사 등의 외부감사에 관한 법률(이하 '외부감사법')이 전면 개정되기에 이르렀다. 개정된 외부감사법은 기업의 재무보고와 관련한 실질적 개선을 촉구하고 있으며, 이 같은 책임이 적절하게 이행되지 못할 경우 기업은 물론 재무보고에 책임이 있는 개인들에게도 엄격한 책임을 묻고 있다.

회계투명성 제고를 통한 자본시장의 신뢰 회복이 국가적 과제로 인식되고 있는 재무보고 환경의 변화에 대해 충분한 고려가 필요하다. 재무보고의 실패는 기업의 대외 신인도에 결정적 흠결이 될 것이며, 기업 및 개인에게 과징금 등 민형사상의 불이익을 유발시킬 수 있는 만큼 재무보고의 質的 개선은 선택이 아닌 필수적인 CFO의 전략과제이다.

<표 4-1> 新외부감사법상 강화된 재무보고에 대한 책임

처분사항	세부 내용
해임 권고	해임 권고, 면직 권고, 6개월 이내의 직무 정지
징역	10년 이하(벌금 병과됨) ※ 가중처벌 조항 신설 - 회계부정으로 변경된 금액이 자산총액의 10% 이상: 무기징역 또는 5년 이상의 유기징역 - 회계부정으로 변경된 금액이 자산총액의 5% 이상 10% 미만: 3년 이상의 유기징역
벌금	위반 행위로 얻은 이익 또는 회피한 손실액의 2배 이상 5배 이하
과징금	회사에 대해서는 분식회계 금액의 20%까지 부과하고 회계 업무를 담당하는 자 등에 대해서는 회사에 부과한 과징금의 10%까지 부과
몰수	위반 행위로 얻은 이익 몰수

(4) 부정한 재무보고에 대한 CFO의 책임

재무보고의 실패는 재무제표가 왜곡된 혹은 불충분한 상태로 공시됨으로써 발생한다. 재무제표의 왜곡은 재무보고 과정에서의 오류 또는 부정 중 한 가지 이상의 요인에 기인하며, 부정한 의도를 가지고 재무보고를 왜곡시키는 경우 그 영향은 오류에 비해 훨씬 중요한 것이 일반적이다. CFO는 기업의 지속가능성을 책임지는 경영진으로서 재무보고 부정을 유발하는 동기나 압력 및 기회를 지속적으로 감시해야 하며, 부정을 방지하는 내부통제를 설계하고 운영할 책임을 부담한다.

경영진이 비현실적인 이익 또는 성장목표에 대한 달성 압박을 받고 있거나, 재무목표 달성 여부가 조직이나 개인의 중요한 인센티브 조건과 연계되는 경우 등이 부정의 동기를 유발하는 요인이다. 이러한 부정요인이 내부통제를 통해 충분히 억제되지 못하면 가공의 거래가 수익으로 기록되기도 하고, 경영실적에 불리한 거래가 누락될 수도 있으며, 때로는 회계추정에 필요한 중요한 가정이 의도적으로 왜곡되는 등의 부정이 발생한다. 특히 경영진이 연루된 부정이 발생한다면 기업이 구축한 내부통제는 보다 쉽게 무력화될 수 있다. 이 경우 재무보고에 미치는 영향이 훨씬 더 심각할 수 있다는 점에서, 부정을 방지하는 최후의 방어선으로써 CFO의 책임이 다시 한 번 각인되어야 한다.

하지만 현실에서는 재무보고 부정이 사소한 일로 치부되거나, 유리한 차입조건을 확보하기 위한 불가피한 선택 또는 회사를 살리기 위한 어쩔 수 없는 대안이라는 인식이 여전히 존재한다. 그러나 재무보고 부정은 불특정 다수의 이해관계자와 시장을 대상으로 한 의도적 기만 행위일 뿐이라는 점에서, 엄격한 윤리의식이 조성될 수 있도록 지속적인 노력이 필요하겠다.

외부감사법 제22조는 부정한 재무보고가 발견된 경우 감사(위원회)가 이를 조사하고, 그 결과를 증권선물위원회 및 외부감사인에게 보고하도록 의무화하고 있다. 특히 금융위원회의 회계부정 조사 가이드라인에 의하면 경영진의 연루가능성이 있는 경우 등 자체 조사만으로 부족하다고 판단할 경우 외부 전문가를 선임하도록 하고 있다.

조사가 필요한 회계부정 사례는 다음과 같다.

- 목표이익 달성 등 경영진에 대한 중요한 보상이나 연임을 위한 목적으로 재무제표를 왜곡하는 경우
- 상장(기업 공개 포함) 또는 금융관계기관 등과의 차입계약 유지 요건을 충족하기 위한 목적으로 재무제표를 왜곡하는 경우
- 무자본 인수·합병이나 회사 인수 전후의 자금조달 또는 자금유용과 관련되었을 가능성이 있는 경우
- 특수관계자와의 승인되지 않은 자금거래 등
- 그 밖에 관련 문서를 위조하거나 훼손 또는 거짓 진술 등 외부감사인의 감사를 방해하는 행위가 의심되는 경우

2) 재무보고 작성 기준과 회계정책 수립

(1) 원칙 중심의 회계처리기준과 회계정책

한국은 2011년부터 국제회계기준을 전면 도입한 바 있으며, 재무제표를 작성하는 준거 기준은 한국채택국제회계기준(이하 'K-IFRS')과 일반기업회계기준(이하 'K-GAAP')으로 이원화되었다. K-IFRS 도입 당시 K-GAAP와 가장 중요한 차이로 부각되었던 특징 중 하나가 '원칙 중심의 회계처리기준'이라는 점이다. K-IFRS는 회계처리를 위한 원칙만을 제시하며, 원칙의 틀 내에서 경제적 실질에 맞는 회계처리 방법을 각 기업이 찾도록 요구하고 있다. 이는 각 기업은 자신들이 채택한 회계정책이 K-IFRS의 원칙을 준수하면서 경제적 실질에 부합하는 가장 합리적인 방법임을 스스로 입증해야 함을 의미하기도 한다. 따라서 CFO는 회사의 회계정책이 매뉴얼을 통해 구체화되어 있고, 이러한 회계정책이 합리적 대안으로 충분한 근거를 보유하고

있는지 주기적으로 확인해야 한다. 또한 회사의 회계정책은 매기 일관성 있는 재무보고와 연결 범위 내 표준화된 회계처리를 위해 지속적으로 관리되어야 하는 중요한 재무보고 인프라로 인식되어야 할 것이다.

(2) 회계처리에 대한 검증가능성 확보

기업의 재무보고는 단순히 거래를 기록하는 것뿐만 아니라, 스스로의 회계처리에 대해 검증 가능하도록 근거를 마련하는 것까지를 포함한다. 다양한 회계처리가 가능한 K-IFRS 환경하에서 검증 가능하지 않은 회계처리는 외부감사의 범위를 제한하여 감사의견의 변형을 초래할 수 있으며, 재무보고 이후 감독 당국의 감리 등에도 적절하게 대처할 수 없다. 특히 이런 문제는 외부감사인의 주기적 지정제 등 감사환경 변화에 따라 가시적인 문제로 부각될 수 있으므로 재무보고 과정에서 충분한 준비가 필요하다.

3) 재무보고 프로세스 및 인프라

(1) 재무보고 적시성

재무정보가 유용하기 위해서는 이해관계자의 의사결정에 충분히 목적 적합해야 한다. 그뿐만 아니라 재무정보는 시간이 경과될수록 유용성이 낮아지므로 이해관계자가 유용하게 활용하기 위해서는 재무보고의 적시성(適時性) 역시, 놓쳐서는 안 되는 중요한 질적 요건이다.

특히 한국의 자본시장과 금융투자업에 관한 법률(이하 '자본시장법') 및 외부감사법은 재무정보의 공시 기한을 구체적으로 정하고 있으므로 외부감사 기간을 고려한 결산 및 공시일정 관리가 필요하다. 〈그림 4-1〉은 사업보고서 제출의무가 있는 상장회사의 주요 재무보고 일정을 보여주고 있으며, 단계별 재무보고 기한은 정기주주총회를 기준으로 수립하는 것이 일반적이다.

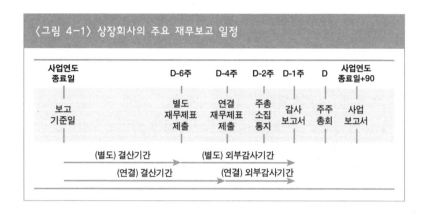

〈그림 4-1〉 상장회사의 주요 재무보고 일정

(2) 재무제표 등 제출의무를 고려한 재무보고 일정 관리

외부감사법에 따라 상장회사 및 대형 비상장회사(직전 사업연도 자산 규모 1천억 원 이상인 비상장회사)는 늦어도 정기주주총회 6주 전(연결재무제표는 4주 전)까지 재무제표를 외부감사인에게 제출해야 하며, 동시에 한국거래소와 금융감독원에도 각각 제출해야 한다. 이러한 제출의무는 재무제표 작성을 외부감사인에게 의존하는 관행을 개선하기 위해 신설된 조치로, 제출 대상 재무제표에는 재무상태표, (포괄)손익계산서, 자본변동표와 현금흐름표는 물론 주석 일체를 포함해야 한다. 위반 시에는 형사상 처벌(3년 이하의 징역 또는 3천만 원 이하의 벌금)과 함께 임원 등에 대한 해임 권고, 유가증권 발행 제한 등 추가적인 조치가 부가될 수 있다. 또한 재무제표가 불충분하거나 부정확하게 작성되어 제출되는 경우, 내부회계관리제도에 대한 외부감사인 의 감사(검토)의견이 제한될 수 있다는 점도 고려되어야 한다.

상장회사 등은 별도재무제표의 경우 최소 6주, 연결재무제표의 경우 최소 4주간의 감사 일정을 외부감사인에게 제공해야 한다. 이 기간 중에 충분한 감사절차가 마무리되어야 정기주주총회 1주 전까지 감사보고서를 제출받을 수 있다. 만약 기한 내 감사절차가 완료되지 못하거나, 중요한 회계처리에 대해 외부감사인과 이견이 해결되지 않는다면, 부득이 감사보고서 공시를 연기해야만 한다. 감사보고서가 지연 제출되는 경우 자율공시에 따라 기 공시한 재무정보의 신뢰가 저하될 수 있으며, 정기주주총회 소집 시 첨부

	구분	외부감사인 제출 기한	사전 제출의무[*]	감사보고서 제출 기한
별도 재무제표	상장, 대형 비상장회사, 금융회사	주주총회 6주 전	있음	주주총회 1주 전
	이외 기업	주주총회 6주 전	없음	주주총회 1주 전
연결 재무제표	K-IFRS 적용 기업	주주총회 4주 전	있음	주주총회 1주 전
	K-GAAP 적용: 대형 비상장회사[**]	사업연도 종료 후 90일 내	있음	사업연도 종료 후 120일 내
	K-GAAP 적용: 이외		없음	

〈표 4-2〉 외부감사법상 재무제표 및 감사보고서 제출 기한

[*] 상장회사는 한국거래소, 비상장기업은 금융감독원에 제출

[**] 사업보고서 제출 대상으로 직전 사업연도 자산 규모 2조 원 이상인 경우 외부감사인 제출 기한 및 감사보고서 제출 기한은 각각 사업연도 종료 후 70일 및 90일임

된 재무정보가 변경되는 등의 혼란이 발생할 수 있다. 따라서 CFO는 감사 기간을 충분히 확보할 수 있도록 재무보고기준일 이전부터 관련 이슈를 사전에 점검해야 하고, 결산 일정을 단축하는 노력을 병행해야 한다. 〈표 4-2〉 에서는 재무제표 및 감사보고서의 제출 기한 등을 보여주고 있다.

(3) 보고기준일 전 사전 점검사항 ①: 회계 및 외부감사 이슈

재무보고기준일 이전에 우선적으로 점검이 필요한 사안은 기업회계기준 의 개정이 기업의 재무보고에 미치는 영향을 파악하는 것이다. 특히 K-IFRS 를 도입하고 있는 경우라면, 새로운 기준서의 적용에 따른 재무제표의 영 향을 파악하고, 충분한 시간을 가지고 각 기업에 맞는 회계정책을 결정해 야 한다. 특히 수익인식, 금융상품이나 리스 등과 같이 기준서의 개정 영향 이 중요하고, 이런 개정 영향을 반영하기 위해 재무시스템 등 인프라의 개선 이 필요한 경우라면, 더욱 여유 있는 시간을 확보하는 것이 필요하다.

최근 재무보고와 관련한 이해관계자의 관심사항을 미리 점검하는 것도 중요하다. 금융감독원은 매년 중점점검 회계 이슈나 감리 사례 등을 공개 하고 있으므로 감독 당국을 포함한 시장의 관심 분야에 대해 각 기업의 재무보고와의 관련성을 미리 확인할 필요가 있다. 앞서 살펴본 새로운 기준서 도입에 따른 영향, 충당부채의 인식과 측정, 우발부채의 공시, 수익 인식의 적정성, 유동성 분류, 특수관계자 거래의 공시, 매출채권의 대손 충당금 설정, 개발비나 영업권과 같은 무형자산의 인식과 평가 등은 최근 금융감독원이 발표한 중점점검 대상분야의 사례들이다.

회계 및 감사상 이슈를 파악하기 위해 외부감사인과 충분한 커뮤니케이 션도 중요하다. 외부감사인은 감사계획의 수립, 중간재무제표에 대한 검토 및 내부통제에 대한 평가 등을 위해 재무보고일 이전에도 다양한 형태의 감사절차를 진행한다. 그러므로 감사 과정에서 외부감사인이 인식한 재무보고의 위험요소와 핵심적인 감사사항을 사전에 충분히 이해하는 것이 필요하다. 특히 외부감사인은 재무제표 및 내부회계관리제도에 대한 감사 등을 목적으로 재무보고 내부통제에 대한 평가를 수행하는데, 그 결과 발견된 취약점에 대해서도 관심을 기울일 필요가 있다. 내부통제에 대한 평가 결과는 궁극적으로 재무보고기준일 이후 입증감사절차의 범위, 규모, 시기 등에 중요한 영향을 미친다. 따라서 발견된 내부통제제도의 취약점을 적극적으로 보완함으로써 입증감사절차의 확대로 인한 비효율을 예방하는 것 역시 재무보고 일정을 안정적으로 관리하기 위해 CFO가 점검해야 할 중요한 요소 중 하나이다.

(4) 보고기준일 전 사전 점검사항 ②: 결산 이슈 해결 역량에 대한 평가

CFO는 재무보고를 성공적으로 완료하기 위해 필요한 결산 이슈 해결 역량을 보유하고 있는지 점검해야 한다. 일반적으로 최근의 재무보고 시 문제점을 점검해보면, 결산 이슈 해결 역량에 대한 자체적인 평가가 가능하다. 발생주의 회계처리에 누락이나 오류는 없었는지, 이연법인세의 인식과 측정 등 법인세 회계의 이해 수준은 충분한지, 공정가치 평가를 위해 다양한 가정하에 추정이 개입되는 회계처리에 합리적인 근거를 준비하고 있는지, 현금흐름표와 주석 등은 자체적으로 작성하고 있는지 등이 주요한 점검 요소들이다(〈표 4-3〉 참고).

외부감사인에 의한 재무제표의 작성이나 자문이 엄격히 금지되고 있음에도 불구하고 여전히 복잡한 회계처리에 대해 외부감사인에게 의존하거나, 회계처리의 오류를 점검하는 업무가 외부감사의 영역인 것으로 오해하는 사례가 존재한다. 앞서 설명한 것처럼 재무보고는 회계처리의 기록과

점검 분야	사례
발생주의 회계처리	• 마감 기능의 부재나 미흡에 의한 자료 누락: 수익귀속, 채권잔액, 판매장려금, 반품, 세금과공과, 전력료 등 비용 • 현금주의 회계처리: 선급비용, 미지급비용 등 발생주의 회계처리 누락, 외환차손/환산손익의 대체오류 등 • 현재가치 할인 등의 계산오류 등
법인세비용 등	• 자체적인 세무조정 역량의 한계: 법인세 신고 시점에 임박한 세무조정, 법인세법 개정영향 반영 미흡 등 • 이연법인세 회계처리에 대한 이해 부족: 일시적 차이에 대한 이연법인세 인식과 측정오류 • 이연법인세 자산의 실현가능성 평가에 대해 소극적: 일시적 차이의 실현 방식, 시기, 미래 과세소득의 산출가능성 등
추정이 개입되는 회계처리	• 영업권 등 무형자산에 대한 손상 검토 • 금융자산(매출채권 등)에 대한 손상 검토 • 사업결합에서 식별가능한 자산, 부채의 공정가치 평가 • 비상장주식의 공정가치 평가 • 소송충당금, 복구충당금 등 충당부채 및 우발사항 • 확정급여부채의 현재가치 평가 • 파생상품의 인식, 평가 모형에 대한 이해 및 자료의 수집 등 • 감가상각 내용연수의 추정 등
현금흐름표	• 간접법에 근거한 현금흐름표 작성 방식에 대한 낮은 이해도 • 내부 보고 등 낮은 활용도와 관심(단순히 공시 자료로 인식) • 현금흐름표 필요 자료를 제공하지 못하는 재무시스템
주석 작성	• 법인세비용, 추정이 개입되는 회계처리, 금융상품 평가 등 자체 결산이 부족한 영역은 관련 주석 역시 작성역량 부족 • 약정사항, 우발부채, 담보 제공, 금융상품의 위험관리, 특수관계자 공시, 공정가치 정보의 제공 등 재무제표와 직접 관련되지 않은 주석 정보에 대한 낮은 관심도 • 필수 주석사항에 대한 체크리스트 부재
기타	• 주식보상기준회계, 전환상환우선주 등 신종자본증권의 분류 등 비경상적 거래에 대한 회계처리 이해 부족 • 개발비 등 무형자산, 정부보조금 등

〈표 4-3〉 결산 이슈 점검 List(사례)

함께 검증가능한 회계처리의 근거를 마련하는 것은 물론, 재무제표의 오류를 검토하고 수정하는 것까지를 모두 포함한다는 점을 다시 한 번 상기하기 바란다. 특히 기업 내부 보고상으로는 상대적으로 유용성이 낮은 현금흐름표나 주석 정보까지 완전하게 작성해야 재무보고 절차가 완료된다는 사실을 명확히 인식할 필요가 있다.

결산 조직의 역량과 결산을 지원하는 재무시스템 그리고 회계처리에 필요한 내·외부의 근거 자료가 제공되는 환경은 재무보고를 위해 갖추어야 할 필수적인 인프라들이다. 이런 인프라가 충분하지 않을 경우, 이를 보완하기 위한 대안이 재무보고일 이전에 충분히 마련되어야 한다.

(5) 보고기준일 전 사전 점검사항 ③: 결산 프로세스와 인프라

효율적인 결산 프로세스는 재무보고의 적시성을 향상시키고, 재무보고의 질적 수준을 개선하기 위한 핵심적인 전제사항이다.

〈그림 4-2〉에서는 비효율적인 결산 문제의 사례를 보여주고 있다. 물론 재무보고의 효율성을 위해 개선이 필요한 모든 프로세스와 인프라에 투자할 필요는 없다. 목표로 하는 재무보고 일정과 현재 상황을 비교하여 재무보고 일정 단축에 가장 효과적인 개선 분야별 우선순위를 확인하는 것이 중요하다. 이를 위해서는 현재의 재무보고 프로세스상 상세한 일정 분석과 함께 핵심적인 장애요인을 찾는 것이 필요하며, 이에 따른 개선요인은 기업의 상황에 따라 다르게 발견될 것이다.

한국의 많은 기업들이 ERP(Enterprise Resource Planning, 전사적 자원관리) 시스템을 도입함에 따라 거래를 식별하고 장부에 기록하는 회계 본연의 기능은 재무보고 부서만의 역할이 아니게 되었다. 매일 반복되는 대량의 거래는 영업, 구매, 생산, 인사 등 각 부서에서 처리되고 실시간 장부에 기록

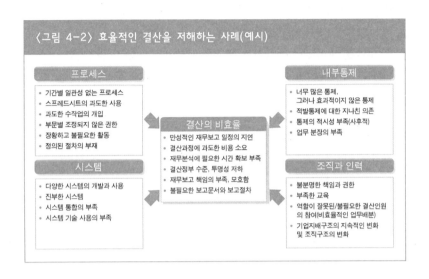

<그림 4-2> 효율적인 결산을 저해하는 사례(예시)

프로세스
- 기간별 일관성 없는 프로세스
- 스프레드시트의 과도한 사용
- 과도한 수작업의 개입
- 부문별 조정되지 않은 권한
- 장황하고 불필요한 활동
- 정의된 절차의 부재

시스템
- 다양한 시스템의 개발과 사용
- 진부한 시스템
- 시스템 통합의 부족
- 시스템 기술 사용의 부족

결산의 비효율
- 만성적인 재무보고 일정의 지연
- 결산과정에 과도한 비용 소요
- 재무분석에 필요한 시간 확보 부족
- 결산정부 수준, 투명성 저하
- 재무보고 책임의 부족, 모호함
- 불필요한 보고문서와 보고절차

내부통제
- 너무 많은 통제, 그러나 효과적이지 않은 통제
- 적발통제에 대한 지나친 의존
- 통제의 적시성 부족(사후적)
- 업무 분장의 부족

조직과 인력
- 불분명한 책임과 권한
- 부족한 교육
- 역할이 잘못된/불필요한 결산인원의 참여(비효율적인 업무배분)
- 기업지배구조의 지속적인 변화 및 조직구조의 변화

되고 있다. 이러한 일상적이고 대량의 거래들은 재무보고 시스템상 사전 등록된 '회계처리 공식'에 따라 장부에 기록되므로 새로운 형태의 거래가 기존의 회계처리공식에 부합되지 않을 가능성은 늘 상존한다. 따라서 주기적으로 새로운 형태의 거래를 식별하고 검토하는 내부통제가 필요하다. 특히 K-IFRS 1115호 '고객과의 계약에서 생기는 수익'(2018년부터 적용)과 같이 거래 전반에 중요한 영향을 미치는 새로운 기준서가 등장하는 경우, CFO는 이런 변화가 재무보고 시스템상 어떤 영향을 미치는지 분석하고 재무보고일 이전에 개선을 완료해야 한다.

통상적으로 결산이 지연되는 많은 기업의 사례들에서 수익, 비용 등 현업 부서의 거래처리 마감이 지연되거나, 거래를 입증하는 원천 자료의 보존 또는 이전의 불완전성, 사후 점검과 오류 수정에 많은 시간이 소요되는 경우를 쉽게 발견할 수 있다. 특히 사업부 간 내부거래의 이중 계상 등 불완전한 회계처리 이슈들은 현업에서 지속적으로 발생할 수 있으므로 재무보고 조직이 상시 점검해 개선하지 않으면 반복적인 비효율의 원인이 될 수 있다.

현업 부서의 거래 기록이 마감된 이후에도 재무보고 조직은 다양한 종류의 비효율과 마주치게 된다. 결산 일정이나 회계 매뉴얼과 같은 구체적인 재무보고 정책이 존재하지 않는 경우라면 재무보고 프로세스는 매기 일관되게 수행되기 어렵고, 업무처리에도 많은 비효율을 초래한다. 재무보고 시스템이 적절하게 지원되지 않는 경우 대량의 회계처리가 수작업에 의존됨으로써 매기 일관되지 못한 회계처리가 발생할 수도 있다. 때로는 대사와 조정 등 핵심적인 내부통제가 효과적으로 가동되지 않아 상당한 오류가 지속적으로 반복됨에 따라 오류를 수정하기 위해 많은 시간이 소요되기도 한다.

특히 대손충당금과 같은 회계추정을 위해서는 다양한 자료(예: 채권의 연령분석 자료, 연체 정보, 연체 기간별 과거 대손발생실적 등)가 필요함에도 불구하고, 재무시스템이 이러한 자료를 지원하지 못하는 경우도 흔히 발견할 수 있다. 이러한 경우 결산 담당자가 별도로 자료를 취합, 가공하는 과정에서 결산이 지연되거나, 자료의 누락 등으로 인해 회계처리의 오류를 발생시키기도 한다. 이와 같은 재무보고의 다양한 지연요소들은 결산의 비효율을 유발할 뿐만 아니라 충분한 검토와 검증의 기회를 박탈함으로써 재무보고의 품질 수준을 저하시키는 원인이 되기도 한다.

이처럼 기업 내부에 존재하는 비효율적인 결산요인들은 CFO의 중요한 관심사항으로 인식되어 선제적이고 지속적으로 개선되어야 한다.

〈표 4-4〉는 효율적 결산 업무를 위한 개선 분야별 사례를 제시하고 있다.

〈표 4-4〉 재무보고 프로세스와 인프라 개선 사례	
프로세스의 개선	• 보조원장 마감까지의 소요시간 단축 • 단순, 반복적인 결산 업무의 축소 • 반복적인 오류 유형에 대한 개선 등
내부통제의 개선	• 사전 예방 통제에 대한 의존도 강화 • 업무분장과 사업 부문, 기능 부서 간 역할, 책임의 명확화 • 회계정책의 구체화와 통제 절차에 대한 문서화 등
시스템의 지원기능 개선	• 수작업 회계처리의 자동화 확대 • 결산에 필요한 재무·비재무 데이터 지원기능 강화 • 오류 등을 예방하는 자동화된 내부통제 기능의 강화 등

(6) 보고기준일 전 사전 점검사항 ④: 연결재무제표 결산

정기주주총회 1주일 전까지 연결재무제표에 대한 감사보고서가 제출되어야 하므로, 회사가 연결재무제표를 기한에 맞추어 제출하는 경우 3주 안에 감사가 완료되어야 한다. 만약 연결재무제표 결산과 관련한 준비가 충분하지 않다면, 공시 기한을 준수하기 어려울 수 있을 만큼 촉박한 일정이다.

K-IFRS 도입 이후 한국의 재무보고체계는 연결재무제표 중심으로 변화해왔고, 이제 연결재무제표가 주재무제표라는 점에는 이견의 여지가 없다. 그럼에도 불구하고 상당수의 기업들은 여전히 연결재무제표 보고를 위한 조직, 시스템, 내부통제 등을 갖추지 못하고 있다. 재무보고 인프라가 별도 재무제표 중심으로만 구축 및 운영되고 있고, 연결재무제표가 업무 담당자 차원에서 작성되며, 충분한 검토 없이 외부감사인에게 제출되기도 한다.

공식적인 장부체계가 없어 업무 담당자가 개별적으로 연결재무제표 작성 정보를 유지하고 있다면, 연결재무제표 보고를 위한 기본 인프라도 갖추어져 있지 않은 경우라 할 것이다.

연결재무제표는 지배기업은 물론, 종속기업과 관계기업이 보고 일정에 맞추어 각자 신뢰성 있는 재무제표를 산출하고, 필요한 부가 정보가 완전하고 정확하게 준비되어야만 작성을 완료할 수 있는 협업의 산물이다. 따라서 재무보고일 이전에 지배기업과 종속기업 등은 구체적인 결산 일정을 협의해야 하며, 지배기업의 연결결산에 필요한 정보를 표준화된 양식으로 구체화해야 한다. 하지만 실무적으로는 연결결산과 관련한 사전준비나 인프라 부족으로 다양한 형태의 비효율이 발생하고 있다. 아래는 종속기업의 자료 수집과 관련한 연결재무제표 결산의 문제를 예시하고 있다. 보고기준일 전 CFO는 이러한 연결결산의 문제를 충분히 파악하고, 관련 대책을 마련해야 한다.

[연결재무제표 결산 이슈: 종속기업 자료 수집의 문제]
- 종속기업 개별재무제표, 주석 정보, 내부거래 정보 등 연결 기초정보의 수집 지연
- 계정과목체계의 관리 부족으로 재무제표 합산 과정의 일관성 부족
- 재무제표의 합산 이후 연결조정 회계처리에 대해서는 소극적 대응(투자와 자본 상계, 내부거래상계, 미실현손익과 이연법인세 조정 등)
- 연결현금흐름표, 연결자본변동표, 주석 등의 작성에 대한 이해 부족
- 지분법 적용 회사의 경우 자료 제공 등 결산 업무에 소극적 협조
- 종속기업 적용 회계기준과의 차이 파악 미흡 및 이로 인한 회계기준 차이 미조정
- 종속기업 제공 재무정보의 신뢰성에 대해 작성 과정에서의 검토 부족 등

4) 장부마감과 재무제표 작성

(1) 장부(보조원장)마감의 의의

장부마감은 영업, 구매, 인사나 시설투자와 같은 현업 부서에서 일상적이고 반복적으로 발생하는 거래의 귀속 시기를 확정하는 과정이다. 장부마감의 주기는 보통 매달 말일을 기준으로 하지만 상황에 따라 분기(통상 부가가치세의 신고 단위) 단위로 수행되기도 하고, 한 달보다 짧은 주기(10일 또는 15일)를 적용하는 경우도 있다.

재무시스템이 고도화된 기업의 경우 일상적이고 반복적인 대량의 거래가 현업에서 직접 처리되어 장부에 기록된다. 그렇지 못한 기업의 경우에는 마감 주기별로 결산 조직이 각각의 거래 기록을 집계해 그 결과를 장부에 기록하기도 한다. 이런 일상적인 거래는 사전에 정해진 회계처리규칙에 따라 반복적으로 처리되므로 기존의 회계처리규칙을 적용할 수 없는 새로운 유형의 거래가 발생했는지 지속적으로 점검하는 내부통제가 필요하다.

(2) 거래의 실재성과 완전성에 대한 점검

장부마감 과정에서 CFO가 가장 관심 있게 살펴봐야 할 부분은 거래의 실재성(實在性)과 완전성이다. 기업은 각 부문의 성과에 따라 금전적 보상과 인사상 평가를 연계하고 있다. 따라서 영업 부문 등은 보고 기간 내 재무목표를 달성하려는 유인이 있음을 전제해야 한다. 이런 관점에서 CFO는 성과목표를 달성하기 위해 가공의 거래가 발생하지 않았는지, 요건을 충족하지 못한 수익이 조기에 인식되지 않았는지(수익의 실재성) 등을 살펴봐야 하며 비용이 누락되거나 처리가 지연되고 있지 않은지(비용의 완전성)를 점검함으로써 거래의 마감 단계에서 발생할 수 있는 회계부정을 예방해야 한다.

거래상대방의 요구에 따라 재고자산(또는 용역)의 인도(제공) 시점이 부당하게 조정될 수 있다. 혹은 수익예산을 달성하기 위해 재고자산의 이동이 없는 거래를 수익으로 인식하기도 하고, 때로는 불평등한 계약관계를 이용해 발주가 없는 거래에 대해서도 재고자산을 인도하고 수익을 인식하기도 한다. 이처럼 특정한 의도를 가지고 가공의 거래를 인식하거나 거래 시점을 조정하는 행위는 모두 부정한 재무보고의 주요 원인이라는 점을 잊지 말아야 하겠다.

마감 과정에서 확인할 수 있는 부정의 징후로는 결산일에 근접해 발생한 대량의 거래, 특정 거래처와의 비경상적인 거래, 재무보고기준일 이후 대량의 반품이 수반되는 거래나 재고의 인도를 수반하지 않는 거래 등을 들 수 있다. 부정한 의도에 기반한 거래는 재무보고의 왜곡을 초래함은 물론이고, 기업의 성과보상체계 자체에도 부정적인 영향을 미칠 수 있다. 또한 부가가치세나 법인세 등 세무상 중요한 문제를 유발할 수도 있으므로 거래인식과 관련한 명확한 기준을 마련함과 동시에 부정 행위에 대한 엄격한 징계 등 제도상 조치를 정비하는 것 역시 CFO의 중요한 역할이다.

(3) 체크리스트를 활용한 결산조정의 완전성 점검

재무보고 시점에서만 반영하는 회계처리를 통상 결산조정이라고 한다. 유형자산 등에 대한 감가상각비 계산, 선급비용이나 미지급비용과 같은 발생주의 회계의 적용, 화폐성 외화자산과 부채에 대한 환산이나 외환차손익과의 대체, 법인세비용의 계산과 이연법인세의 인식 및 대손충당금, 확정급여부채 등을 추정하는 업무 등이 이에 포함된다. 결산조정은 매기마다 반복되는 업무임에도 불구하고 상당수 기업에서 통상적인 결산조정 사항을 누락하는 오류를 범하고 있다. 구체적인 회계정책이 마련되어 있지 않은 상황에서 재무보고 조직 내 잦은 이직 등은 이 같은 오류의 주요 원인이 된다. 기본적인 결산조정의 누락은 회사의 재무보고상 중요한 내부통제의 취약점으로 인식될 수 있으므로, CFO는 이러한 오류를 방지할 수 있도록 체크리스트 등을 활용하여 결산의 완전성을 항시 점검해야 한다.

(4) 유의한 추정과 판단이 필요한 회계처리

대손충당금의 추정, 자산손상, 영업권 손상이나 공정가치 평가 등은 경영진의 추정과 판단이 개입되는 회계처리로 분류된다. 이러한 회계처리는 추정을 위해 사용한 가정에 따라 재무제표에 미치는 영향이 매우 중요할 수 있으므로 통상 유의적인 회계처리로 인식되며, 외부감사인 역시 핵심 감사사항으로 분류해 엄격한 감사를 실시하는 것이 일반적이다. 유의한 가정에 따라 추정이 개입되는 회계처리는 그 가정의 객관성과 추정 모형의 합리성이 검증 가능하도록 문서화되어야 한다. 이 같은 추정에는 고도의 전문성이 필요하므로 경우에 따라서는 외부 전문가의 도움을 받을 수도 있다. 어떤 경우든 준비와 검증에 많은 시간이 소요되며, 그 결과가 재무제표에 미치는 영향 또한 중요한 경우가 일반적이다. 따라서 회계처리를 위해 충분히 준비되지 않은 경우 외부감사인과의 이견의 원인이 될 수 있고, 때로는 외부감사의 지연 사유가 되기도 한다. 유의한 추정이 개입된 회계처리는 재무보고의 불확실성을 증가시킬 수 있기 때문에 재무보고기준일 이전에 완전하게 이슈를 파악하고, 추정에 사용된 가정의 객관적 근거와 추정에 필요한 합리적 자료의 입수 방안 등에 대해 충분한 시간을 두고 준비가 필요하다는 점을 강조하고 싶다.

(5) 현금흐름표와 주석 작성

결산이 완료되면 재무시스템을 통해 재무상태표와 손익계산서가 산출된다. 하지만 재무시스템을 이용해 현금흐름표나 주석 정보를 산출하는 기업은 상대적으로 많지 않다. 현금흐름표 등은 재무보고의 필수정보지만 상대적으로 기업 내부의 관심은 낮아서 재무인프라의 지원이 소홀한 영역이기 때문이다.

물론 재무보고용으로 작성되는 현금흐름표는 통상 간접법으로 작성되므로 작성 원리에 대한 교육만으로 충분히 준비할 수 있는 재무제표이기도 하다. 다만, 최근 들어 영업활동으로 인한 현금흐름 정보에 대한 중요성이 부각되고 있고, 특히 당기순이익과 영업활동으로 인한 현금 사이에 중요한 차이가 있는 경우 재무정보의 신뢰성에 의문이 제기될 수 있으므로 주의가 필요하다. 따라서 영업활동으로 인한 현금흐름에 포함되지 않는 거래나 현금유출입이 없는 거래 등이 완전하게 식별되고 있는지에 대해 충분한 검토가 필요하다.

주석 정보는 통상 회계정책과 재무제표에 대한 부연 설명으로 구성된다. 회계정책 등은 최신의 기업회계기준에 따라 기업의 정책을 구체적으로 설명하고 있는지 확인해야 한다. 특히 유의한 추정이 개입된 회계처리를 스스로 준비하지 못하는 경우, 관련 주석의 작성도 쉽지 않을 것이다. 주석 정보는 재무제표와 직접 관련이 없는 정보들도 포함하고 있으며, 우발 상황, 중요한 약정사항, 특수관계자와의 거래 내역 등이 이에 해당한다. 이러한 정보가 누락되면 재무제표의 중요한 왜곡으로 간주되므로 결산 과정에서 누락이 없도록 주의가 필요하다.

다시 한 번 강조하고 싶은 것은 재무보고의 대상은 재무상태표와 손익계산서뿐만 아니라 현금흐름표와 주석 등을 모두 포함한다는 사실이며, 재무제표를 공시에 적합한 형태로 편집하는 것과 함께 충분한 내부통제를 통해 오류가 없는 재무제표가 작성되어야 비로소 재무보고를 위한 준비가 완료된다는 점을 잊지 말아야 하겠다.

〈그림 4-3〉 결산 업무의 범위와 단계별 절차

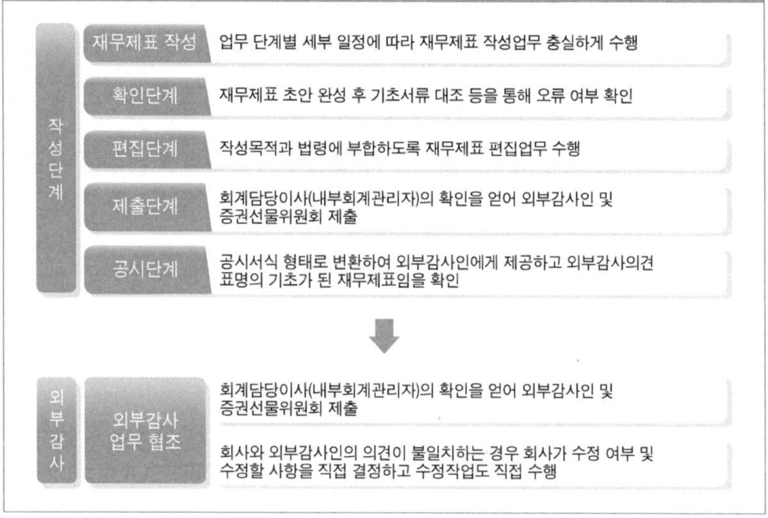

작성단계	재무제표 작성	업무 단계별 세부 일정에 따라 재무제표 작성업무 충실하게 수행
	확인단계	재무제표 초안 완성 후 기초서류 대조 등을 통해 오류 여부 확인
	편집단계	작성목적과 법령에 부합하도록 재무제표 편집업무 수행
	제출단계	회계담당이사(내부회계관리자)의 확인을 얻어 외부감사인 및 증권선물위원회 제출
	공시단계	공시서식 형태로 변환하여 외부감사인에게 제공하고 외부감사의견 표명의 기초가 된 재무제표임을 확인
외부감사	외부감사 업무 협조	회계담당이사(내부회계관리자)의 확인을 얻어 외부감사인 및 증권선물위원회 제출
		회사와 외부감사인의 의견이 불일치하는 경우 회사가 수정 여부 및 수정할 사항을 직접 결정하고 수정작업도 직접 수행

* 출처: 금융위원회, 「'회사의 재무제도 작성책임' 관련 유의사항 안내」 보도자료(2014.9.30).

5) 연결재무제표 작성

연결재무제표에 대한 점검은 다음 항목을 중심으로 이루어진다.

(1) '지배력'에 대한 주기적인 판단

'사실상의 지배력'* 개념이 도입된 K-IFRS하에서는 지분율만으로 지배력을 판단하지 않는다. 따라서 과반수의 소유가 지배력을 의미하지 않는 예외적 상황이 존재하는지, 혹은 당기 중 이러한 지배력에 변화가 있는지 주기적으로 확인하는 것이 중요하다. 특히 최근 전환상환우선주와 같은 신종자본증권의 발행이 증가하고 있는 추세이므로 종속기업이 이러한 증권을 발행한 경우 연결재무제표상 분류와 지배력에 대한 영향 등을 면밀히 검토하는 것이 필요하다.

(2) 연결재무제표 작성을 위한 기초 정보의 신뢰성 검토

연결재무제표의 작성은 지배기업과 종속기업의 재무제표를 합산하는 것으로 시작된다. 합산된 종속기업의 재무제표에 오류 등이 포함되어 있는 경우 이로 인해 연결재무제표는 왜곡될 수밖에 없으며, 이 역시 지배기업 CFO의 부담이다. 따라서 지배기업의 CFO는 종속기업이 제공한 재무정보의 신뢰성을 확인할 책임이 있으며, 종속기업이 회계정책에 따라 재무보고를 제대로 준비했는지, 계정과목체계는 연결재무제표의 표준을 준수하고

---

* 사실상의 지배력(De facto Control)이란 의결권의 과반수 미만을 보유한 투자자가 일방적으로 관련 활동을 지시하는 실질적인 능력을 갖는 것을 뜻한다. (K-IFRS 제1110호 '연결재무제표' 문단 B34~B41 참조).

있는지, 공시에 필요한 정보는 누락 없이 완전하게 보고되어 있는지와 함께, 외부감사상 이슈가 해소되었는지를 적시에 점검해야 한다. 2022년부터 자산 규모 2조 원 이상인 회사를 시작으로 연결재무제표에 대해서도 내부회계관리제도가 도입될 예정이므로, 이러한 변화를 계기로 종속기업의 내부통제를 고도화하는 것 역시 연결재무제표의 신뢰성을 제고시킬 수 있는 좋은 방안이다.

(3) 내부거래 제거의 완전성 확인

연결결산을 수행함에 있어 내부거래를 완전하게 수집하는 것 역시 매우 중요한 일이다. 연결 범위에 포함된 기업 간 수익/비용거래와 자금거래 일체가 누락 없이 파악되어야 하며, 약정사항이나 우발부채 등의 공시사항 역시 완전하게 수집되어야 한다. 특별한 사유가 없다면 기업 간의 거래 기록은 당연히 일치해야 하지만, 실무적으로는 합리적 사유로 설명되지 않는 다양한 이유의 거래 기록의 불일치가 발견된다. 이러한 불일치 중 상당 부분은 거래 일방의 회계처리 오류를 시사할 수 있으므로, 내부거래를 대사하는 과정은 재무보고의 오류를 발견하기 위한 효과적인 내부통제 중 하나이기도 하다. 주석에 포함되는 특수관계자 간 거래를 완전하게 공시하기 위해서라도 내부거래의 대사 업무는 개별 기업의 결산이 완료되기 이전에 수행하는 것이 바람직하다.

2. 내부회계관리제도

내부회계관리제도(Internal Accounting Control System)는 기업이 경영 목적을 달성하기 위해 설치하여 운영하는 내부통제의 일부분으로 기업회계기준에 따라 작성, 공시되는 회계정보의 신뢰성을 제고할 목적으로 기업 내부에 설치하는 회계통제시스템을 가리킨다. 재무제표가 회사의 재무상태와 경영실적을 보고하는 정보라면 내부회계관리제도 운영실태보고서는 재무제표가 신뢰성 있게 작성, 공시되기 위해 회사가 관련 내부통제를 유효하게 설계 및 운영하고 있는지를 평가한 보고서이다.

1) 내부회계관리제도의 개요

최근 개정 외부감사법에 따라 내부회계관리제도의 운영이 변화되었다.

외부감사법 및 내부회계관리제도 모범규준에 의하면 대표이사는 내부회계관리제도 운영 실태를 직접 주주총회에 보고하도록 의무가 강화되었다. 또한 감사(위원회)는 보고받은 내부회계관리제도 운영 실태를 직접 평가하고, 그 결과를 이사회에 보고하도록 함으로써 내부회계관리제도 운영상 중요한 역할을 맡게 되었다. 상장회사 등의 경우 외부감사인은 재무보고와 관련한 내부통제 전반에 대해 직접 문서 검사 등의 감사절차를 수행하고, 감사의견을 표명하도록 함으로써 종전의 검토에 의한 경우보다 그 인증 수준을 대폭 강화했다. 이러한 제도 운영 변화는 2019년 자산 규모 2조 원 이상인 회사를 시작으로 2023년까지 상장회사 전체로 확대될 예정이며, 2022년부터는 자산 규모 2조 원 이상인 기업부터 연결재무제표에 대해서도 내부회계관리제도를 운영해야 한다.

이를 정리하면 〈표 4-5〉와 같다.

〈표 4-5〉 내부회계관리제도의 운영 개요		
구분	**개요**	
적용대상	상장회사 및 직전 사업연도 말 현재 자산이 1천억 원을 초과하는 비상장주식회사	
운영방식	대표이사, 내부회계 관리자	• 대표이사 책임하에 지정된 내부회계관리자가 내부회계관리제도 운영 • 자체 운영실태 점검 및 감사(위원회) 보고 • 내부회계관리제도 운영실태보고서 작성 • 기준: 내부회계관리제도 설계 및 운영 개념체계와 적용 기법
	감사 (감사위원회)	• 보고된 내부회계관리제도 운영 실태에 대한 평가 • 내부회계관리제도 평가보고서 작성 및 보고 • 기준: 내부회계관리제도 평가 및 보고 모범규준 및 적용 기법

	외부 감사인	• 내부회계관리제도에 대한 효과 검증
		• 상장회사에 대한 감사(연도별 순차 적용)
		  - 자산 2조 원 이상: 2019사업연도
		  - 자산 5천억 원~2조 원: 2020사업연도
		  - 자산 1천억 원~5천억 원: 2022사업연도
		  ※ 2023년까지 상장회사 전체로 확대 예정
		• 연결재무제표는 2022사업연도부터 순차 적용
		• 비상장회사에 대한 검토
		• 기준: 내부회계관리제도 감사(검토) 기준

2) CFO가 관심을 두어야 할 내부회계관리제도

내부회계관리제도는 대표이사가 지정한 내부회계관리자에 의해 설계 및 운영되며, 이에 따라 상당수의 상장회사 등은 CFO를 내부회계관리자로 지정할 것으로 예상된다. CFO가 내부회계관리자로 지정되지 않는 경우라도 재무보고 내부통제 전반의 관리 책임을 CFO가 부담한다는 관점에서 내부회계관리제도 운영에 직·간접적으로 가장 중요한 역할을 수행하게 될 것이다.

(1) 지속가능한 재무보고의 신뢰성

내부회계관리제도는 미래에도 지속적으로 신뢰성 있는 재무보고가 가능하도록 기업이 적절한 내부통제를 운영하고 있는지 평가하는 제도이다. 따라서 내부회계관리제도의 운영 평가 및 이에 대한 감사의견은 향후 기업의 평판에 중요한 영향을 미치게 될 것으로 예상된다. 특히 중요한 재무제표의 왜곡이 발생한 경우로서, 내부회계관리제도마저 부적절하게 운영되고 있었다면 재무보고의 실패에 따른 책임은 더욱 가중될 전망이다. 내부회계관리제도를 원칙대로 운영하는 것은, 재무보고의 주된 책임자로 CFO가 그 역할을 충실히 이행했는지를 스스로 입증하는 사실상 유일한 수단이라는 점에서 관련 제도 변화에 관심을 기울일 필요가 있다.

(2) 재무제표와 감사와의 연계성

재무제표가 왜곡되거나 주석이 누락되는 등의 재무보고 실패는 내부회계관리제도가 유효하게 운영되고 있지 않다는 가장 직접적인 증거이다. 즉, 재무제표의 품질 수준은 곧 내부회계관리제도의 유효성을 판단하는 잣대이다. 반대로 내부회계관리제도에서 중요한 취약점이 발견되는 경우, 재무제표 감사의 범위가 크게 확대될 것이고 재무제표에 대한 감사의견 역시 변형될 가능성이 높아지게 된다. 이처럼 별도로 각각의 감사의견을 형성함에도 불구하고, 재무제표와 내부회계관리제도에 대한 외부감사는 상호 밀접한 연계성을 가지고 있다.

(3) 재무보고 위험에 대응되는 내부통제

재무제표 왜곡을 방지하기 위해서는 우선 왜곡의 원인이 되는 위험요소를 완전하게 식별하는 것이 중요하다. 재무보고의 위험 요인이 식별되지 못했다면 이에 상응하는 내부통제 역시 누락될 가능성이 높기 때문이다. 종전까지 내부회계관리제도는 일단 한번 구축되면 특별한 보완 없이 지속적으로 유효하다는 인식이 팽배했다. 그러나 기업의 재무보고 위험은 경영환경이나 사업전략에 따라 매년 변화될 수 있다. 따라서 CFO는 이런 재무보고의 왜곡 위험을 매년 재평가하고, 왜곡 위험을 방지하기 위한 내부통제가 충분한지 점검하고 상시 보완해야 한다.

(4) 전사수준통제에 대한 개선 노력

내부회계관리제도 모범규준은 회계부정을 방지하기 위해 윤리적인 조직문화를 구축하도록 요구하고 있다. 경영진에 대한 이사회와 감사위원회의 실질적인 감독 기능, 부정을 유발할 수 있는 과도한 성과제도를 지양하거나 실질적인 내부신고제도를 운영하는 것 등이 전사수준통제와 관련한 제도 사례들이다. 전사수준통제는 재무제표의 왜곡 위험과 직접 대응되어 있지 않지만 내부통제가 유효하게 가동되기 위한 필수적 기반이므로 CFO는 기업의 지배기구와 함께 실질적인 전사수준통제가 될 수 있도록 제도 변화를 모색해야 할 것이다.

(5) 상급자의 검토통제 강화

재무보고와 관련한 내부통제 중 상급자의 검토는 가장 빈번히 운영되는 통제활동 중 하나이다. 내부회계관리제도 모범규준은 유의한 가정에 따라 추정이 개입된 회계처리 등에 대해 상급자의 검토통제 요건을 강화하도록 요구하고 있다. 검토를 수행하는 상급자는 지식, 경험 등에 있어 적격성을 갖추어야 하고, 추정에 사용한 가정을 포함하여 검토 내용과 그 결과에 대해 충분한 근거를 문서화해야 한다. 특히 회계처리의 근거가 되는 자료 중 회사가 작성한 정보의 경우 그 정보가 위조되거나 변조되지 않았음을 스스로 입증해야 한다. 추정에 근거가 되는 정보가 재무시스템을 통해 제공되지 못하는 경우로서 업무 담당자가 자료를 가공하여 사용하는 경우라면 데이터의 신뢰성을 입증하기 위해 더욱 많은 노력과 문서화가 필요하게 될 것이다.

(6) IT 자동화 통제의 활용

대부분 기업들은 전산화된 재무시스템을 활용하고 있으며, 상당수가 IT 기술을 활용한 자동화된 내부통제(ITAC: IT Automated Controls)에 의존하고 있다. ITAC는 재무보고 프로세스에서 사전적인 예방 통제로 사람에 의존하는 통제(이하 '인적 통제')에 비해 이른바 휴먼 에러(Human Error)를 허용하지 않고, 일관성 있게 가동될 수 있으므로 유효성이 매우 높은 통제 수단으로 평가된다. 특히 내부통제의 유효성을 테스트하는 관점에서도, 소수의 표본만으로도 요건을 충족시킬 수 있는 ITAC는 인적 통제에 비해 매우 효율적인 통제 수단이다. 이러한 이유로 내부회계관리제도가 안정화된 미국의 경우 ITAC를 확대하기 위해 다양한 방안을 모색하고 있는 추세이다. 이런 변화를 고려하여, CFO는 인적 통제를 대체하는 ITAC를 개발하는 데 관심을 기울일 필요가 있다. 다만, ITAC 역시 전산시스템에 대한 일반 통제 (ITGC: IT General Controls)가 취약할 경우 언제든지 무력화될 수 있다는 점은 충분히 고려되어야 할 것이다.

3. 보고와 공시

기업은 상법, 외부감사법, 자본시장법 및 공시규정 등에 따라 재무정보의 공시의무를 부담하며, 이를 위반할 경우 각종 벌칙이 부과된다. 그러므로 CFO는 적시에 공시규정을 업데이트해야 하며, 공시요건이 충족되도록 시간계획을 점검해야 한다.

1) 결산 후 보고

CFO(상법상으로 이사)는 매 결산기에 주석을 포함한 재무제표(연결재무제표 포함) 일체와 영업보고서에 대해 이사회의 승인을 받아야 하며, 또한 동 서류를 정기주주총회 6주 전까지 감사에게 제출해야 한다. 외부감사법에 따라 별도재무제표를 정기주주총회 6주 전까지 외부감사인에게 제출해야 할 의무가 있으므로 재무제표에 대한 이사회 승인은 주주총회 6주 이전에 이루어져야 한다.

상법상 연결재무제표는 정기주주총회 6주 전에 감사에게 제출해야 하고, 외부감사인에게는 4주 전에 제출하도록 하고 있어 제출 기한에 차이가 있다. 감사는 결산재무제표를 받은 날로부터 4주 이내에 감사보고서를 이사에게 제출해야 하고, 외부감사인은 정기주주총회 1주 전에 감사보고서를 회사에 제출해야 한다. 최종적으로 정기주주총회의 승인을 통해 연간 재무제표에 대한 보고의무가 완료된다. 단, 정관에 의해 재무제표의 승인권을 이사회에 부여하고 감사(위원회)가 전원 동의하는 경우 이사회 결의로 재무제표 승인이 완료될 수 있다.

2) 자본시장 공시

자본시장법의 적용을 받는 상장기업이나 등록법인의 경우 재무결산의 결과를 적시에 공시해야 한다. 공시 요구사항은 상장되어 있는 시장에 따라 다를 수 있으며, 공시규정을 위반한 경우 벌점 등의 누적으로 상장폐지 등의 불이익이 발생할 수 있으므로 엄격한 관리가 필요하다. 유가증권 상장법인을 기준으로 주요 공시사항은 다음과 같다.

(1) 손익구조 변동사실에 대한 신고

자본시장법에 따라 공시규정의 적용을 받는 기업은 최근 사업연도의 결산결과, 매출액, 영업이익, 당기순손익이 직전 사업연도 대비 30%(대규모 법인의 경우 15%) 이상 변동한 경우 또는 일정한 수준의 자본잠식이나 매출액이 일정 규모 미만인 경우 관련 재무현황을 공시해야 한다. 정기주주총회 6주 전까지 이사회가 결산재무제표를 승인하므로 동 이사회의 승인 시점이 공시의무 발생 시점이며, 내부결산이 늦어지는 경우라도 정기주주총회 소집 통지, 공고 시점(주주총회 2주 전)까지는 공시해야 한다.

(2) 영업(잠정)실적에 대한 공정공시

사업보고서나 분기/반기보고서 제출 이전에 사업보고서와 관련한 매출액 등 주요 영업실적을 공시하며, 전기 대비 증가 규모, 흑자 또는 적자 전환 등의 정보도 공정공시 대상에 해당되므로 관련 가이드라인을 참고할 필요가 있다.

(3) 외부감사보고서 관련 사항

상장법인은 외부감사인으로부터 재무제표에 대한 감사보고서를 제출받은 당일, 이를 거래소에 공시해야 한다. 이때, 감사의견, 매출액, 자본잠식과 관련한 내용을 포함해야 하며, 이러한 수시공시 사항이 누락되는 경우 시장 조치의 대상이 될 수 있으므로 유의해야 한다.

4. IR(Investor Relations)*

CFO의 중요한 역할 중의 하나가 투자자(주주)와의 원활한 커뮤니케이션이다. 흔히 IR 활동을 주가관리 활동으로 혼동하는 경우가 많이 있는데, 주가라고 하는 것은 회사의 실적과 전망에 대한 외부 투자자들의 합리적 판단에 따라 좌우되는 것인 만큼 주가 자체를 관리 대상으로 보는 것은 바람직하지도 않고 위험할 수도 있다. IR 활동의 목적은 회사가 원하는 방향으로 투자자들을 이끌어가는 것이 아니라, 회사의 현황과 실적을 가능

---

* IR 부분은 前 엔씨소프트와 코웨이 CFO를 역임하고, 본 책자 발간 자문위원인 이재호 회계사가 쓴 글이다.

한 투명한 방법으로 투자자들과 커뮤니케이션하여 이들이 경영진에 대한 신뢰를 기초로 회사에 대해 올바른 판단을 내리도록 하는 것이어야 한다. 즉, 투자자들로 하여금 회사의 경영진이 자사 실적을 투명하게 공개하고 있다는 신뢰를 심어주는 것이 IR 활동의 핵심이다. 주가를 무리하게 관리하려는 과정에서 투자자들의 신뢰를 잃을 경우에는 궁극적으로 회사의 주가도 심각한 타격을 받을 수 있음을 명심할 필요가 있다.

특히 상장회사의 경우에는 다수의 외부 투자자들이 존재하기에 회사의 주요 정보와 실적을 공정하고 적절한 방법을 통해 이들에게 전달하는 것이 중요하다. 대표적인 투자자 커뮤니케이션 활동은 실적 발표회와 투자자 미팅이다.

1) 실적 발표회

분기별 실적을 거래소에 공시하는 것만으로 그치는 회사도 있는 반면, 투자자 관리(IR)에 신경을 쓰는 회사들은 실적을 공시한 이후 해당 내용에 대해 투자자들에게 설명을 하고 또 이들이 궁금해하는 사항에 대해 답변을 해주는 경영실적 발표회를 갖는다.

실적 발표회는 특정 장소에 투자자들과 증권 애널리스트들을 초청해서 진행하는 형태와 유선상으로 투자자, 애널리스트가 동시에 접속하도록 해서 진행하는 형태가 일반적이다. 회사에서는 주로 CFO가 회사의 실적에 대해 설명을 하게 되고 경우에 따라서는 CEO나 주요 사업의 담당 임원이 참석하여 회사의 전략이나 주요 사업에 대한 설명을 제공하고 질문에 대답을 해주는 경우도 있다. 실적 발표회는 경영실적 외에 회사가 추진 중에 있는 다양한 경영 활동과 계획을 투자자와 소통하여 회사에 대한 투자자들의 기대와 신뢰를 얻을 수 있는 중요한 행사이다. 외국인 투자자의 비중이 높은 경우에는 영어 실적 발표회를 별도로 진행하거나 한/영 동시 통역으로 실적 발표회를 진행하는 경우도 있다

2) 투자자 설명회

개인 투자자들은 경영전략이나 실적에 대해 회사에 직접적으로 문의하는 경우가 많지 않지만, 대규모 자금을 운용하는 기관 투자자들의 경우에는 투자대상 회사의 경영진이나 담당자를 만나서 회사의 경영 상황을 파악하고 투자의사결정에 참고하는 경우가 일반적이다. 개별 투자자별로 미팅을 갖는 경우를 One-on-One 미팅이라고 부르는데, 사적(私的)인 환경에서 미팅이 진행되는 만큼 회사의 담당자는 미공개 중요 정보가 특정 투자자에게 전달되어 불공정 공시 문제가 발생하지 않도록 특별히 주의할 필요가 있다.

회사의 CFO와 같은 주요 경영진은 수시로 요청되는 개별 투자자들의 One-on-One 미팅에 일일이 대응하기가 어려우므로 특정한 시간을 할당하여 주요 투자자들을 집중적으로 만나는 일정을 잡기도 하는데, 이를 NDR(Non-Deal-Roadshow)이라고 부른다. 이런 NDR 행사는 주로 투자자들과의 네트워크가 잘 구축된 증권사들의 주선하에 진행되는데, 증권사들은 이러한 활동을 통해 주요 투자자들과의 관계 형성에 도움을 받을 수 있기에 NDR 활동의 주선에 적극적이다. NDR 활동을 준비할 때는 다음과 같은 사항을 검토하여 활동대상 지역이나 투자자, 그리고 활동을 주선할 증권사를 선정하는 것이 바람직하다.

- 기존 주주 중에서 중점 관리가 필요한 주요 투자자는 누구인가?
- 회사가 신규로 유치하고자 하는 주요 투자자는 누구인가?
  * 통상적으로 회사의 주가가 안정적으로 관리되기 위해서는 회사의 주주 구성이 장기보유 성향의 투자자들 위주로 되는 것이 바람직하다. 이들을 롱온리(Long Only) 투자자라고 부른다. 반대로 헷지펀드 등을 비롯한 롱/숏(Long/Short) 투자자들은 회사의 주식을 사기도 하지만 반대로 공매도(Short Sale)를 하기도 하기에 이러한 투자자의 비중이 높을 경우에는 주가의 변동성이 심해진다.
- 회사에 대해 긍정적인 전망을 가지고 있는 증권사는 어디인가?(각 사의 리서치 리포트 등을 통해 확인 가능)
- 각 증권사들은 회사가 만나기 희망하는 투자자들과의 미팅을 주선할 역량이 있는가?

NDR 활동은 각각의 투자자 사무실을 방문하여 미팅을 진행하게 되므로 다수의 투자자 미팅을 진행할 경우에는 매우 고된 일정을 소화해야 하는 것이 일반적이다. 이에 대한 대안으로 주요 증권사들이 주최하는 투자자 포럼 같은 행사에 참여하는 것도 검토할 수 있다. 통상적으로 이러한 행사는 호텔과 같은 큰 장소에서 진행되며, 회사 경영진은 정해진 장소에 체류하고 일정표에 따라 각각 다른 투자자들이 방문하는 형식으로 진행되므로 짧은 시간에 집중적으로 투자자들을 만날 수 있는 기회가 된다.

5. 해외법인과 재무보고

1) 해외법인의 관리 이슈

(1) 현지투자의 위험 요인

과거 한국 기업의 해외투자 목적이 저렴한 인건비를 활용하기 위한 생산 현지화에 집중되어 있었던 반면, 최근에는 외형 성장을 위한 시장 확대에 초점을 맞추어 해외투자의 전략적 변화가 모색되고 있다. 해외진출 국가 결정 시 시장의 잠재적 성장가능성과 경쟁환경을 중요한 요소로 고려하고 있으며, 이에 따라 성장잠재력이 높은 신흥국에 많은 투자가 집중되고 있는 추세이다. 하지만 신흥국에 진출한 기업은 높은 성장률에 대한 기대 못지않게 다양한 사업 위험에 노출되고 있고, 이런 위험은 재무보고의 위험과도 직접 연계되어 있다. 국제투명성기구가 발표한 국가별 부패인식지수상 위험국가들과 한국 기업들이 진출한 주요 신흥국이 상당 부분 중첩되어 있다는 사실은 현지 국가에서 투명한 재무보고를 수행하는 데 상당한 장애 요소로 작용하고 있다.

신흥국 투자에서 발생할 수 있는 위험 요인은 다양한 측면에서 고려될 수 있다. 일반적으로 신흥국 시장에서의 경쟁 강도는 선진국 시장에 비해 낮을 것으로 기대되지만, 대부분의 신흥국 시장에는 이미 세계화를 선행한 기업들이 진입해 경쟁하고 있으며, 향후 시장의 성장 속도에 따라 경쟁 수준은 더욱 가속화될 것이다. 또한 신흥국은 취약한 경제환경으로 인해 환율, 유가 등의 지표에 매우 민감하게 시장이 반응하는 등 높은 변동성을 보이고 있다는 점도 주의할 사항이다. 현지 국가의 낮은 규제환경이 투자의 매력 요인이기도 하지만, 예측 가능하지 않은 규제환경의 변화가 오히려 사업의 불확실성을 가중시키기도 한다. 이처럼 해외투자 시에는 기존에 경험하지 못한 다양한 위험에 직면할 가능성을 주목해야 하며, 이러한 위험을 선제적으로 파악하고 대응하는 관리체계의 역할은 해외투자의 성패를 가르는 중요한 성공요소 중 하나이다.

(2) 해외법인의 관리 이슈

해외투자가 상대적으로 많은 위험에 노출되어 있는 반면, 상당수 해외투자법인에 대한 관리 수준은 해외 진출의 속도를 따라가지 못하고 있는 형편이다. 투자 초기에는 영업망과 공급사 확보, 제조시설 안정화 등에 전력을 집중하는 데 반해, 상대적으로 위험관리를 위한 제도 구축에는 소극적이거나 때로는 최소한의 내부통제마저 시장 진출을 방해하는 요인으로 치부하기도 한다. 이같이 투자 초기에 일어나는 해외투자법인의 관리 공백은 상당 부분 소수의 주재원을 통해 보완된다. 하지만 수많은 주재원이 보여준 고군분투의 노력에도 불구하고 해외투자법인의 위험관리를 주재원 개인의 경험과 역량에 의존할 수밖에 없으므로, 일관된 수준의 위험관리에는 분명한 한계가 존재한다. 때로는 해외투자법인의 관리 수준이 현지 수준에 맞추어 하향 평준화되는 경향을 보이기도 한다.

2) 해외법인의 관리 방안

(1) 표준화된 관리체계 구축 필요

해외투자법인의 관리 방안에 대해서는 이미 오래전부터 세계화를 선행한 해외기업들의 사례를 참조할 필요가 있다. 이러한 해외기업들은 법인 설립 또는 인수합병을 통해 해외로 진출하는 경우, 진출 초기에 표준화된 재무보고 시스템이나 내부통제를 포함한 관리체계를 구축하는 과정을 선행한다. 이런 관리체계 구축이 투자 초기비용을 증가시킬 수 있지만 위험관리 전략에 부합하는 관리체계가 장기적인 관점에서 투자비용 이상의 효익을 창출할 것으로 기대한다. 특히 최근 특정 지역의 지정학적 이슈나 미국과 중국의 무역갈등 등의 경제 문제가 세계 각국의 투자환경에 동시다발적으로 영향을 미치는 상황이므로 공통의 사업 위험 요인을 적시에 감시하고 신속하고 일관된 방향으로 대응하기 위해서는 집중화된 위험관리가 더욱 중요해지고 있다. 이를 위해서는 해외투자 초기에 내부통제 등 표준화된 경영관리체계와 함께 사업 위험을 지속적으로 모니터링할 수 있는 경영정보 시스템에 선행 투자가 고려되어야 할 것이다.

앞서 설명한 것처럼 외부감사법에 따라 오는 2022년부터는 순차적으로 연결재무제표에 대해서도 내부회계관리제도를 운영해야 한다. 중요한 규모의 해외투자법인에 대해서도 내부회계관리제도를 도입하게 될 것이므로, 이러한 내부회계관리제도 확산 과정에서 재무보고 이외의 사업 위험까지 통제 운영의 적용 범위를 확대한다면 해외투자법인의 관리체계가 마련되는 좋은 계기가 될 것이다.

(2) 재무보고와 관련한 모니터링 체계

해외투자법인은 본사와 지리적·시간적으로 원격지에 분리되어 있고 현지 언어나 문화의 차이로 인해 위험관리에 많은 노력과 비용이 소요된다. 특히 해외투자법인의 각 기능(영업, 생산, 구매, 인사 등)은 본사의 관련 사업부서와 별도의 보고라인을 유지하고 있는 경우가 일반적이다. 따라서 해외투자법인 단위에서 재무보고 위험을 통합하여 관리하는 기능이 적시에 가동되지 않을 경우 재무보고 과정에서 중요한 왜곡이나 누락이 발생할 수 있다는 사실이 인지되어야 한다. 다음은 해외투자법인의 재무보고가 적절하게 가동되기 위해 CFO가 관심을 기울여야 하는 사항들이다.

- 본사의 회계정책에 기반해 해외투자법인이 준용해야 할 회계처리원칙을 명확하게 정립하고 매뉴얼 등의 형태를 통해 구체적으로 제시하는 것이 필요하다. 이를 통해 자회사의 자의적인 재무보고를 예방하고, 본사와 일관성 있는 회계정책을 유지할 수 있다.
- 재무보고와 관련한 핵심위험요소(KRI: Key Risk Indicator)를 구체화하여 정례화된 재무정보에 추가할 필요가 있다. 특히 매출채권, 재고자산 등 주요 자산에 대한 손상 징후 등 잠재부실의 가능성이 있는 위험요소를 KRI로 구체화하는 것이 바람직하다.
- 재무보고 채널에 대해 역할과 책임을 명확히 한다. 특히 해외투자법인의 사업 위험과 연계된 재무보고 위험에 대해서는 기능적 보고라인 이외에 본사 CFO를 보고 대상에 포함시키는 이중보고(Dual Reporting) 체계가 고려될 필요가 있다.
- 현지투자법인의 외부감사인 선임에 관여하고, 감사수행 과정에서의 이슈 등을 지속적으로 모니터링함으로써, 재무보고의 신뢰성 제고를 위한 노력을 지속해야 한다.

영어 표현에 'Bean Counter'라는 말이 있다. 콩 개수를 하나하나 세는 사람이라는 뜻인데 수치에 밝고 매사를 숫자로 인식하기를 좋아하는 사람을 가리킨다. 흔히 회계책임자를 이런 사람으로 오해하는 경우가 있다. 수치에 밝고 매사를 숫자로 인식하는 것은 경영에 있어 매우 중요한 덕목이다. 회계책임자라면 이런 덕목은 반드시 갖추어야 할 미덕이다. 그러나 거기에만 머문다면 그는 경리부장은 될 수 있어도 CFO가 될 수는 없다. CFO는 'Bean Counter'가 아니라 '경영자'이기 때문이다.

CFO는 누구보다 많은 회계정보를 가지고 경영에 참여하는 사람이다. 또한 가장 많은 고급 정보를 다루는 사람인 동시에 기업의 생명줄이라고 할 수 있는 자금의 흐름을 정확히 파악하고 있는 사람이다. 따라서 CFO는 기업 내부와 외부의 고객 모두를 만족시키기 위해 끊임없이 경영을 혁신하는 선도자가 되어야 한다. 자동차에 비유하자면 핸들을 잡고 목적지를 정하는 것이 CEO의 역할이고, 액셀러레이터를 밟아 속도를 내는 것이 COO(Chief Operating Officer, 최고운영책임자)의 역할이라면 적시에 브레이크를 밟아 속도 조절을 하는 것은 CFO의 역할이다.

이런 측면에서 다음 장에서는 경영의사결정에 필요한 회계정보란 구체적으로 어떤 것들이며, 이를 활용해서 원가를 분석하고 추정하는 등 원가와 관련된 의사결정을 하고, 회사의 다양한 자산을 효율적으로 관리하며, 투자에 관한 최적의 의사결정을 내리는 데 있어 CFO가 어떤 역할을 해야 하는지 상세히 알아보도록 한다.

신장훈 부대표는 중앙대학교 경영대학을 졸업하고 1993년에 한국공인회계사 자격을 취득했으며, 미국회계사(AICPA) 자격시험에도 합격했다. 현재, 삼정회계법인 소비재유통산업 본부장으로 회계감사서비스를 제공하고 있으며, 재무보고 프로세스 효율화 등 관련 분야에서 다양한 컨설팅 수행 경험을 보유하고 있다. 서울대 CFO전략과정, 상장회사협의회와 코스닥협회 등에서 재무보고와 관련한 강의 및 기고 활동을 수행하고 있다.

5장
회계정보와 경영의사결정

박춘원 (JB우리캐피탈 대표이사, 공인회계사)

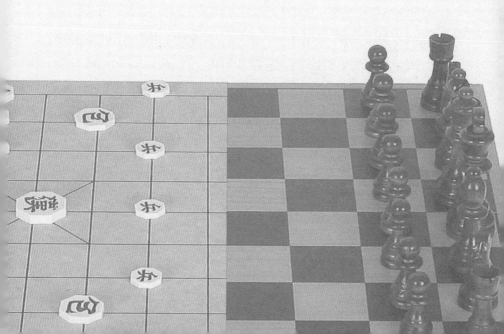

회계정보는 다양한 형태로 존재한다. 회계정보를 집약해놓은 것이 재무제표이고, 재무제표는 복식부기의 원리에 의해 기록된 분개장을 기초로 작성된다. 재무제표 외에 거래 기록도 회계정보의 한 형태이다.

재무제표는 회계기준을 적용한 재무회계를 통해 작성되지만 의사결정을 위한 관리회계나 원가 관련 정보를 제공하는 원가회계도 중요한 회계정보를 제공한다. 회계정보는 과거 정보와 추정 정보로 구분할 수도 있다. 통상적인 회계정보는 과거 정보이나 미래의 재무상태와 손익, 현금흐름에 대한 추정 정보도 회계정보의 한 형태이다.

1. 회계정보와 경영의사결정의 관계

1) 발생주의와 현금주의

(1) 손익 측정의 두 가지 방식, 발생주의와 현금주의

일정 기간 동안 돈을 얼마나 벌었느냐를 따질 때 수익과 비용을 어떻게 산출하느냐가 회계의 오래된 주제였고 이를 산출하기 위한 방법으로 발생주의와 현금주의가 있다. 발생주의는 현금의 수취나 지급 시점이 아닌 해당 거래가 발생한 때에 수익과 비용을 기록하는 것을 의미한다. 수익과 비용의 인식 시점을 관련시킴으로써 그 기간의 정확한 성과를 측정하고자 함이다. 현금주의는 현금을 수취한 시점에 수익을 인식하고, 현금을 지출한 시점에 비용을 인식하는 방법이다. 현금주의에 의한 인식 방법은 수익과 비용이 적절히 대응되지 않아 정확한 기간손익계산이 이루어지지 않을 수 있다. 따라서 재무회계는 발생주의에 의해 수익과 비용을 인식한다.

(2) 손익계산서와 현금흐름표

회계정보 중 가장 기본적인 형태가 재무제표이고 여기에는 손익계산서, 재무상태표, 현금흐름표가 있는데 이 중 손익계산서와 현금흐름표가 각각 발생주의와 현금주의에 의한 손익측정 방식이다. 손익계산서는 기업 실체의 일정 기간 동안 달성한 경영성과에 대한 정보를 제공하며 현금 유출입과 관계없이 발생주의에 의해 인식된다. 반면 현금흐름표는 영업활동, 투자활동과 재무활동별로 일정 기간 기업 현금의 변동에 관한 정보를 제공하며 이 중 영업활동과 투자활동이 현금주의에 의한 손익과 유사한 개념이다.

손익계산서의 이익은 현금흐름을 완벽하게 반영하지 못한다. 손익계산서는 현금의 유입, 유출과 관련된 거래들이 어떻게 발생해 기업의 재무상태를 변화시키는지 설명해주지 못한다. 현금흐름표는 손익계산서의 이익이 보여주지 못하는 실제 현금유입과 현금유출을 보여준다는 측면에서 유용하다.

(3) 현금흐름의 중요성

통상적으로 현금흐름보다는 발생주의에 의한 손익계산서가 경영 전반에 더 많이 사용되고 있으나 특정 의사결정과 관련해서는 현금흐름이 더 중요하게 사용되고 있다. 현금흐름을 분석하는 것이 왜 중요한지 채권자, 경영자, 주주 등의 투자자 입장에서 살펴보고자 한다.

첫째, 채권자 입장에서는 돈을 빌린 기업이 채무를 상환할 능력이 있는지를 평가하기 위해 현금흐름 분석이 필요하다. 장부상으로는 이익이 나더라도 현금이 부족해서 채무를 상환할 수 없어 흑자도산이 일어날 수 있기 때문에 채권자는 기업의 현금흐름 창출 능력을 면밀히 살펴볼 필요가 있다.

둘째, 경영자 입장에서는 흑자도산과 채무에 대한 이행 측면, 사업계획에 있어서 현재의 자금흐름을 감안해 추가적인 자금소요액이 얼마이며 영업활동에서 창출할 수 있는 자금의 규모와 외부에서 조달해야 할 자금의 규모 등을 파악하는데 있어 현금흐름 분석이 필요하다.

셋째, 주주 등 투자자 입장에서는 대상 기업의 미래 현금흐름 창출 능력을 통해 기업의 가치를 평가할 수 있으며, 기업이 영업활동을 통해 배당금을 지급할 수 있는 충분한 현금을 창출할 수 있는지 여부 등을 판단할 수 있다.

넷째, 경영자가 프로젝트의 타당성을 검토할 때는 추정손익보다는 추정 현금흐름이 더욱 유용한 정보가 된다. 손익은 현금흐름과 다를 수 있으며 화폐의 시간가치를 고려할 수 있는 현금흐름이 투자안의 타당성 평가에 더 의미가 있기 때문이다. 예를 들어 재고나 매출채권 같은 운전자본을 많이 필요로 하는 사업은 회계상 이익이 발생하더라도 현금흐름은 미미하거나 음수가 될 수도 있으므로 추정손익은 경제성 평가에 부적합하다.

2) 재무회계, 관리회계, 원가회계의 정의

재무회계는 주주나 채권자들이 합리적으로 의사결정을 할 수 있도록 기업의 재무상태, 경영성과, 재무상태의 변동에 관한 정보를 제공하는 회계이다. 관리회계는 기업의 내부 이해관계자인 경영자에게 관리적 의사결정에 유용한 정보를 제공하는 것을 목적으로 하는 회계이며, 재무회계보다는 덜 정형화되어 있고 다양한 형태의 분석을 포함하는 회계이다.

예를 들면 관리회계는 다음과 같은 의사결정에 필요한 정보를 제공한다.

- 상품 또는 사업부별 수익성 분석 및 성과평가
- 손익분기점 분석, 제품 또는 서비스의 가격 결정
- 투자안에 대한 경제성 평가
- 자체 조달 또는 외부 구매 여부 결정
- 적정 재고주문량 및 적정 재고량 산출

원가회계는 생산과 영업활동에 관한 원가자료를 집계, 배분, 분석하는 것이라 할 수 있는데, 외부 공표용 재무제표를 작성하기 위한 제품원가 계산과 경영자의 경영관리에 필요한 정보를 제공하는 두 가지 기능을 모두 가지고 있으므로 재무회계와 관리회계의 일부분으로 볼 수 있다.

3) 과거 정보와 추정 정보

의사결정을 위해서는 과거 재무제표보다는 과거 재무제표를 기초로 작성한 추정재무제표가 더 유용한 정보가 된다. 추정재무제표는 투자자, 채권자 등 대부분의 이해관계자에게 매우 유용한 정보이며 다음과 같은 순서로 작성한다.

- 시장환경에 대한 분석과 기업의 경쟁전략을 고려한 매출액에 대한 추정
- 매출을 창출하기 위한 투자와 비용에 대한 추정
- 운전자본에 대한 추정 및 영업현금흐름에 대한 추정
- 필요 영업용 자금과 영업현금흐름을 고려한 자금조달(지출)계획 수립
- 재무상태표의 계정별 잔액 추정
- 추정손익계산서의 작성, 추정현금흐름표의 작성, 추정재무상태표의 작성

추정재무제표의 작성은 엑셀과 같은 스프레드시트를 사용해 작성하며 손익계산서, 현금흐름표, 재무상태표는 서로 연결되어야 하고, 재무상태표의 자산 총계와 부채 및 자본 총계가 정확하게 일치하도록 작성해야 한다.

추정재무제표를 작성해도 의사결정을 위해서는 의사결정의 목적에 맞게 별도의 지표를 산출하거나 재작성할 필요가 생길 수도 있다. 예를 들면 EBITDA(Earnings Before Interest, Tax, Depreciation and Amortization, 이자비용, 세금, 감가상각비 차감 전 이익) 배수 분석을 통해 기업가치를 추정하려면 추정재무제표를 토대로 EBITDA를 산출해야 하며, 현금흐름을 기초로 기업가치를 산출하기 위해서는 잉여현금흐름(Free Cash Flow)을 산출해야 한다.

2. 회계정보를 활용한 주요 경영의사결정

이 장에서는 회계정보가 어떤 주요 경영의사결정에 사용되는지를 살펴보고 회계정보를 이용한 주요 경영의사결정을 위한 분석 기법들을 소개하고자 한다.

1) 이해관계자와 의사결정

다양한 형태로 존재하는 회계정보는 이해관계자에게 유용한 정보를 제공하고 의사결정에 활용되고 있다. 이해관계자에 따라 중요 의사결정을 위한 관심사항들에 차이가 있는데 기업의 이해관계자별 주요 관심사항과 관련 회계정보는 〈표 5-1〉과 같다.

〈표 5-1〉 이해관계자별 주요 관심사항과 관련 회계정보

이해관계자	주요 관심사항	관련 회계정보
경영자	• 어떤 사업을 확대 또는 축소할 것인가? • 이익목표를 얼마로 할 것인가? • 이익목표 달성을 위해 생산량을 얼마나 늘려야 하는가? • 검토 중인 신규 프로젝트를 채택해야 하는가?	• 상품별/사업부별 손익 • 원가 정보 • 공헌이익 정보 • 프로젝트의 현금흐름
투자자	• 대상 회사의 투자를 확대할 것인가? 축소할 것인가?	• 대상 회사의 수익성 지표 • 추정재무제표
채권자	• 대출을 승인할 것인가? 연장할 것인가?	• 대상 회사의 안정성 지표 • 추정현금흐름
직원	• 현재 회사에서 나의 성장가능성은 어떠한가?	• 대상 회사의 성장성
공급사	• 해당 회사에 물건을 납품하면 대금을 회수할 수 있을 것인가? • 대상 회사에 공급을 늘려야 하는가?	• 대상 회사의 안정성 지표 • 추정현금흐름
구매사	• 대상 회사가 안정적으로 우리 회사에게 납품할 수 있을 것인가? • 대상 회사가 과도한 이윤을 창출하면서 공급하고 있는 것은 아닌가?	• 추정재무제표 • 대상 회사의 수익성 지표
경쟁사	• 경쟁사는 우리 회사에 비해 어떤 면에서 수익성이 우수(열위)한가?	• 대상 회사의 수익성 지표 • 대상 회사의 재무제표

2) 운영계획 수립

사업의 운영을 책임지는 경영자들은 생산량, 비용절감, 목표이익 설정, 가격할인, 재고관리 등의 의사결정을 일상적으로 수행하게 된다. 이러한 의사결정을 위해서는 원가 구조에 대한 이해와 이를 토대로 한 CVP(Cost-Volume-Profit) 분석 등에 대한 이해가 필요하다.

(1) 원가와 비용의 유형

원가와 비용은 미래에 수익을 창출하기 위해서 경제적 자원을 희생하는 것을 화폐 단위로 표시하는 것인데 재화를 생산하기 위해 지출하는 것은 원가로 표현하고 서비스를 제공하거나 판매 또는 일반 관리를 위해 지출하는 경우는 비용으로 표현한다. 원가나 비용은 발생의 원인인 생산량이나 업무량(조업도)에 따라 비례해서 발생하기도 하고 조업도 변화와 무관하게 고정적으로 발생하기도 한다. 이러한 조업도의 변화에 따른 비용(원가)의 변화 행태에 따라 변동비(원가), 준변동비(원가), 고정비(원가), 준고정비(원가)의 네 가지로 분류할 수 있다.[*]

---

[*] 이하에서는 원가와 비용을 혼용한다.

- **변동비**: 조업도의 변동에 따라 비례해 변동하는 원가를 말한다. 직접재료비, 직접노무비 및 매출액의 일정 비율로 지급되는 판매수수료 등을 예로 들 수 있다.

- **고정비**: 조업도의 변동과 관계없이 원가총액이 변하지 않고 일정하게 발생하는 원가를 말한다. 공장 건물의 감가상각비를 예로 들 수 있다. 제품을 1개를 생산하든지 1,000개를 생산하든지 공장 건물의 감가상각비는 일정하다.

- **준변동비**: 조업도의 변동과 관계없이 일정하게 발생하는 고정비와 조업도의 변동에 따라 비례해 발생하는 변동비 두 요소를 모두 가지는 원가를 뜻한다. 준변동비의 예로는 전기료나 수도요금과 같은 공공요금을 들 수 있다. 전기료의 일부는 기본요금(고정비 성격)이지만, 조업도를 증가시키면 전기료도 증가(변동비 성격)하게 된다.

- **준고정비**: 일정한 범위의 조업도 내에서는 일정한 금액이 발생하나, 그 범위를 벗어나면 계단 형태로 원가발생액이 달라지는 원가를 의미한다. 예를 들면 생산량이 증가함에 따라 공장을 추가로 건설해 운영하면 공장 추가에 따른 원가는 계단 형태로 증가하게 된다.

네 가지 원가(비용) 행태를 그림으로 표시하면 〈그림 5-1〉과 같다.

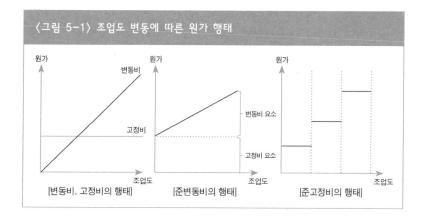

〈그림 5-1〉 조업도 변동에 따른 원가 행태

(2) CVP 분석(원가-조업도-이익 분석)

CVP(Cost-Volume-Profit) 분석은 조업도의 변동이 수익, 원가 및 이익에 미치는 영향을 분석하는 기법으로 BEP(Break Even Point) 분석이라고 하는 손익분기점 분석이 대표적인 분석이다. CVP 분석은 다음과 같은 운영계획을 수립하는 데 주로 이용된다.

- 손익분기점 판매량은 얼마인가?
- 판매량이 10% 증가하면 이익은 얼마나 증가하는가?
- 100,000원의 이익을 달성할 수 있는 매출액은 얼마인가?
- 이익의 하한선을 유지하는 선에서 어느 정도 가격할인이 가능한가?

우선 CVP 분석의 주요 개념인 공헌이익, 손익분기점, 안전한계를 설명하고 CVP 분석을 어떻게 운영계획에 활용하는지 사례를 들어보고자 한다. 이를 위해서는 [매출액=변동비+고정비+이익]이라는 등식을 유념해야 한다.

공헌이익

매출액에서 변동비를 차감한 금액을 말하며, 매출액 중에서 고정비를 회수하고 이익을 획득하는 데 공헌하는 금액을 의미한다.

- 공헌이익 = 매출액 - 변동비
- 공헌이익률 = 공헌이익 ÷ 매출액
- 단위당 공헌이익 = 단위당 판매가격 - 단위당 변동비

수익과 비용이 일치해 이익이 "0"이 되는 판매량 또는 매출액을 의미한다.

- 손익분기점 매출액 − 변동비 − 고정비 = 0
- 손익분기점 판매량 = 고정비 ÷ 단위당 공헌이익
- 손익분기점 매출액 = 고정비 ÷ 공헌이익률

안전한계

실제 매출액이 손익분기점 매출액을 초과하는 금액을 의미하며, 기업의 매출이 손익분기점으로부터 얼마나 안전한 수준인지를 측정하는 지표다. 안전한계(율)가 낮다면, 사업의 안전성을 높이기 위해 고정비를 줄여서 손익분기점 매출액을 낮추거나, 매출액을 높이기 위한 조치를 취해야 한다.

- 안전한계 = 실제 매출액 − 손익분기점 매출액
- 안전한계율 = 안전한계 ÷ 실제 매출액

각각의 개념을 〈표 5-2〉의 수익 구조와 원가 구조를 가진 가상 기업인 A사의 사례를 들어 설명하면 다음과 같다.

〈표 5-2〉 A사의 손익계산서

판매가격 20원, 판매량 10,000개 (단위: 원)

매출액		200,000
변동비		
직접재료비	50,000	
직접노무비	30,000	
변동제조간접비	20,000	
변동판매관리비	20,000	120,000
공헌이익		80,000
고정비		60,000
영업이익		20,000

- 공헌이익: 80,000원(= 매출액 200,000원 - 변동비 120,000원)
  단위당 공헌이익: 8원(= 단위당 판매가격 20원 - 단위당 변동비 12원)
- 손익분기점 판매량: 손익분기점 판매량을 Q라 하면
  20원 × Q - 12원 × Q - 60,000원 = 0원
  8원 × Q = 60,000원
  Q = 60,000원 ÷ 8원 = 고정비 ÷ 단위당 공헌이익 = 7,500개
- 손익분기점 매출액 = 고정비 ÷ 공헌이익률 = 60,000원 ÷ 40% = 150,000원
- 안전한계: 50,000원(= 실제 매출액 200,000원 - 손익분기점 매출액 150,000원)
- 안전한계율: 25%(= 안전한계 50,000원 ÷ 실제 매출액 200,000원)

위에서 구한 손익분기점 판매량 7,500개, 손익분기점 매출액 150,000원, 안전한계 50,000원을 도식화하면 〈그림 5-2〉와 같다.

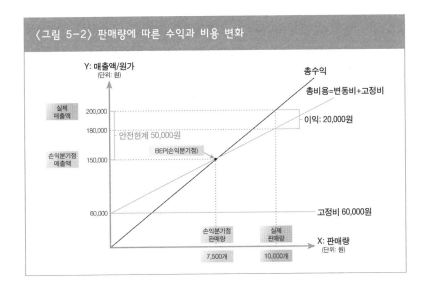

〈그림 5-2〉 판매량에 따른 수익과 비용 변화

CVP 분석은 네 가지를 주요 전제로 한다. 첫째, 모든 원가는 변동비와 고정비로 구분된다. 둘째, 수익과 원가의 행태는 선형으로 가정한다. 즉, 단위당 판매가격, 단위당 변동비 및 고정비가 조업도에 관계없이 일정하다고 가정한다. 셋째, 재고 수준이 항상 일정하다고 가정하는데 이는 생산량과 판매량이 동일하다는 의미이다. 넷째, 원가에 영향을 미치는 요인은 조업도뿐이다. 원가나 비용의 발생 행태를 장기적인 관점에서 본다면 대부분의 원가나 비용은 변동비 또는 준변동비에 가까워진다. 예를 들어 생산 관리 인력은 단기적으로 고정비이나, 생산량이 증가해 여러 명의 관리 인력을 추가로 투입해야 하는 상황이라면 변동비적인 성격이 될 수 있다. 따라서 원가는 분석대상 기간이나 생산량 변동폭에 따라 유연하게 구분해야 한다.

(3) 이익계획, 생산량계획, 가격정책

CVP 분석을 이용하면 운영계획과 관련한 다양한 의사결정을 할 수 있는데 대표적인 것이 이익계획/생산량계획, 가격/할인율 결정 등이다.

앞서 기술한 바 있는 CVP 분석을 통해 이익계획, 즉 목표이익을 달성하는 데 필요한 판매량(생산량)이나 매출액을 구해볼 수 있다. CVP 분석에서의 A사 수익/원가 구조로 사례를 들어보자.

- 목표이익 120,000원을 달성하기 위해 A사가 달성해야 할 생산량과 매출액은 얼마인가?

  매출액 − 변동비 − 고정비 = 목표이익

  20원 × Q − 12원 × Q − 60,000원 = 120,000원

  8원 × Q = 180,000원

  Q(생산량) = 22,500개

  매출액 = 20원 × 22,500개 = 450,000원

- 판매량이 10% 증가할 경우 이익은 얼마나 증가할 것인가?

  판매량 증가분에 단위당 공헌이익을 곱하면 이익증가액이 산출된다. 이익증가액은 8,000원(= 1,000개 × 단위당 공헌이익 8원)이다.

- 25,000개의 예상판매량을 기준으로 100,000원의 목표이익을 달성할 수 있는 최대의 가격할인율은 얼마인가?

  할인판매가격을 P라 하면,

  25,000개 × (P − 12원) − 60,000원 = 100,000원

  P − 12원 = 160,000원 ÷ 25,000개 = 6.4원

  P = 18.4원

  가격할인율 = (20원 − 18.4원) ÷ 20원 = 8%

---

(4) 재고관리계획

재고를 관리하는 데는 〈표 5-3〉과 같이 크게 네 가지 유형의 재고 관련 비용이 발생한다.

구분	내용
재고유지비용	재고를 유지하고 보관하는 데 소요되는 비용 - 재고자산에 투하된 자본비용, 보관비, 재고감모손실, 평가손실, 보험료 등
재고주문비용	재고를 주문해 창고에 입고하는 데까지 드는 비용 - 주문서발행비, 통신비, 선적 및 하역비 등
재고부족비용	재고 부족으로 판매하지 못해 발생하는 공헌이익 감소와 이로 인한 고객들로부터의 불신, 생산계획의 차질 등에 의해 발생하는 손실
재고과잉비용	재고를 과다하게 보유해 할인 판매하거나 폐기함으로써 발생하는 손실

〈표 5-3〉 재고 관련 비용의 유형

재고관리와 관련된 분석으로 재고 관련 비용을 최소화하는 관점의 대표적인 분석인 경제적 주문량 분석을 소개하고자 한다.

경제적 주문량(EOQ: Economic Order Quantity)은 재고유지비용과 재고주문비용의 전체 합계 금액을 최소화할 수 있는 1회 주문량을 의미한다. 재고부족비용은 없다고 가정한다. 〈그림 5-3〉에서 총재고관리비용인 TC는 총재고주문비용과 총재고유지비용의 합계이다. 재고주문비용은 배송비용 등과 같이 주문마다 동일한 금액이 발생한다고 가정해, 1회 주문량이 증가하

면 주문 횟수가 감소하므로 총재고주문비용은 감소하게 된다. 반면 재고
유지비용은 1회 주문량이 많을수록 평균 보유 재고량이 증가하므로 보관
료 등이 비례해 증가하게 된다.

총재고주문비용과 총재고유지비용이 같게 되는 주문량에서 총재고관리
비용이 최소가 되는데 이때 1회 주문량 Q를 EOQ라 한다.

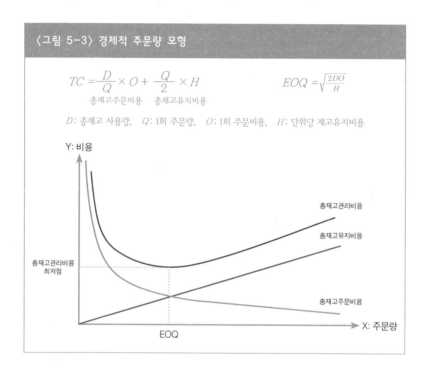

〈그림 5-3〉 경제적 주문량 모형

$$TC = \frac{D}{Q} \times O + \frac{Q}{2} \times H \qquad EOQ = \sqrt{\frac{2DO}{H}}$$

총재고주문비용 총재고유지비용

D: 총재고 사용량, Q: 1회 주문량, O: 1회 주문비용, H: 단위당 재고유지비용

Y: 비용

총재고관리비용

총재고유지비용

총재고관리비용
최저점

총재고주문비용

X: 주문량

EOQ

3) 성과평가 및 포트폴리오 전략

어떤 회사나 사업부의 수익성을 분석하는 것은 가장 많이 행해지는 분석이면서도 오류를 범하기도 쉬운 분석이다. 수익성이란 이익의 절대금액이 아니고 상대적인 개념이므로 비율로 측정해야 하는데 분모와 분자로 어떤 수치를 쓸 것인지가 논의의 핵심이 된다. 여기서는 실무적으로 많이 사용되고 있는 매출액 대비 수익률과 투자 대비 수익률 중 총자산순이익률(ROA), 자기자본이익률(ROE)의 문제점을 살펴본 후, 보다 합리적인 수익성 지표인 투하자본이익률(ROIC)의 개념과 사례를 통해 성과분석과 포트폴리오 전략 수립에 대해 설명하고자 한다.

(1) 매출액 대비 수익률

수익성 측정 지표 중 가장 널리 쓰이는 지표가 매출액 대비 수익률인데, 분자가 어떤 수치이냐에 따라 (매출액 대비) 영업이익률, (매출액 대비) 경상이익률, (매출액 대비) 순이익률, (매출액 대비) EBITDA율 등이 있다. 매출액 대비 수익률들의 근본적인 문제점은 매출액을 분모로 사용하는 것으로 두 가지 문제가 존재한다.

첫째, 분모인 매출액이 재화나 용역의 유형, 사업 모델, 회계처리 방식에 따라 현저하게 다를 수 있다는 점이다. 예를 들어 할인점은 상품 판매액을 매출로 인식하는 반면, 백화점은 수수료(상품 판매액의 일정 수수료율을 곱한 금액)만 매출로 인식한다. 〈표 5-4〉의 실제 사례를 보면 2018년 A 할인점과 B 백화점의 매출액 대비 영업이익률과 순이익률은 매출액이 적게 인식되는 B 백화점의 비율이 현저하게 높게 산출된다. 이럴 경우 매출액 영업이익률이나 순이익률로는 어느 회사가 돈을 더 잘 벌고 있는지 판단할 수 없다.

2018년 실적 (단위: 억 원)

	A 할인점	B 백화점
매출액	64,101	13,761
매출원가	42,567	2,512
매출총이익	21,534	11,248
판매비와 관리비	20,024	8,564
영업이익	1,510	2,684
당기순이익	1,762	3,688
매출총이익률	33.6%	81.7%
영업이익률	2.36%	19.51%
순이익률	2.75%	26.80%

둘째, 분모를 매출액으로 하는 경우 투자비를 반영하지 못하므로 투자의 효율성을 측정하지 못하게 된다. 예를 들어 A 할인점, B 백화점 모두 매출액 100억 원, 순이익 10억 원이라도 A 할인점의 투자비는 200억 원, B 백화점은 100억 원이라면 당연히 B 백화점의 수익성이 좋음에도 매출액 대비 순이익률은 동일하게 측정이 된다. 따라서 매출액을 기준으로 수익성을 따지는 것보다는 투자비를 기준으로 수익성을 따지는 것이 타당하다.

(2) 투자 대비 수익률(ROI: Return on Investment)

투자 대비 수익률인 ROI(Return on Investment)는 여러 지표를 통칭하는 표현이고 세부적으로는 ROE, ROA, ROIC* 등이 있는데 ROA와 ROE가 일반적으로 많이 쓰이고 있다. 두 지표는 산출하기는 간단하나 여러 가지 문제점을 내포하고 있다. 이러한 문제점을 최소화하는 지표가 ROIC이다.

총자산순이익률(ROA: Return on Asset) = 영업이익 ÷ 총자산

ROA는 영업이익을 창출하기 위해 얼마나 자산이 투입되었는가를 측정하는 지표로 투자 대비 수익률의 한 형태이고 계산이 단순하고 매출액이 아닌 총자산을 분모로 사용하는 장점이 있어 많이 쓰인다. ROA가 자산을 분모로 하는 장점이 있으나 여전히 몇 가지 문제가 있다.

첫째, 총자산은 정확한 의미의 투자금액이 아니다. 이는 돈이 들어간 투자가 아니라는 의미다. 총자산은 부채총계와 자기자본의 합계인데, 부채총계에는 선수금, 매입채무와 같은 조달비용이 발생하지 않는 부채가 포함되어 있기 때문이다.

둘째, 총자산은 사업 모델이나 운영전략에 따라 현저한 차이를 보일 수 있어 비교가능성을 해칠 수 있다. 예를 들어 같은 할인점이라도 어떤 할인점은 자가 건물로 사업을 하는 반면, 어떤 할인점은 임차 건물로 사업을 할 수 있는데, 이 경우 두 할인점의 자산은 차이가 크고 따라서 ROA 차이도 커지게 된다.

셋째, 총자산에는 본 사업과 무관한 자산이 존재할 수 있어 ROA의 비교

---

* 이하에서는 총자산순이익률, 자기자본이익률, 투하자본이익률을 각각 ROA, ROE, ROIC로 사용하도록 한다.

가능성을 해친다. 예를 들어 회사가 비업무용부동산이나 투자자산을 보유하고 있고, 이로부터 창출되는 수익이 영업외수익에 포함된다면 총자산 중 일부는 영업이익을 창출하는 데 기여하지 못하므로 ROA가 적절하게 수익성을 반영하지 못한다. 또한 비업무용자산이 없는 회사와의 수익성 비교가 왜곡된다.

자기자본이익률(ROE: Return on Equity) = 순이익 ÷ 자기자본

ROE는 자기자본을 투자해서 얼마나 순이익을 창출했나를 측정하는 지표로 ROA가 갖는 문제점이 없어 ROA보다는 수익성 판단에 더 유용한 지표이다. 그럼에도 몇 가지 문제점이 있다.

첫째, ROE의 순이익은 자본조달 전략에 따라 달라진다. 예를 들어 투자비가 1,000억 원이고 영업이익이 100억 원인 사업인데 A사는 전액 자기자본으로 조달하고 B사는 자기자본 500억 원, 차입금 500억 원(금리 3%)으로 조달했다면 ROE는 B사가 A사보다 높게 나타나지만 자본조달 전략에 따른 효과를 제외한 사업의 수익성은 동일하다고 보는 게 타당하다.

둘째, 순이익에는 영업활동과 무관한 수익이나 비용 항목이 포함되고 경우에 따라서는 비경상적인 항목이 포함되기도 한다. 예를 들어 특정 연도에 유형자산처분이익 상당액이 포함되어 ROE가 높았다면 이는 지속가능한 수익률로 보기는 어려울 것이다.

> **투하자본이익률(ROIC: Return on Invested Capital)**
> **= (세후)영업이익 ÷ 투하자본**

ROIC는 영업이익을 창출하기 위해 얼마만큼의 실질적인 자금(비용이 수반되는 투자금)이 투입되었는가를 측정하는 지표다.

분모인 투하자본은 [자기자본+차입금-비영업용자산]으로 산출할 수도 있고 [영업용자산-영업 관련 부채]로 산출할 수도 있다. 투하자본에는 비업무용부동산이나 투자자산과 같이 영업활동과 무관한 투자는 포함되지 않는다. 이유는 영업이익을 창출하는데 투입된 투자가 아니기 때문이다. 따라서 ROIC는 순수하게 고유 사업에 얼마를 투자해서 고유 사업에서 얼마의 수익을 창출했는가를 측정하는 지표다.

ROIC는 다음과 같은 점에서 수익성 지표 중 가장 우월한 지표로 볼 수 있다. 첫째, 분모에 매출액을 사용하지 않으므로 매출에 대한 회계처리 차이에 따른 왜곡이 발생하지 않으며, 투자액 대비 수익을 측정하기 때문에 "얼마 투자해서 얼마를 벌었는가"라는 진정한 의미의 수익성을 산출할 수 있다. 둘째, 분모에 자기자본과 차입금을 모두 반영하므로 조달 구조에 따른 왜곡 현상이 없다. 즉, 동일한 투자에 동일한 영업이익이 창출된다면 자본 조달 구조가 달라져도 동일한 값이 산출된다.

(3) 성과분석과 포트폴리오 전략 수립

위에서 살펴본 바와 같이 상이한 사업 모델을 가진 회사 간의 경영성과를 평가할 때는 ROIC가 가장 합리적인 지표다. ROIC 산출이 복잡해 약식으로 성과평가를 해야 한다면, 매출액 대비 수익률보다는 투자 대비 수익률을 사용하는 것이 바람직하고 ROA보다는 ROE가 더 좋은 지표이다.

같은 회사 내에서도 사업부나 상품별로 사업 구조가 상이할 수 있으므로 가급적 ROIC를 사용하는 것이 바람직하다. 사업부나 상품별 ROIC를 산출하기 위해서는 사업 단위별로 재무제표를 산출할 수 있어야 하는데 최소한 영업용 자산/부채와 영업이익이 구분 가능해야 한다.

사업 포트폴리오 전략 중 핵심은 수익성이 높은 사업은 확대하고 수익성이 낮은 사업은 축소하거나 수익성을 개선해야 하는 것이다. ROIC 외의 다른 지표로 사업부의 수익성을 측정하면 잘못된 결론이 도출될 수 있다. 따라서 포트폴리오 전략도 사업별 ROIC를 기준으로 판단하는 것이 가장 합리적이다.

4) 사업타당성 분석

(1) 사업타당성 분석 기법

사업의 수행 여부를 결정할 때 투자안으로부터 예상되는 현금흐름을 추정한 후 채택 여부를 결정하게 되는데, 투자안을 평가하는 기법에는 네 가지가 있다. 회계적이익률법과 회수기간법은 화폐의 시간가치를 고려하지 않는 방법이며 순현재가치법과 내부수익률법은 화폐의 시간가치를 고려하는 방법이다.

회계적이익률(ARR: Accounting Rate of Return)법

$$회계적\ 이익률 = \frac{연평균순이익}{연평균투자액}$$

투자안의 연평균순이익을 연평균투자액으로 나누어 계산하며, 회계적 이익률이 미리 설정해둔 목표이익률보다 크면 투자가치가 있는 것으로 평가한다. 본 방법은 간편해 이해하기 쉬우나, 현금흐름에 기초를 두지 않고 회계적 이익에 바탕을 두고 있어, 화폐의 시간가치를 무시하므로 투자안의 평가에 적합한 방법으로 볼 수 없다.

회수기간법(Payback Period Method)

회수기간이란 투자안으로부터의 현금유입액으로 투자원금을 회수하는 데 걸리는 기간을 의미한다. 기업에서 미리 설정한 목표회수기간보다 투자안의 회수기간이 더 짧은 경우 투자가치가 있는 것으로 평가한다. 본 방법은 간단하므로 적은 시간과 비용이 들고, 회수기간이 짧은 투자안을 선택함으로써 미래의 불확실성을 어느 정도 제거할 수 있으며, 기업의 유동성을 향상시킬 수 있다. 그러나 회수기간 이후의 현금흐름을 무시하기 때문에 기업의 장기적인 성장을 가져오는 투자안을 올바르게 평가할 수 없으며, 화폐의 시간가치를 무시하는 단점을 가지고 있다.

순현재가치(NPV: Net Present Value)는 투자안으로부터 발생하는 현금유입의 현재가치에서 현금유출의 현재가치를 뺀 값을 뜻한다.

NPV = 현금유입의 현재가치 - 현금유출의 현재가치

$$= \sum_{t=1}^{n} \frac{R_t}{(1+k)^t} - C$$

R_t : t시점의 순현금유입, C : t = 0시점의 순현금유출의 현가, k : 투자안의 자본비용

NPV[*]를 적용할 때의 투자의사결정기준은 단일 투자안인 경우는 NPV가 0보다 크면 투자안을 채택하고, 상호배타적인 복수의 투자안인 경우는 NPV가 0보다 큰 투자안 중에서 NPV가 가장 큰 투자안을 채택하는 것이다.

할인율로 사용되는 자본비용은 아래 산식에서와 같이 자기자본과 타인자본의 가중평균자본비용을 사용하는데, 타인자본비용은 실제 조달비용에 세금절감 효과를 고려하고, 자기자본비용은 현재 수행 중인 사업이 아닌 투자하려는 사업의 리스크에 적합한 자본비용을 적용해야 한다.

• 가중평균자본비용(WACC: Weighted Average Cost of Capital)
= [Kd (1 - t) × B ÷ (B + S)] + [Ke × S ÷ (B + S)]
※ Kd: 타인자본조달비용, Ke: 자기자본조달비용(주주요구수익률), B: 타인자본, S: 자기자본, t: 세율

---

[*]   이하에서는 순현재가치, 내부수익률, 가중평균자본비용을 각각 NPV, IRR, WACC로 사용하도록
    한다.

내부수익률(IRR: Internal Rate of Return)이란 투자로부터 기대되는 현금유입의 현재가치와 현금유출의 현재가치를 같게 하는 할인율, 즉 NPV가 0이 되는 할인율을 의미한다.

$$\frac{R_1}{(1+r)^1} + \frac{R_2}{(1+r)^2} + \frac{R_3}{(1+r)^3} + \cdots\cdots \frac{R_n}{(1+r)^n} = C$$

$$\sum_{t=1}^{n} \frac{R_t}{(1+r)^t} - C = 0$$

R_t: t시점의 순현금유입, C: t=0시점의 순현금유출의 현가

IRR을 적용할 때의 투자의사결정기준은 단일 투자안인 경우에는 IRR이 프로젝트의 위험 수준을 반영한 요구수익률(자본비용)보다 크면 투자안을 채택하고, 상호배타적인 복수의 투자안인 경우에는 투자안의 IRR이 자본비용보다 큰 투자안 중에서 IRR이 가장 큰 투자안을 선택한다.

(2) 현금흐름 산출 시 유의사항

현금흐름을 기준으로 타당성을 검토하는 NPV나 IRR을 적용할 때 현금흐름을 어떻게 산출하는지는 매우 중요하다. 기본적으로 영업현금흐름을 산출해야 하나 세부적으로는 유의할 사항이 많은데, 현금흐름을 잘못 산출하면 의사결정이 잘못될 수 있으므로 주의해야 한다.

감가상각비, 이자비용, 배당은 현금흐름에서 제외해야 한다

투자 관련 감가상각비는 투자비가 현금유출에 산입되므로 현금유출에 포함하지 않아야 하며, 이자비용, 배당도 자본비용으로 할인하는 과정에서 반영되므로 현금유출에 포함하지 말아야 한다.

현금흐름은 세후 영업현금흐름을 기준으로 산출해야 한다

세금은 현금흐름에서 차감해야 하는데 실제 세금은 이자비용을 반영한 세전이익을 기준으로 산출되어지나, 여기서는 지급이자를 차감하기 전인 영업이익 기준으로 세금을 산출해야 한다. 이렇게 되면 지급이자에 세율을 곱한 금액만큼 현금유입이 감소하게 되는데 이는 WACC 산출 시 타인자본 비용에서 세금 효과를 이미 고려하기 때문이다. 또한 영업 관련 현금흐름은 모두 반영해야 하므로 영업을 위해 필요한 순운전자본(매출채권이나 재고자산 등)의 증감이나 자본적 지출도 현금흐름에 반영해야 한다.

물가 상승을 일관성 있게 고려해야 한다

미래 현금흐름은 물가 상승에 따라 변동되므로 현금흐름금액은 액면금액을 적용해야 하는데, 이는 할인 시 적용되는 자본비용이 명목 할인율이기 때문이다. 만약 물가 상승을 반영하지 않을 경우 NPV나 IRR이 과소평가되는 문제가 있다.

현재 보유한 자산을 투입한 경우도 현금유출에 포함해야 한다

토지보유 기업이 보유 토지를 활용한 사업의 경제성 분석 시 실제로 현금유출이 발생하지 않는다고 하더라도 토지의 시가를 투자비로서 현금유출에 반영해야 한다.

(3) NPV와 IRR 비교

단일 투자안을 평가할 때는 NPV에 의한 평가 결과와 IRR에 의한 평가 결과가 동일하다. 즉, 어떤 단일 투자안이 NPV에 의해 투자가치가 있다고 평가되면 IRR을 사용해도 투자가치가 있다고 평가된다.

IRR > k 이면, NPV > 0: 투자안 선택(k는 자본비용을 의미)
IRR < k 이면, NPV < 0: 투자안 기각

반면 상호배타적인 투자안을 평가할 때는 가장 유리한 투자안을 채택해야 하는데 다음 두 가지의 경우에는 NPV, IRR에 의한 평가 결과가 다르게 나타날 수 있다.

투자 규모가 다른 경우

〈표 5-5〉와 같이 B의 투자 규모가 A보다 현저하게 큰 경우, 자본비용(k)이 10%일 때 IRR법에 의해서는 A안이, NPV법에 의해서는 B안이 선택된다.

투자안	C_0	R_1	IRR	NPV($k=10\%$)
A	−1,000	1,500	50%	364
B	−10,000	12,000	20%	909

〈표 5-5〉 투자 규모가 다른 경우

현금흐름의 양상이 다른 경우

〈표 5-6〉은 현금흐름의 양상이 다른 극단적인 사례이다. A는 초기에 현금유입이 많은 반면, B는 후반에 현금흐름이 집중된 경우이다. 이 같은 경우, 자본비용(k)이 10%일 때 IRR법에 의해서는 A안이, NPV법에 의해서는 B안이 선택된다.

투자안	CO	R_1	R_2	R_3	R_4	IRR	NPV($k=10\%$)
A	−1,000	1,250				25%	136
B	−1,000	0	0	0	2,000	18.9%	366

〈표 5-6〉 현금흐름의 양상이 다른 경우

현금흐름의 양상이 다른 경우에 두 가지 방법의 결과가 항상 상반되는 것은 아니며 상반될 수도 있다는 것이다. 이러한 현상이 나타나는 이유는 NPV법은 투자 기간 내 현금흐름을 자본비용으로 투자종료 시점까지 재투자한다고 가정하는 반면 IRR법은 투자 기간 내 현금흐름을 IRR로 투자종료 시점까지 재투자한다고 가정하기 때문이다.

다음 예시는 위 사례에서 A안의 1년차 현금유입 1,250이 IRR인 25%로 재투자된다고 하면 4년차의 현금흐름은 2,441.4가 되고 IRR은 25%를 유지되는 반면, NPV는 668이 되어 B안의 NPV보다 커지게 되므로 두 가지 방법의 순위가 동일하게 된다.

〈표 5-7〉 NPV법의 우월성

투자안	CO	R_1	R_2	R_3	R_4	IRR	NPV(k=10%)
A	-1,000	0			2,441.4	25%	668
B	-1,000	0	0	0	2,000	18.9%	366

NPV법과 IRR법이 상반된 결과를 가져올 경우, NPV법에 의한 투자가치 평가가 합리적이다. NPV법의 우월성을 IRR법과 비교해 설명하면 아래와 같다.

첫째, NPV법의 재투자수익률에 대한 가정이 현실적이고 타당하다. 현재의 기업가치를 하락시키지 않기 위해 새로운 투자로부터 벌어들여야 할 최저필수수익률인 자본비용으로 재투자한다는 것이 IRR로 재투자한다는 가정보다 현실적이다.

둘째, IRR은 투자안 자체의 수익률을 의미하는 반면, NPV는 투자안이 기업가치에 공헌하는 정도를 의미한다. 따라서 NPV법이 기업가치 극대화 목표에 부합하다.

셋째, IRR법을 이용해 투자가치를 평가할 경우 투자안에 따라서 복수의 IRR이 존재(IRR 산출식을 보면 n개의 현금흐름이 존재하는 경우 n차 방정식이 되므로 최대 n개의 해가 존재)하여 투자의사결정이 어려우나, NPV법은 현금흐름의 형태와 관계없이 결과값이 동일하다.

(4) 신규 프로젝트의 타당성 검토

새로운 프로젝트의 사업타당성을 분석할 때 앞서 설명했듯이 화폐의 시간가치를 고려하는 NPV와 IRR을 사용하는 것이 바람직하며 두 가지 방법 중 어느 것을 쓸 것인지는 다음 기준에 따르는 것이 무난하다.

투자자금에 제약이 없다면 NPV를 기준으로 NPV가 양수인 투자안에는 모두 투자하고 음수이면 기각하는 것이며, 투자자본에 제약이 있다면 IRR을 기준으로 IRR이 높은 프로젝트를 투자하는 것이다.

주어진 투자자금 내에서 여러 투자안의 조합이 가능하다면, NPV를 극대화하는 조합을 선택해야 하는데, 무조건 IRR이 높은 순서대로 채택하다 보면 자금이 남을 수도 있어서 전체 NPV를 극대화하지 못하기 때문이다.

(5) 진행 중인 프로젝트의 재검토

프로젝트를 진행하다가 동 프로젝트를 계속 진행하는 것이 타당할지에 대한 재검토가 필요한 경우가 있다. 예를 들면 사업환경의 변화나 투자비의 증가 등으로 미래 예상 현금흐름이 변경된 경우에는 반드시 재검토가 필요하다. 이 경우에는 프로젝트를 시작할 때의 접근과 다른 점이 있는데,

중요한 차이는 전체 프로젝트의 현금흐름은 무시하고 미래 현금흐름만 고려해야 한다는 점이다. 즉, 프로젝트를 변경하거나 중단하는 경우의 미래 현금흐름을 산출하여(이때, 과거 현금흐름은 무시) 지속하는 경우의 미래 현금흐름과 비교해야 한다.

〈표 5-8〉은 가상의 프로젝트에 대한 3년말 시점에서 산출한 전체 기간의 경제성 분석 결과이다. 프로젝트 시작 전에는 NPV(요구수익률 10%)는 1,453, IRR은 14.5%로서 매우 양호한 수익성을 지닌 프로젝트로 평가되어 사업을 추진하기로 결정되었다. 그러나 사업을 시작한 지 3년이 경과된 시점에서 시장환경이 급격히 변해 프로젝트를 지속할 경우 예상되는 전체 프로젝트의 NPV는 (-)1,107, IRR은 5.7%로 하락했다. 처음부터 이러한 현금흐름이 예상되었다면 해당 프로젝트는 시작하지 말아야 했다.

이런 경우 전체 프로젝트의 NPV가 음수가 되었으므로 프로젝트를 중단해야 하는 것인가 하는 주장이 나올 수 있다. 이러한 상황에서의 의사결정은 프로젝트 전체 기간에 대한 현금흐름을 기준으로 하면 안 되고 미래 현금흐름만을 따져서 의사결정해야 한다. 즉, 프로젝트를 지속한다고 했을 때 미래 현금흐름만 고려해 수익성을 분석해야 한다.

<table>
<tr><td colspan="12">〈표 5-8〉 3년말 시점에서의 프로젝트 전체 기간에 대한 경제성 검토 결과</td></tr>
</table>

	Y0	Y1	Y2	Y3	Y4	Y5	Y6	Y7	Y8	Y9	Y10
매출액		10,000	10,000	10,000	5,000	5,000	5,000	5,000	5,000	5,000	5,000
매출원가*		8,000	8,000	8,000	4,000	4,000	4,000	4,000	4,000	4,000	4,000
감가상각비		1,400	1,400	1,400	2,000	2,000	600	600	600		
영업이익		600	600	600	-1,000	-1,000	400	400	400	1,000	1,000
세후영업이익		420	420	420	-700	-700	280	280	280	700	700
투자비	7,000			3,000							
순현금흐름**	-7,000	1,820	1,820	-1,180	1,300	1,300	880	880	880	700	700
NPV	-1,107										

* 매출원가는 감가상각비를 제외한 변동원가임/ ** 순현금흐름은 (세후영업이익+감가상각비-투자비)임

〈표 5-9〉는 프로젝트를 중단하지 않고 지속한다고 했을 때의 미래 현금 흐름이다. (프로젝트를 중단했을 때의 현금흐름은 "0"이라고 가정했다.) 추가적인 투자 3,000으로 인해 창출되는 현금흐름의 NPV는 1,819, IRR은 29.5%로서 매우 양호한 수익률이고 회사의 요구수익률 10%를 훨씬 상회하는 수준이다.

〈표 5-9〉 3년말 시점에서 사업을 지속할 경우 미래 현금흐름의 경제성

	Y0	Y1	Y2	Y3	Y4	Y5	Y6	Y7	Y8	Y9	Y10
매출액					5,000	5,000	5,000	5,000	5,000	5,000	5,000
매출원가*					4,000	4,000	4,000	4,000	4,000	4,000	4,000
감가상각비					2,000	2,000	600	600	600		
영업이익					1,000	1,000	400	400	400	1,000	1,000
세후영업이익					−700	−700	280	280	280	700	700
투자비				3,000							
순현금흐름**				3,000	1,300	1,300	880	880	880	700	700
NPV				1,819							

* 매출원가는 감가상각비를 제외한 변동원가임/ ** 순현금흐름은 (세후영업이익+감가상각비−투자비)임

따라서 비록 전체 프로젝트의 수익률은 요구수익률 이하로 떨어졌다 하더라도 미래 기준 현금흐름의 수익률이 요구수익률을 초과하므로 사업을 지속하는 것이 옳은 결정이다.

5) 위험분석 기법

(1) 위험과 위험의 측정 방법

회사의 이익이나 가치는 외부 변수나 내부 변수에 의해서 영향을 받아 변동될 수 있는데, 이익이나 회사가치 또는 프로젝트의 가치를 평가할 때 이를 기초로 위험을 분석할 수 있다.

위험이란 이익이나 가치가 기대치에 못 미치게 나타나는 경우로 정의할 수 있고 위험을 측정하는 방법에는 민감도 분석, 시나리오 분석, 시뮬레이션의 세 가지가 있다. 민감도 분석은 변수 1~2개의 변동에 따라 이익이나 가치가 어떻게 변동하는지를 측정해 리스크를 측정하는 방법이다.

시나리오 분석은 여러 개의 변수의 변동에 따라 이익이나 가치가 어떻게 변동하는지를 측정해 리스크를 측정하는 방법이다. 시뮬레이션은 여러 개의 변수가 갖는 변동성을 통계적으로 반영해 이익이나 가치의 확률분포를 산출해 위험을 측정하는 방법으로 가장 정밀한 위험측정 방식이나 과정이 다소 복잡하고 전문적인 프로그램을 사용해야 한다는 단점이 있다.

(2) 민감도 분석

〈표 5-10〉은 수출 비중이 높은 가상의 타이어 회사의 영업이익에 대한 민감도 분석이다. 타이어 회사의 주요 원재료는 천연고무와 합성고무이고 천연고무는 수입에 의존하므로 환율에도 영향을 받게 된다. 타이어 수출액 역시 환율에 영향을 받게 되므로, 회사의 영업이익은 천연/합성 고무 가격, 타이어 가격과 환율에 영향을 받게 된다.

예를 들면 환율과 천연고무 가격 두 가지 변수의 변화에 따른 영업이익의 변화를 산출해서 표를 작성하면 이것이 민감도 분석이 된다. 위험량은 두 가지 변수가 변화할 때 영업이익이 기대치에 얼마나 부족하게 될지를 기준으로 측정하게 된다. 〈표 5-10〉에서 천연고무 가격의 기대치가 $1.2/kg 이고 환율의 기대치가 1,100원/$이라면, 영업이익의 기대치는 2,423억 원 이다. 천연고무 가격이 오르거나 환율이 내리면 회사의 영업이익은 감소하게 되는데, 만약 천연고무 가격이 $1.4/kg, 환율이 1,050원/$이라면 영업이익 은 1,806억 원으로 감소하게 된다. 이 경우 영업이익은 기대치에 617억 원 (2,423억 원 - 1,806억 원)이 못 미치는데 이 금액이 위험의 크기가 된다. 그러 나 위험량인 617억 원의 발생 확률은 알 수 없다.

〈표 5-10〉 환율 및 천연고무 가격 변동에 따른 영업이익 민감도 분석

가로축: 천연고무 가격($/kg),   세로축: 환율(원/$),   각 셀: 영업이익

(단위: 억 원)

환율	1.00	1.05	1.10	1.15	1.20	1.25	1.30	1.35	1.40
1,050	2,275	2,216	2,158	2,099	2,040	1,982	1,923	1,864	**1,806**
1,060	2,354	2,295	2,235	2,176	2,117	2,058	1,999	1,939	1,880
1,070	2,433	2,373	2,313	2,253	2,194	2,134	2,074	2,014	1,954
1,080	2,511	2,451	2,391	2,330	2,270	2,210	2,149	2,089	2,029
1,090	2,590	2,529	2,468	2,408	2,347	2,286	2,225	2,164	2,103
1,100	2,669	2,608	2,546	2,485	**2,423**	2,362	2,300	2,239	2,177
1,110	2,748	2,686	2,624	2,562	2,500	2,438	2,376	2,314	2,252
1,120	2,827	2,764	2,701	2,639	2,576	2,514	2,451	2,389	2,326
1,130	2,905	2,842	2,779	2,716	2,653	2,590	2,527	2,463	2,400
1,140	2,984	2,920	2,857	2,793	2,729	2,666	2,602	2,538	2,475
1,150	3,063	2,999	2,934	2,870	2,806	2,742	2,677	2,613	2,549

(3) 시나리오 분석

시나리오 분석은 여러 개의 변수가 존재하는 경우 변수들의 변동을 조합해 다수의 시나리오를 만들고, 시나리오별로 결과값을 도출해 기대치로부터 얼마나 벗어나는지를 분석하여 위험량을 측정한다.

〈표 5-11〉에서는 환율, 천연고무 가격, 합성고무 가격 세 가지 변수에 대해 각각 세 가지 값(예: 최소값, 기대값, 최고값)을 도출하여 전체 27개의 시나리오를 만들어서 분석한 표이다. 변수별로 몇 개의 값을 적용할 것인지는 분석의 목적에 따라 달라질 수 있는데, 시나리오가 많다고 해서 반드시 좋은 것은 아니므로, 변수들의 현실적인 변동폭 등을 고려하여 적정 시나리오 수를 도출해야 한다. 한편, 변수들 간의 상관관계도 고려할 필요가 있는데, 예를 들어 천연고무 가격과 합성고무 가격의 상관관계가 강하다면 굳이 별도의 변수로 하지 않고 한 개 변수에 다른 변수를 연동시키는 것(예: 합성고무 가격은 천연고무 가격의 80%)이 바람직하다.

시나리오 분석의 장점은 다수의 변수로 시나리오 구성이 가능하고 변수들 간의 상관관계를 고려하여 시나리오를 구성할 수 있다는 것이다. 하지만 민감도 분석과 같이 산출된 위험량의 발생 확률을 알 수 없다는 한계가 있다.

〈표 5-11〉 환율, 천연/합성 고무 가격 변동에 따른 영업이익 시나리오 분석

시나리오	시나리오 변수			결과값(억 원)			
	환율 (원/$)	천연고무 ($/kg)	합성고무 ($/kg)	매출액	원재료비	매출원가	영업이익
시나리오 1	1,080	1.26	2.96	18,307	2,973	13,270	2,270
시나리오 2	1,080	1.26	3.12	18,307	3,050	13,347	2,193
시나리오 3	1,080	1.26	3.27	18,307	3,126	13,423	2,117
시나리오 4	1,080	1.33	2.96	18,307	3,054	13,351	2,189
시나리오 5	1,080	1.33	3.12	18,307	3,130	13,427	2,113
시나리오 6	1,080	1.33	3.27	18,307	3,206	13,503	2,037
……	……	……	……	……	……	……	……
시나리오 22	1,120	1.33	2.96	18,724	3,167	13,464	2,492
시나리오 23	1,120	1.33	3.12	18,724	3,246	13,543	2,413
시나리오 24	1,120	1.33	3.27	18,724	3,325	13,622	2,334
시나리오 25	1,120	1.40	2.96	18,724	3,250	13,547	2,409
시나리오 26	1,120	1.40	3.12	18,724	3,329	13,626	2,330
시나리오 27	1,120	1.40	3.27	18,724	3,408	13,705	2,251

(4) 시뮬레이션

시뮬레이션은 여러 변수들을 민감도 분석이나 시나리오 분석처럼 특정 값을 대입하는 것이 아니라, 변수들의 확률분포를 따르는 수 천/수 만 개의 난수를 발생시켜 결과값의 분포를 산출하는 것이다. 〈그림 5-4〉는 천연고무 가격, 합성고무 가격, 환율의 확률분포를 반영하여 시뮬레이션한 결과값들의 분포를 히스토그램으로 나타낸 것이다.

이러한 결과치의 분포를 이용하여 리스크를 분석할 때는, 특정 신뢰구간을 전제로 리스크를 측정한다. 즉, 결과치의 분포가 특정 신뢰구간(예: 95% 또는 99%)하에서 기대치를 벗어나는 금액이 위험량이 되는 것이다. 이익을 시뮬레이션하는 경우 이익이 기대치를 벗어나는 위험의 크기를 EAR(Earning at Risk)이라 하고, 가치를 시뮬레이션할 때는 가치가 기대치를 벗어나는 경우 위험의 크기를 VAR(Value at Risk)이라고 한다. "99%의 신뢰도하에서 경상이익의 EAR은 140억 원이다"라고 한다면 경상이익이 기대값보다 140억 원 이상 낮아질 확률은 1%라고 이해할 수 있다.

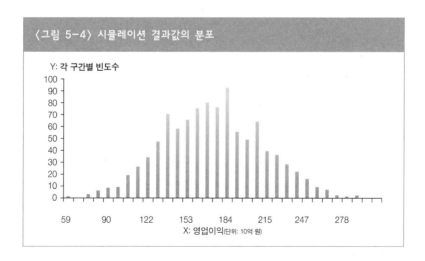

〈그림 5-4〉 시뮬레이션 결과값의 분포

투자안을 평가할 때도 투자안의 기대값만 고려하여 의사결정하는 것이 아니라, 투자안의 위험량까지 고려하여 의사결정하는 것이 바람직하다. 예를 들면 2개 투자안의 NPV 기대값이 동일하다면 NPV의 VAR 값이 적을수록 더 좋은 투자안이다.

경영 전반에 걸쳐 현재를 냉철히 직시하면서 미래를 예리하게 통찰하는 빠르고 정확한 의사결정을 하려면 수많은 정보들 속에서 필요한 정보를 선별해 분석하고 측정하며 평가할 수 있는 능력이 있어야 한다. 이런 의미에서 CFO의 탁월한 정보분석 능력은 곧 기업의 높은 미래가치로 연결된다.

CFO의 핵심 역할 가운데 빼놓을 수 없는 것이 바로 돈과 직결된 세금에 관한 전략을 잘 세워서 대처하는 것이다. 세무전략을 잘못 세우면 회사에 엄청난 손해가 발생할 수도 있다. 그래서 세법에 대한 바른 이해를 바탕으로 면밀하게 세무 관리를 해야 한다. 다음 6장에서는 세무 관리에 대해 집중적으로 보도록 하자.

박춘원 대표는 현재 JB우리캐피탈 대표이사로 재직 중이다. 서울대학교 자원공학과와 시카고대학교 경영학 석사(MBA) 과정을 졸업했고 공인회계사 자격을 보유하고 있다. 삼일회계법인에서 회계감사 및 컨설팅을 수행했으며, 글로벌 컨설팅사인 베인앤드컴퍼니에서 비전수립, 성과개선, M&A 자문 등의 컨설팅을 수행했다. 아주그룹 회장실 전략기획팀장(상무), 아주캐피탈 경영관리부문장(전무), 아주저축은행 대표를 거쳐 아주캐피탈 사장으로 재직했다.

6장
세무관리

조한철 (삼일회계법인 파트너, 한국공인회계사회 조세이사, 공인회계사)
박승정 (삼일회계법인 파트너, 공인회계사)

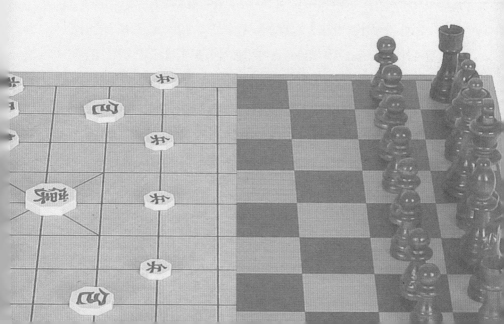

세금은 국가가 그 재정을 충당하기 위하여 개별적인 보상 없이 납세자로부터 법률에 따라 징수하는 것이므로 납세자 입장에서는 세금을 적게 내고자 하는 유인이 발생한다. 한편, 수익금액 누락, 가공경비 계상, 허위계약서 작성 등 불법적인 방법을 통해 조세부담을 줄이려는 '탈세' 행위에 대해서는 조세범처벌법 등에서 강한 처벌 규정을 두고 제재한다. 이는 탈세 행위가 국가 재정을 축낼 뿐만 아니라 건전하고 성실한 납세의식을 저해함으로써 국가 공동체에 부정적인 영향을 미치기 때문이다.

　그러나 세법에서 허용하고 있는 합법적인 방법으로 조세부담을 줄이는 '절세' 행위는 납세자에게 당연한 권리이다. 결국 '탈세'가 아닌 '절세'를 위해서는 세법에 대한 충분한 이해가 필요하며 법 테두리 안에서 세금을 줄일 수 있는 가장 유리한 방법을 찾아야 한다.

　특히 CFO 입장에서는 세법에 따른 조세부담을 온전하게 이행함과 동시에 조세부담을 합법적으로 최소화하는 세무전략이 필요하며 회사가 맞닥뜨리게 되는 다양한 경영 환경 속에서 최적화된 세무 의사결정을 필요로 하는 때도 있다. 이를 위해 CFO는 복잡다단한 세법의 세부적인 내용까지는 아니더라도 거시적인 관점의 세법 지식과 안목을 갖추고, 이를 경영 환경에 접목시키는 유연하고 전략적인 세무능력이 필요하다.

　이번 장에서는 법인세 및 결손금 공제제도, 계열사·주주 등 특수관계인들과의 거래, 글로벌화에 따른 해외거래, 합병 등 기업의 제반 경영활동에서 비롯되는 세제, 그리고 세무조사 및 납세자 권리구제제도를 조망하고, 더 나아가 기업의 설비투자와 고용정책 및 R&D 등에서 비롯되는 각종 세제지원제도의 적용요건과 그에 따른 세제혜택까지 더불어 살펴봄으로써 거시적 관점에서의 세법적 통찰력을 함양하는 데 도움이 되었으면 한다.

1. 법인세의 이해와 결손금 세무

1) 법인세의 이해

(1) 법인세 과세소득

법인세는 법인을 납세의무자로 하여 법인이 얻은 소득에 대해 과세하는 세금이다. 우선 법인세의 과세소득에는 각 사업연도 소득, 토지 등 양도소득, 미환류소득(투자상생협력촉진세제), 그리고 청산소득이 있다. 각 사업연도 소득에 대한 법인세란 매 사업연도마다 귀속되는 소득에 대해 과세되는 법인세를 말하며, 토지 등 양도소득에 대한 법인세란 국내에 소재하는 주택(부수토지 포함)과 비사업용 토지를 양도함으로써 발생하는 소득에 대해 각 사업연도 소득에 대한 법인세에 추가하여 납부해야 하는 법인세를 말한다. 또한 미환류소득(투자상생협력촉진세제)에 대한 법인세는 자기자본이 500억 원을 초과하는 경우 등 일정요건에 해당하는 내국법인이 투자, 임금 등으로 환류하지 아니한 소득이 있는 경우, 각 사업 연도 소득에 대한 법인세에 추가하여 납부하는 법인세를 말한다. 한편, 내국법인이 해산(합병 또는 분할에 의한 해산은 제외)하는 경우에는 잔여재산가액이 자기자본총액을 초과하는 금액, 즉 청산소득에 대한 법인세를 납부하여야 한다.

법인세 과세소득을 요약하면 〈표 6-1〉과 같다.

구분	각 사업연도 소득	토지 등 양도소득	미환류소득	청산소득
개념	각 사업연도의 익금총액에서 손금총액을 차감하여 계산한 소득	비사업용 토지 등을 양도하여 발생하는 소득	기업소득 중 투자, 임금 등 으로 환류하지 아니한 소득	해산 시 잔여 재산가액이 자기자본총액을 초과함으로써 발생하는 소득
세율	4단계 초과누진구조 (10~25%)	10% (미등기 토지 등: 40%)	20%	4단계 초과누진구조 (10~25%)

〈표 6-1〉 법인세 과세소득

(2) 법인세 납세의무자

법인세의 납세의무자는 법인이다.* 한편, 법인은 본점 또는 사업의 실질
적 관리장소의 소재지를 기준으로 내국법인과 외국법인으로 구분되며, 영리
목적 여부에 따라 영리법인과 비영리법인으로 구분된다. 즉, 내국법인이란
본점·주사무소 또는 사업의 실질적인 관리장소가 국내에 있는 법인을 말
하며, 외국법인이란 본점·주사무소가 외국에 있는 단체(국내에 사업의 실질
적인 관리장소가 있지 아니한 경우만 해당함)로서 일정 요건에 해당하는 단체를
말한다. 내국법인은 국내·외 원천소득, 즉 전 세계소득(global income)에 대해
법인세 납세의무를 지는 반면 외국법인은 국내원천소득에 대해서만 법인세

---

* 여기에서는 국세기본법에 따라 '법인으로 보는 법인 아닌 단체'도 포함되나 '법인으로 보는 법인
아닌 단체'에 대한 구체적인 요건 등은 설명을 생략하기로 한다.

납세의무를 진다.

영리법인이란 영리를 목적으로 하는 법인을 말하며, 비영리법인이란 학술, 종교, 자선, 기예, 사교 기타 영리 아닌 사업을 목적으로 하는 법인 등을 말한다. 영리법인은 해당 법인에 귀속되는 모든 소득에 대해 법인세 납세의무를 지는 반면 비영리법인은 법인세법에서 열거된 수익사업 소득에 대해서만 법인세 납세의무를 진다.

한편, 국가와 지방자치단체(지방자치단체조합 포함)가 법인인지에 대하여는 설이 나뉘어져 있으나, 우리 법인세법에서는 국가 및 지방자치단체(지방자치단체조합 포함)를 법인으로 보는 입장을 취하고 있다. 다만, 법인세법에서 국가 및 지방자치단체(지방자치단체조합 포함)에 대해서는 납세의무가 없는 것으로 규정하고 있다.

법인종류별 납세의무를 요약하면 〈표 6-2〉와 같다.

〈표 6-2〉 법인종류별 납세의무

법인의 종류		각 사업연도 소득	토지 등 양도소득	미환류 소득	청산 소득
내국 법인	영리법인	국내·외 원천의 모든 소득	과세	과세	과세
	비영리법인	국내·외 원천소득 중 열거된 수익사업 소득	과세	과세 제외	과세 제외
외국 법인	영리법인	국내원천소득	과세	과세 제외	과세 제외
	비영리법인	국내원천소득 중 열거된 수익사업 소득	과세	과세 제외	과세 제외
국가·지방자치단체		비과세			

(3) 각 사업연도 소득에 대한 법인세의 계산구조

소득의 원천별로 구분하여 과세되는 종합소득세와 달리 각 사업연도 소득에 대한 법인세는 1사업연도 동안 회사가 얻은 모든 소득에 대해서 포괄적으로 신고·납부해야 한다. 일반적으로 사업연도는 법인의 정관 등에서 정하는 1회계기간으로서 1년을 초과할 수는 없다. 참고로 우리나라의 대다수 법인이 1월 1일부터 12월 31일까지를 사업연도로 하고 있다.

각 사업연도 소득에 대한 법인세를 계산하는 구조를 간략하게 나타내면 〈그림 6-1〉과 같다.

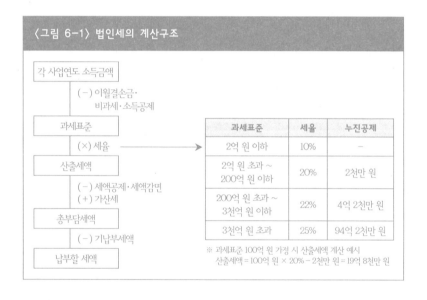

〈그림 6-1〉 법인세의 계산구조

각 사업연도 소득금액
(−) 이월결손금·
　　비과세·소득공제
과세표준
(×) 세율
산출세액
(−) 세액공제·세액감면
(+) 가산세
총부담세액
(−) 기납부세액
납부할 세액

과세표준	세율	누진공제
2억 원 이하	10%	−
2억 원 초과 ~ 200억 원 이하	20%	2천만 원
200억 원 초과 ~ 3천억 원 이하	22%	4억 2천만 원
3천억 원 초과	25%	94억 2천만 원

※ 과세표준 100억 원 가정 시 산출세액 계산 예시
　산출세액 = 100억 원 × 20% − 2천만 원 = 19억 8천만 원

각 사업연도 소득에 대한 법인세를 계산하기 위해서는 먼저 각 사업연도의 소득을 계산해야 하는데 각 사업연도 소득은 회계상 당기순이익에 회계와 세무의 차이를 가감하는 세무조정 절차를 통해 계산된다. 이 경우 기업회계와 세무회계의 차이는 〈그림 6-2〉와 같이 익금산입액 및 손금불산입액은 더하고 손금산입액과 익금불산입액은 차감하여 조정한다.

〈그림 6-2〉 기업회계와 세무회계의 차이

기업회계	세무조정		세무회계
수익	(+) 익금산입 (−) 익금불산입	(=)	익금총액
(−)			(−)
비용	(+) 손금산입 (−) 손금불산입	(=)	손금총액
(=)			(=)
당기순이익	(+) 익금산입 · 손금불산입 (−) 손금산입 · 익금불산입	(=)	각 사업연도 소득금액

구분	세무조정 내용
익금산입	기업회계상 수익은 아니나 세무회계상 익금(수익)으로 인정하는 것은 익금산입하여 기업회계상 순이익보다 세법상 소득을 증가시킴
익금불산입	기업회계상 수익이나 세무회계상 익금으로 인정하지 않는 것은 익금불산입하여 기업회계상 순이익보다 세법상 소득을 감소시킴
손금산입	기업회계상 비용은 아니나 세무회계상 손금으로 인정하는 것은 손금산입하여 기업회계상 순이익보다 세법상 소득을 감소시킴
손금불산입	기업회계상 비용이나 세무회계상 손금으로 인정하지 않는 것은 손금불산입하여 기업회계상 순이익보다 세법상 소득을 증가시킴

또한 '법인세 과세표준'은 각 사업연도의 소득금액에서 이월결손금(10년 이내 개시한 사업연도에서 발생한 세무상 이월결손금), 비과세소득과 소득공제액을 차감해 계산하며, 법인이 납부할 '법인세액'은 법인세 과세표준에 법인세율(10~25%)을 곱해 계산한 법인세 산출세액에서 세액공제액·세액감면액 등을 차감하고, 가산세를 더하여 계산한다.

앞에서 언급한 바와 같이 토지 등 양도소득에 대한 법인세 및 미환류소득에 대한 법인세가 있는 경우 각 사업연도 소득에 대한 법인세에 추가하여 납부해야 하나 본서에는 토지 등 양도소득에 대한 법인세 및 미환류소득에 대한 법인세의 구체적인 계산 구조는 생략하기로 하며, 아울러 청산소득에 대한 법인세의 구체적인 계산 구조도 생략하기로 한다.

(4) 법인세 신고

각 사업연도 소득에 대한 법인세의 납세의무가 있는 내국법인은 각 사업연도의 종료일이 속하는 달의 말일부터 3개월(성실신고확인서 제출 대상 내국법인의 경우 4개월) 이내에 그 사업연도의 소득에 대한 법인세의 과세표준과 세액을 납세지 관할 세무서장에게 신고하여야 한다. 이 경우 각 사업연도의 소득금액이 없거나 결손금이 있는 법인도 신고하여야 한다. 한편, 법인세 신고를 할 때에는 "법인세 과세표준 및 세액 신고서"에 다음의 서류를 첨부하여야 하며, 아래 ①, ②를 첨부하지 않은 경우 무신고로 간주된다.

> ① 기업회계기준을 준용하여 작성한 개별 내국법인의 재무상태표·포괄손익계산서 및 이익잉여금처분계산서 (또는 결손금처리계산서)
> ② 세무조정계산서(법인세 과세표준 및 세액조정계산서)
> ③ 세무조정계산서 부속서류
> ④ 현금흐름표

한편, 법인세 신고 시 필수적인 첨부서류의 하나인 세무조정계산서(법인세 과세표준 및 세액조정계산서)는 해당 법인이 작성하여 제출하는 것이 원칙이지만, 기업회계와 세무회계의 정확한 조정 또는 성실한 납세를 위해 필요하다고 인정되는 법 소정의 일정 법인(외부세무조정 대상법인)의 경우에는 다음 중 어느 하나에 해당하는 자로서 조정반에 소속된 자가 작성한 세무조정계산서(외부조정계산서)를 제출해야 한다.

① 세무사법에 따른 세무사등록부에 등록한 세무사
② 세무사법에 따른 세무사등록부 또는 세무대리업무등록부에 등록한 공인회계사
③ 세무사법에 따른 세무사등록부에 등록한 변호사

따라서 외부세무조정 대상법인의 경우 법인세 신고 시 상기 외부조정계산서가 아닌 해당 법인이 직접 작성한 세무조정계산서(자기세무조정계산서)를 첨부하여 제출하면 무신고에 해당하여 무신고가산세를 부담하게 된다.*

---

* 청산소득에 대한 법인세 신고 내용은 지면의 한계상 생략하기로 한다.

(5) 법인세 납부

법인은 각 사업연도 소득에 대한 법인세 산출세액에서 다음의 법인세액 (가산세는 제외)을 공제한 금액을 각 사업연도 소득에 대한 법인세로서 과세표준 신고기한까지 납세지 관할 세무서·한국은행(대리점 포함) 또는 체신관서에 납부하여야 한다.

① 해당 사업연도의 감면세액·세액공제액
② 해당 사업연도의 중간예납세액
③ 해당 사업연도의 수시부과세액
④ 해당 사업연도에 원천 징수된 세액

한편, 납부할 세액이 1천만 원을 초과하는 경우에는 다음과 같이 납부할 세액의 일부를 납부기한이 지난 날로부터 1개월(중소기업의 경우에는 2개월) 이내에 분납할 수 있다.*

〈표 6-3〉 납부세액별 분납 가능 금액

구분	분납할 수 있는 금액
납부할 세액이 2천만 원 이하인 경우	1천만 원을 초과하는 금액
납부할 세액이 2천만 원을 초과하는 경우	그 세액의 50% 이하의 금액

---

* 청산소득에 대한 법인세 납부 내용은 지면의 한계상 생략하기로 한다.

2) 결손금 공제제도

(1) 결손금 공제제도의 의의

법인세법상 결손금이란 해당 사업연도의 속하는 손금의 총액이 익금의 총액을 초과하는 경우 그 초과하는 금액을 말하며, 이월결손금이란 결손금이 발생한 사업연도 이후의 각 사업연도 과세표준 계산 시 공제되지 아니한 금액을 말한다.

법인세는 과세의 편의상 기간과세의 원칙에 따라 사업연도 단위로 구분하여 과세되고 있으나, 법인의 전체 존속기간의 총 소득은 각 사업연도 소득금액과 결손금의 차가감액이므로 특정 사업연도에서 발생한 결손금은 그 이전 또는 그 이후 사업연도 소득금액에서 공제하도록 하는 것이 바람직하다. 또한 결손금은 주주지분의 감소를 의미하기 때문에 해당 감소된 부분을 회복시키지 아니하고 법인세를 과세하는 것은 자본충실에도 부담이 되어 계속기업의 관점에서 미래의 세원이 약화되는 결과를 초래한다.

이에 법인세법에서는 기간과세제도가 안고 있는 모순 등을 보완하기 위한 법적 장치로서 "이월공제방법(carry forward system)"과 "소급공제방법(carry back system)"을 두고 있으며, 결손금의 공제는 이월공제의 방법을 원칙으로 하되 중소기업에 대한 조세지원 강화를 위해 조세특례제한법상 중소기업에 대해서는 소급공제의 방법을 허용하고 있다. 아래에서는 이월공제방법 및 소급공제방법에 대하여 간략히 살펴본다.

(2) 결손금 이월공제

결손금의 이월공제방법은 당기에 발생한 결손금을 그 이후 사업연도의 소득에서 공제하는 방법으로서, 후술하는 소급공제제도와 달리 결손금 공제의 효과가 미래의 공제시점까지 지연된다. 이러한 결손금의 이월공제방법은 일반적으로 적용대상 법인에 제한이 없으나, 당기순이익 과세 조합법인 및 소득금액이 추계결정·경정되는 법인 등은 조세정책의 목적상 이월공제가 배제되므로 참고할 필요가 있다.

한편, 법인세법에서는 모든 이월결손금에 대해 무제한 공제를 허용하는 것이 아니라, 다음의 일정한 요건을 갖춘 이월결손금에 한하여 과세표준 계산 시 소득에서 공제할 수 있도록 허용하고 있다.

[법인세 과세표준에서 공제되는 이월결손금의 요건]

① 각 사업연도의 개시일 전 10년(2008.12.31. 이전에 개시한 사업연도에서 발생한 결손금은 5년) 이내에 개시한 사업연도에서 발생한 결손금일 것

② 법인세법 제60조에 따라 신고하거나 법인세법 제66조에 따라 결정·경정 또는 국세기본법 제45조에 따라 수정신고한 과세표준에 포함된 결손금일 것

또한 법인세법에서는 해당 사업연도에 소득이 발생했음에도 이월결손금 공제로 인해 세금을 전혀 부담하지 않는 것을 방지하고자 〈표 6-4〉와 같이 공제한도를 두고 있다.

〈표 6-4〉 이월결손금의 공제 한도	
구분	이월결손금의 공제 한도
2019.1.1. 이후 개시하는 사업연도	각 사업연도 소득금액의 60%
2018.1.1.부터 2018.12.31.까지 개시하는 사업연도	각 사업연도 소득금액의 70%
2016.1.1.부터 2017.12.31.까지 개시하는 사업연도	각 사업연도 소득금액의 80%
2015.12.31. 이전에 개시하는 사업연도	각 사업연도 소득금액의 100%

다만, 조세정책 목적상 중소기업 등 다음의 일정한 요건을 갖춘 법인은 해당 사업연도 소득의 100%에서 공제를 허용하고 있다.

[이월결손금의 100% 공제 한도가 적용되는 법인]
① 조세특례제한법 제5조 제1항에 따른 중소기업
② 채무자 회생 및 파산에 관한 법률 제245조에 따라 법원이 인가결정한 회생계획을 이행 중인 법인
③ 기업개선계획의 이행을 위한 약정(기업 구조조정 촉진법 제14조 제1항)을 체결하고 기업개선계획을 이행 중인 법인
④ 금융회사등(금융실명거래 및 비밀보장에 관한 법률 제2조 제1호)과 경영정상화계획의 이행을 위한 협약을 체결하고 이행 중인 법인
⑤ 유동화거래를 목적으로 설립된 법인으로서 법인세법 시행령의 일정한 요건을 모두 갖춘 법인
⑥ 유동화전문회사 등 법인세법 제51조의 2 제1항 각 호에 해당하는 내국법인
⑦ 사업재편계획 승인(기업 활력 제고를 위한 특별법 제10조)을 받은 법인(2020.1.1. 이후 개시하는 사업연도분부터 적용)

(3) 결손금 소급공제

결손금의 소급공제방법은 결손금이 발생한 사업연도에 직전 사업연도의 소득에 부과한 법인세액을 한도로 법인세액을 환급해주는 방법이며, 결손금이 발생한 사업연도에 환급이 가능하므로 이월공제방법과 달리 공제의 효과가 즉시 발생하는 장점이 있다. 이에 우리 법인세법에서는 중소기업의 자금난 해소 및 중소기업에 대한 조세지원 강화를 위해 조세특례제한법상 중소기업으로서 다음의 요건을 모두 갖춘 경우에 한해 소급공제를 허용하고 있다.

> ① (실체적 요건) 직전 사업연도의 소득에 대해 과세된 법인세액이 있어야 하며, 해당 사업연도에 결손금이 발생해야 함.
> ② (절차적 요건) 직전 사업연도와 결손금이 발생한 해당 사업연도의 법인세 과세표준 및 세액을 신고기한 내에 신고했거나 신고해야 하며, 결손금이 발생한 해당 사업연도의 법인세 신고기한 내에 환급신청을 해야 함.

이 경우 소급공제에 따라 환급되는 세액은 결손금이 발생한 사업연도의 직전사업연도의 세액을 한도로 하여 다음과 같이 계산한다.

> **결손금 소급공제에 따른 환급세액 = Min[①, ②]**
> ① 직전 사업연도의 법인세 산출세액 - 공제·감면세액
> ② 직전 사업연도 법인세 산출세액 - (직전 사업연도의 과세표준 - 소급공제 결손금액)
>   × 직전 사업연도 세율

한편, 결손금 소급공제에 따라 법인세를 환급받은 법인이 다음에 해당되는 경우에는 과다하게 환급받은 법인세액과 일정한 이자상당액을 더한 금액을 해당 결손금이 발생한 사업연도의 법인세로서 징수당하게 된다.

① 법인세를 환급한 후 과세관청의 경정 등으로 결손금이 감소된 경우
② 직전 사업연도에 대한 과세관청의 경정 등으로 환급세액이 감소된 경우
③ 중소기업에 해당하지 아니하는 내국법인이 법인세를 환급받은 경우

2. 특수관계 세무

1) 부당행위계산 부인

(1) 부당행위계산 부인이란

'부당행위계산 부인'이란 법인이 특수관계인과의 거래에 있어 경제적 합리성을 무시함으로써 해당 법인의 소득에 대한 조세의 부담을 부당히 감소시킨 것으로 인정되는 경우에는 법인의 행위 또는 소득금액의 계산에도 불구하고 과세권자가 객관적으로 타당한 소득이 있었던 것으로 의제하여 과세함으로써 과세의 공평을 기하고 조세회피행위를 방지하고자 하는 제도다.

법인세법에서는 법인의 주주(소액주주 제외), 임·직원, 계열회사와 같이 경제적 연관관계나 경영지배관계 등이 밀접한 자를 특수관계인으로 정하고 있다. 이런 특수관계인과의 거래는 제3자와의 거래와 달리 공통의 이해관계에 따라 특정 거래당사자에게 이익 또는 손실을 조절하는 방식 등으로 조세를 회피할 개연성이 있기 때문에 경제적 합리성이 결여된 특수관계인

과의 거래를 통하여 조세의 부담을 부당히 감소시킨 것으로 인정되는 경우에는 통상의 합리적인 거래형식을 취할 때 발생했을 소득으로 다시 계산하는 것이 부당행위계산 부인 제도라 할 수 있다.

(2) 부당행위계산 부인의 요건

앞서 설명한 바와 같이, ① 특수관계인과의 거래에 있어서 경제적 합리성을 무시함으로써 해당 법인의 소득에 대한 ② 조세의 부담을 부당히 감소시킨 것으로 인정되는 경우에 부당행위계산 부인을 적용한다. 아래에서 각각의 요건에 대해 간략히 설명하기로 한다.

특수관계인과의 거래

부당행위계산 부인은 특수관계인과의 거래에 대하여 적용한다. 이때, 특수관계인 간의 거래에는 특수관계인 외의 자를 통하여 이루어진 우회거래 또는 다단계거래 등 제3자를 통하여 이루어진 간접거래를 포함한다. 법인세법상 특수관계인이란 해당 법인의 경영에 대해 사실상 영향력을 행사하고 있다고 인정되는 자, 법인의 주주(소액주주 제외), 임·직원 및 이들의 친족은 물론이고 같은 기업집단에 소속된 계열회사와 그 임원 등과 같이 경제적 연관관계 또는 경영지배관계가 있다고 인정되는 자를 말하며, 그 밖의 특수관계인의 구체적이고 상세한 범위는 법인세법 시행령 제2조 제5항의 규정을 참조하기 바란다.

한편, 특수관계인에 해당하는지에 대한 판정은 그 행위 당시를 기준으로 하는 것이며 특수관계가 성립되기 전이나 특수관계가 소멸된 후에 발생된 거래에 대하여는 적용할 수 없음이 원칙이다.

조세의 부담을 부당히 감소시킨 것으로 인정되는 경우

부당행위계산 부인은 법인의 소득에 대한 '조세의 부담을 부당히 감소시킨 것으로 인정되는 경우'에 적용한다. 이때, 법인이 조세를 회피하거나 경감할 의사 또는 의도가 있어야 하는 것은 아니다. 즉, 법인의 조세회피 의도가 없었다 하더라도 해당 법인이 행한 거래 형태가 객관적으로 보아 경제적 합리성을 무시한 비정상적인 것이어서 세법 측면에서 부당한 것이라고 인정되는 경우에는 부당행위계산 부인이 적용되는 것이다(대법원95누7260, 1996. 7.12.).

다만, '조세의 부담을 부당히 감소시킨 것으로 인정되는 경우'의 범위가 다소 추상적이어서 그 판단이 쉽지 않다. 따라서 법인세법에서는 다음에 설명할 '부당행위계산의 유형'에서와 같이 조세의 부담을 부당히 감소시킨 것으로 인정되는 거래 유형을 규정하고 있다.

한편, '부당행위계산의 유형'에서 규정하고 있는 거래 유형이 조세의 부담을 부당히 감소시킨 것으로 인정되는 경우의 예시적 규정인지 아니면 제한적 열거규정인지에 대한 논란이 존재하나 예시적 규정으로 보아야 한다는 견해가 우세한 것으로 판단되는바, 부당행위계산 부인의 적용에 있어 유의할 필요가 있다.

(3) 부당행위계산의 유형

법인세법에서 규정하고 있는 부당행위계산의 유형을 간략히 살펴보면
아래와 같다.

[부당행위계산의 유형]
① 자산을 시가보다 고가로 매입하거나 현물출자받은 경우
② 무수익 자산을 매입 또는 현물출자받았거나 그 자산에 대한 비용을 부담한 경우
③ 자산을 무상 또는 시가보다 저가로 양도 또는 현물출자한 경우(적격주식매수선택권
　 등의 행사 또는 지급에 따라 주식을 양도하는 경우 제외)
④ 불공정한 비율로 합병(분할합병 포함)·분할하여 양도손익을 감소시킨 경우
⑤ 불량자산을 차환하거나 불량채권을 양수한 경우
⑥ 출연금을 대신 부담한 경우
⑦ 금전, 그 밖의 자산 또는 용역을 무상 또는 시가보다 낮은 이율·요율이나 임대료로
　 대부하거나 제공한 경우
⑧ 금전, 그 밖의 자산 또는 용역을 시가보다 높은 이율·요율이나 임차료로 차용하거나
　 제공받은 경우
⑨ 파생상품에 근거한 권리를 행사하지 아니하거나 그 행사기간을 조정하는 등의 방법
　 으로 이익을 분여하는 경우
⑩ 불균등자본거래로 인한 이익을 분여하는 경우
⑪ ①~⑩에 준하는 기타의 부당행위로 이익을 분여했다고 인정되는 경우

부당행위계산의 유형에 해당하면, 실제 거래가액이 시가와 차이가 발생
하는 경우 부당행위계산 부인을 적용함이 원칙이나, 유형 중 ①, ③, ⑦, ⑧
및 ⑪(①, ③, ⑦, ⑧에 준하는 행위 또는 계산에 한함)의 경우에는 시가와 거래
가액의 차액이 3억 원 이상이거나 시가의 5%에 상당하는 금액 이상인 경우
에 한하여 부당행위계산 부인규정을 적용하도록 하고 있다. 이는 시가대로
정확히 거래를 이행하기 어려운 유형에 대하여 시가와 거래가액과의 차이
가 합리적인 범위 내에 있는 경우라면 부당행위계산 부인을 적용하지 않도
록 함으로써 납세자와의 조세분쟁 소지를 줄이기 위한 것이다.

아울러 '⑩ 불균등자본거래로 인한 이익을 분여하는 경우'는 거래 유형이 복잡하고, 거래 유형별로 판단 기준도 달라지므로 '2) 자본거래 관련 부당행위계산 부인'에서 자세히 설명하도록 한다.

(4) 부당행위계산 부인의 효과

법인의 행위가 부당행위계산에 해당하는 경우에는 시가와의 차액 등을 익금에 산입하여 법인의 각 사업연도 소득금액을 계산한다. 또한 부당행위계산의 부인으로 익금에 산입하여 발생되는 소득은 귀속자를 기준으로 소득처분한다. 예를 들어 부당행위계산 부인으로 발생한 소득의 귀속자가 법인의 임원인 경우에는 해당 임원의 상여(근로소득)로 소득처분하게 된다.

한편, 부당행위계산 부인의 효과는 법인의 소득금액 계산에 국한될 뿐이며 법인과 그 특수관계인과의 사이에 적법·유효하게 성립한 법률행위나 계산 그 자체의 사법상 효력까지 부인하는 것은 아니다(대법원 97누 8960, 1998.9.18.). 즉, 부당행위계산 부인의 효과는 법인의 과세소득금액 계산에만 영향을 미치고 그 행위의 법률적 효력에까지 영향을 미치는 것은 아님에 유의하여야 한다.

2) 자본거래 관련 부당행위계산 부인

자산의 고·저가 양수도나 금전 등의 저이율 대부 또는 고이율 차용과 같은 손익거래와 관련된 부당행위계산 부인 유형과 마찬가지로 불공정합병(분할합병 포함)이나 불균등 증자·감자와 같은 자본거래로 인하여 주주(소액주주 제외)인 법인이 특수관계인인 다른 주주에게 이익을 분여하는 경우에도 부당행위계산 부인이 적용된다.

(1) 불공정합병

불공정합병의 요건

합병이 이루어지면 합병법인이 피합병법인의 자산과 부채를 승계하는 대가로 피합병법인의 주주에게 합병대가를 지급하게 된다. 이때, 합병대가가 공정한 합병대가보다 높거나 낮으면 합병당사법인 중 한쪽의 주주가 다른 한쪽의 주주에게 이익을 분여하는 현상이 발생하게 된다. 특히 이런 이익분여 현상은 특수관계 법인 간 합병 시 발생할 개연성이 커, 법인세법에서는 특수관계 법인 간 합병 시 불공정한 합병에 따라 주주 등(소액주주 등은 제외)인 법인이 특수관계인인 다른 주주 등에게 이익을 분여하는 경우는 원칙적으로 부당행위계산 부인을 적용하도록 하고 있다. 한편, 특수관계 법인의 판정은 합병등기일이 속하는 사업연도의 직전 사업연도 개시일*부터 합병등기일까지의 기간에 의한다는 점에 유의해야 한다.

이익 분여액의 산정

일반적으로 합병은 피합병법인의 주식을 합병법인의 주식으로 교환하는 방식으로 이루어지는데 이때 피합병법인의 주식과 합병법인의 주식을 교환하는 비율, 즉 합병비율을 산정하게 된다. 공정한 합병은 합병당사법인의 주식의 시가에 따라 합병비율(교환비율)을 산정하게 되어 합병에 따른 이익의 분여(이전) 현상이 발생하지 않는 데 반해 불공정한 합병은 합병당사법인 중 한쪽의 주식을 과대평가 또는 과소평가함으로써 합병비율의 왜곡이 발생

---

* 그 개시일이 서로 다른 법인이 합병한 경우에는 먼저 개시한 날을 말한다.

하게 되고 그에 따라 이익의 이전 현상이 발생하게 된다.

예컨대 합병당사법인 중 한쪽의 주식을 과대평가하게 되면 그 과대평가된 법인의 주주는 공정한 합병비율로 합병하는 경우에 비해 더 많은 합병 신주를 교부받는 등의 효과가 발생하게 된다. 이는 결국 불공정한 합병비율로 인해 주가가 과소평가된 법인의 주주에게 귀속될 주식가치가 주가가 과대평가된 법인의 주주에게 이전되는 현상이 발생하게 된다. 이때, 해당 합병이 법인세법상 특수관계 법인 간 합병이고 이익을 분여하는 법인주주와 이익을 분여받는 주주의 관계가 법인세법상 특수관계에 있는 주주 등에 해당한다면 원칙적으로 부당행위계산 부인의 적용 대상에 해당하고, 이때의 분여이익 상당액이 법인세법상 부당행위계산 부인 대상금액이다.

법인세법에서는 상속세 및 증여세법을 준용하여 불공정합병에 따른 이익 분여액을 산정하는 산식을 규정하고 있으나 계산이 다소 복잡하므로 자세한 설명은 생략하기로 하며, 구체적인 산식은 법인세법 등을 참고하기 바란다. 다만, 해당 산식의 의미가 앞에서 설명한 불공정 합병비율에 따라 법인세법상 특수관계 있는 주주에게 분여되는 이익 상당액을 구체화한 것이라는 정도로 이해하면 될 것이다. 한편, 불공정합병으로 인한 부당행위계산 부인은 상기에 따라 산정된 이익 분여액이 합병 후 신설 또는 존속하는 법인의 주식 평가액의 30% 이상이거나 3억 원 이상인 경우에만 적용한다.

(2) 불균등증자

법인이 증자를 하는 경우 원칙적으로 기존 주주는 각자가 보유한 지분 비율에 따라 균등하게 증자에 참여할 권리를 갖는다. 그럼에도 불구하고 증자 시 기존 주주가 증자에 참여할 권리, 즉 신주인수권을 포기하거나 신주를 불균등하게 배정하는 경우에는 증자 전·후의 지분율이 달라진다.

그런데 시가와 동일한 가액으로 증자를 하는 경우에는 증자에 참여한 주주는 시가대로 주식을 추가로 취득하므로 증자에 참여하지 않은 주주들의 주식가치가 희석되지 않아 주주 간 이익의 이전 현상이 발생하지 않는다. 그러나 신주를 시가보다 저가로 발행하거나 또는 고가로 발행하는 경우에는 증자 참여 여부에 따라 어떤 주주는 이익을 보게 되고 또 다른 주주는 손실을 볼 수 있는바, 이러한 증자를 불균등증자라고 한다.

한편, 법인세법에서는 불균등증자로 주주 등(소액주주 등은 제외)인 법인이 특수관계인인 다른 주주 등에게 이익을 분여하는 경우에는 불균등증자에 따른 부당행위계산 부인을 적용하도록 규정하고 있다.

법인의 증자로 신주를 발행하는 경우 기존 주주는 신주인수권에 따라 제3자보다 우선하여 신주를 인수할 수 있으나 신주인수권을 행사하지 아니하고 임의로 포기한다면 소위 실권주가 발생하게 된다. 이러한 실권주에 대해 법인은 소정의 절차를 거쳐 당해 주주 외의 제3자에게 실권주를 인수시킬 수 있으며, 이러한 경우에는 증자 전과 비교하여 주주의 지분비율이 변동하게 된다. 반면 증자 시 발생한 실권주를 재배정하지 아니하고 이사회의 결의에 의하여 실권처리하는 경우에도 기존 주주의 지분비율에 변화가 있게 된다.

이와 같이 신주의 고·저가 발행 및 실권주 유무에 따라 다음과 같이 구분할 수 있으며, 그 구분에 따라 부당행위계산 부인 적용 요건이 달라지게 되는데, 이를 요약하면 〈표 6-5〉와 같다.

〈표 6-5〉 부당행위계산 부인 적용 요건		
구분	내용	현저한 이익 요건
신주의 저가발행	저가발행신주의 인수를 포기하고 이를 배정하는 경우	불필요
	저가발행신주의 인수를 포기하고 이를 재배정하지 않은 경우	필요
	저가발행신주를 기존 주주가 본래의 자기지분율을 초과하여 직접 배정받거나, 기존 주주가 아닌 자가 신주를 직접 배정받은 경우	불필요
신주의 고가발행	고가발행신주의 인수를 포기하고 이를 배정하는 경우	불필요
	고가발행신주의 인수를 포기하고 이를 재배정하지 않은 경우	필요
	고가발행신주를 기존 주주가 본래의 자기지분율을 초과하여 직접 배정받거나, 기존 주주가 아닌 자가 신주를 직접 배정받은 경우	불필요

여기서 현저한 이익 요건이라 함은 불균등 증자로 인한 1주당 평가차액이 30% 이상이거나 이익 분여액이 3억 원 이상일 것을 말한다. 실권주를 재배정하지 않고 실권처리하는 경우를 제외하고는 현저한 이익 요건을 불문하고 부당행위계산 부인 규정을 적용하는 것에 유의하여야 한다.

불균등증자로 인한 이익 분여액을 산정하는 방법은 위에서 설명한 유형별로 산식이 다양하고 계산이 복잡하므로 자세한 설명은 생략하기로 하며, 구체적인 산식은 법인세법 등을 참고하기로 한다. 다만, 해당 산식의 의미가 특정 주주가 불균등 증자에 참여(또는 포기) 등을 함으로써 발생하는 경제적 손실(또는 기회이익 상실분) 중 그와 법인세법상 특수관계가 주주 등에게 분여한 이익 상당액을 구체화한 것이라는 정도로 이해하면 될 것이다.

(3) 불균등감자

불균등감자의 요건

불균등증자와 마찬가지로 불균등감자의 경우에도 감자대가가 주식의 시가보다 높거나 낮은 경우에는 이익의 분여가 발생한다. 따라서 주식소각을 동반하는 불균등감자에 있어 주주 등(소액주주 등은 제외)인 법인이 특수관계인인 다른 주주 등에게 이익을 분여하는 경우에는 부당행위계산 부인 규정이 적용된다. 이때, 불균등감자의 경우에는 현저한 이익의 요건, 즉 이익 분여액이 감자한 주식 등의 평가액의 30%에 상당하는 가액과 3억 원 중 적은 금액 이상인 경우에 한해 부당행위계산 부인을 적용한다.

불균등감자로 인한 이익 분여액을 산정하는 방법 또한 계산이 복잡하므로 자세한 설명은 생략하기로 하며, 구체적인 산식은 법인세법 등을 참고하기로 한다. 다만, 해당 산식의 의미가 특정주주가 불균등 감자에 참여하거나 또는 참여하지 않음으로써 발생하는 경제적 손실(또는 기회이익 상실분) 중 그와 법인세법상 특수관계가 있는 주주 등에게 분여한 이익 상당액을 구체화한 것이라는 정도로 이해하면 될 것이다.

(4) 기타의 불균등자본거래

앞에서 살펴본 불균등 합병·증자 또는 감자 등의 자본거래 외의 경우로서 증자·감자, 합병(분할합병 포함)·분할, 전환사채 등에 의한 주식의 전환·인수·교환 등 자본거래를 통해 법인의 이익을 분여했다고 인정되는 경우에도 부당행위계산 부인규정을 적용한다.* 다만, 본 규정은 이익분여 주체 및 관계에 대한 논란이 존재한다.

(5) 자본거래 관련 부당행위계산 부인의 효과

불균등 자본거래를 통하여 특수관계가 있는 주주 등에게 이익을 분여한 법인주주 등에게는 부당행위계산 부인규정을 적용하고, 그 이익을 분여받은 특수관계 있는 법인주주 등에게는 분여받은 이익 상당액을 익금에 산입한다. 한편, 이익을 분여받은 자가 개인주주 등인 경우에는 증여세가 과세될 수 있는바, 증여세는 주주 간 특수관계 여부를 불문하고 과세하는

---

* 적격스톡옵션에 따라 주식을 발행하는 경우는 제외한다.

규정도 존재하므로 부당행위계산 부인 규정과는 세부적인 적용 요건에 있어 차이가 있음을 유의하기 바란다.

이익을 분여한 법인주주에게 부당행위계산 부인이 적용되어 익금산입되는 금액에 대한 소득처분은 그 귀속자가 법인이면 기타사외유출로 처분하며, 그 귀속자가 개인으로 증여세가 과세되면 기타사외유출로, 그 외에는 배당(주주), 상여(임직원) 등으로 처분한다.

3. 국제조세 세무

기업의 활동이 국경을 넘어 전 세계로 확대됨에 따라 국제거래가 빈번하게 이루어지고 있다. 이런 국제거래는 외국회사 등이 우리나라에 진출하여 투자나 경제활동을 수행하는 대내거래(inbound transaction)와 국내회사 등이 국외에 진출하여 투자나 경제활동을 수행하는 대외거래(outbound transaction)로 구분할 수 있다.

1) 국제조세의 과세체계

(1) 개요

법인세법과 소득세법상 내국법인 또는 거주자에 대해서는 국내에서 발생한 소득뿐만 아니라 국외에서 발생한 소득을 포함하여 전 세계에서 창출한 모든 소득에 대해서 과세하며, 외국법인 또는 비거주자에 대해서는 국내에서 발생한 소득에 대해서만 과세하고 있다.

내국법인 또는 거주자가 국외에서 발생시킨 소득에 대해서는 우리나라

뿐만 아니라 소득이 발생한 국가에서도 과세함에 따라 동일한 소득에 대해서 중복으로 과세하는 이중과세의 문제가 발생한다. 이를 해소하기 위해 법인세법과 소득세법은 내국법인 또는 거주자가 외국에서 납부한 세액을 법인세액 및 소득세액에서 공제하는 등의 외국납부세액공제 제도를 두고 있다.

이러한 국내법상 이중과세방지 규정만으로는 이중과세 문제를 적정하게 해소하기 어려워서 우리나라를 포함한 세계 각국은 조세조약을 체결하고 있다. 조세조약에 따른 이중과세 방지는 한 국가(이하 "거주지국"이라 함)의 개인 또는 법인이 다른 국가(이하 "원천지국"이라 함)에서 벌어들인 소득에 대해 원천지국의 과세를 제한하는 것을 포함한다. 즉, 조세조약에 따른 이중과세 방지는 거주지국과 원천지국의 이중과세 문제를 해소하는 기능뿐만 아니라 양 체약국의 과세권을 적절하게 배분하는 기능도 함께 수행한다.

이중과세 방지 이외에도 조세회피와 탈세를 방지하고자 하는 것도 조세조약의 목적이다. 조세조약에 따라 세무당국 간 정보교환이 가능하며, 이와 더불어 우리나라는 '다자 간 금융정보자동교환 협정' 및 '대한민국 정부와 미합중국 정부 간의 국제 납세의무 준수 촉진을 위한 협정'(한·미 FATCA)을 체결하여 여러 국가와 금융정보를 교환하고 있다.

(2) 납세의무자의 구분

개인을 거주자와 비거주자로 구분하는 기준은 국적, 영주권 취득 여부와 무관하게 국내에 주소를 두거나 183일 이상의 거소를 두었는지 여부에 따라 판단한다. 거소란 주소지 외 장소 중 상당기간에 걸쳐 거주하는 장소로 주소와 같이 밀접한 일반적 생활관계가 형성되지 않은 장소를 말한다.

내국법인과 외국법인은 법인의 본점, 주사무소 또는 사업의 실질적 관리

장소가 국내에 있는지를 기준으로 구분한다. 한편, 본점 등이 외국에 있는 단체라고 하더라도 모두 외국법인이라고 할 수 없고 설립된 국가의 법에 따라 법인격이 부여되었거나, 구성원이 유한책임사원으로만 구성되었거나, 해당 외국단체와 동종 또는 유사한 국내의 단체가 상법 등 국내 법률에 따른 법인인 경우만 외국법인에 해당하며, 그 외의 외국 단체는 하나의 비거주자로 보거나 해당 단체의 각 구성원별로 납세의무를 부담한다.

2) 외국법인·비거주자의 국내원천소득 과세

(1) 국내원천소득의 구분

국내원천소득이란 소득의 발생 원천지가 국내인 것으로서 법인세법 또는 소득세법은 외국법인 또는 비거주자의 소득 유형을 나누어 소득의 원천지가 국내인지 여부를 판별하는 기준을 두고 있다. 법인세법은 외국법인의 국내원천소득을 이자소득, 배당소득, 부동산소득, 선박 등 임대소득, 사업소득, 인적용역소득, 부동산 등 양도소득, 사용료소득, 유가증권 양도소득 및 기타소득의 10가지 유형으로 나누며, 소득세법은 이에 근로소득, 퇴직소득 및 연금소득을 더하여 13가지 유형을 비거주자의 국내원천소득으로 정하고 있다.

조세조약도 소득의 유형을 정하면서 각 소득의 유형별로 과세권을 제한하고 있다. 따라서 어떤 소득이 법인세법 또는 소득세법에 따라 국내원천소득에 해당하여 국내에서 과세할 수 있다 하더라도 조세조약이 이런 소득의 과세를 제한하는 경우에는 국내에서 비과세·면제하거나 제한된 범위 내에서만 과세할 수 있다.

(2) 과세방법

외국법인 또는 비거주자에 대한 과세방법은 국내사업장을 두고 있거나 부동산소득이 있는지 여부와 소득의 유형에 따라 종합과세, 분류과세 및 분리과세로 나뉜다.

국내사업장을 두고 있거나 부동산소득이 있어 종합과세되는 경우와 국내사업장 및 부동산소득은 없지만 퇴직소득·부동산 등 양도소득이 있어 분류과세되는 경우 외국법인 및 비거주자는 내국법인 및 거주자에 준하여 소득 및 세액을 산정하여 신고·납부하여야 한다.

반면 분리과세의 경우 외국법인 및 비거주자는 소득 지급자의 원천징수로 납세의무가 종결된다. 원천징수세율은 이자소득(채권이자는 14%), 배당소득, 인적용역소득(조세조약에 따라 국내에서 발생하는 것으로 간주되는 소득은 3%), 사용료 소득과 기타소득은 20%(사용지 기준 조세조약 상대국 법인이 소유한 국내 미등록 특허권 등의 침해로 지급하는 일정한 손해배상금 등은 15%), 선박 등 임대소득과 사업소득은 2%, 부동산 등 양도소득과 유가증권 양도소득은 양도가액의 10%와 양도차익의 20% 중 작은 금액에 따른 세율을 적용한다.

한편, 조세조약은 원천지국의 과세권을 제한하기 위하여 외국법인 및 비거주자에 대하여 과세할 수 있는 최고세율인 제한세율을 정하고 있다. 따라서 법인세법 또는 소득세법상 원천징수세율보다 조세조약상의 제한세율이 더 낮은 경우에는 제한세율에 상당하는 세액만 과세한다.

3) 내국법인·거주자의 외국납부세액공제 제도

(1) 의의

내국법인과 거주자는 전 세계소득에 대하여 납세의무를 부담하므로 외국에서 국외원천소득에 대하여 과세하는 경우 이중과세의 문제가 발생한다. 이중과세 문제를 방지하기 위한 장치로서 법인세법, 소득세법 및 조세조약은 내국법인과 거주자가 외국에서 납부한 세액을 법인세액 또는 소득세액에서 공제하거나 손금 또는 필요경비에 산입하는 외국납부세액공제 제도를 두고 있다.

(2) 외국납부세액의 범위

세액공제 대상 외국납부세액은 직접외국납부세액, 간접외국납부세액 그리고 간주외국납부세액으로 나뉜다. 직접외국납부세액은 내국법인과 거주자가 외국정부에 납부하는 소득이나 수입금액 등을 과세표준으로 과세된 세액을 말한다. 또한 외국에서 감면받은 세액에 대하여 조세조약에서 납부한 것으로 간주하는 경우 간주외국납부세액으로서 외국납부세액공제 대상이 된다. 더불어 내국법인이 일정비율 이상 출자하고 있는 외국자회사를 두고 있는 경우 외국자회사에 부과된 외국납부세액 중 수입배당금액에 대응하는 금액은 간접외국납부세액이 된다.

(3) 공제한도

외국납부세액을 법인세액 또는 소득세액(양도소득세액은 제외)에서 공제하는 경우 다음의 한도 내에서 공제한다. 이 경우 국외사업장이 2 이상의 국가에 있는 경우에는 국가별로 구분하여 공제한도금액을 계산하며, 외국납부세액이 공제한도금액을 초과하는 경우 그 초과하는 금액은 다음 사업연도 개시일부터 5년 이내에 끝나는 각 사업연도로 이월하여 공제한도금액 내에서 공제받을 수 있다.*

$$공제한도금액 = 산출세액 \times \frac{국외원천소득}{법인세 과세표준 \ 또는 \ 종합 \cdot 퇴직소득금액}$$

4) 조세회피 방지제도

(1) 이전가격 과세제도

거래 당사자의 어느 한쪽이 국외특수관계인인 국제거래에서 그 거래가격이 정상가격보다 낮거나 높은 경우 정상가격을 기준으로 내국법인과 거주자(외국법인·비거주자의 국내사업장 포함)의 과세표준 및 세액을 결정하거나 경정하는 제도를 이전가격 과세제도라고 한다.

정상가격이란 내국법인과 거주자가 국외특수관계인이 아닌 자와의 통상적인 거래에서 적용되거나 적용될 것으로 판단되는 가격을 말하며, 비교가능 제3자 가격방법, 재판매가격방법, 원가가산방법, 이익분할방법, 거래순이익률방법 및 기타 합리적이라고 인정되는 방법(다른 방법으로 산출할 수 없는 경우에만 적용) 중 가장 합리적인 방법으로 계산한 가격으로 한다. 한편, 내국법인과 거주자는 일정 기간의 과세연도에 대하여 정상가격 산출방법을 적용하려는 경우에 국세청장에게 사전승인을 신청할 수 있고, 국세청장

---

* 한편, 거주자의 국외자산 양도소득에 대해서도 외국 납부세액공제가 가능한바, 해당 내용은 소득세법 제118조의 6을 참고하기 바란다.

은 상호합의를 거치거나 또는 일정한 사유에 해당하는 경우에는 상호합의를 거치지 않고 정상가격 산출방법을 사전 승인할 수 있다.

내국법인은 이전가격 과세제도에 따라 익금에 산입된 금액을 국외특수관계인으로부터 반환이자를 가산하여 반환받을 수 있는데, 만약 반환을 받지 않는다면 국외특수관계인이 내국법인이 출자한 법인에 해당하는 경우에는 출자로 조정하고 그 이외의 경우에는 배당으로 처분한다. 한편, 배당으로 처분된 금액은 내국법인이 이전소득금액통지서를 받은 날에 지급한 것으로 보아 원천징수하여야 한다.

(2) 특정외국법인 유보소득 합산과세 제도

내국법인 또는 거주자가 외국법인에 출자한 경우 해당 외국법인에서 발생한 이익은 이를 배당으로 분배하기 전까지는 내국법인 및 거주자에게 과세할 수 없으므로 저세율국가에 소재한 법인에 소득을 이전시키는 한편 발생한 소득을 배당받지 않고 유보하는 경우 조세회피나 조세부담의 이연이 가능할 수 있다. 이런 조세회피 등을 방지하기 위해 내국법인 또는 거주자가 저세율국가(15% 이하, 이하 "특정국가"라 함)에 소재하는 일정한 특수관계에 있는 외국법인(이하 "특정외국법인"이라 함)에 10% 이상 출자한 경우 해당 특정외국법인의 유보소득을 배당받은 것으로 간주하여 과세하는 제도가 특정외국법인 유보소득 합산과세 제도이다.

특정외국법인의 유보소득을 배당으로 간주하여 과세한 후 특정외국법인이 실제로 배당하면 실제배당금액은 이미 과세된 소득이므로 과세하지 않으며, 실제 배당하는 시점에 외국납부세액이 있으면 경정청구를 통해 배당으로 간주하여 과세한 사업연도에 대해 외국납부세액공제를 적용한다.

한편, 특정외국법인의 유보소득 합산과세제도의 적용대상이 되는 내국법인 또는 거주자는 특정외국법인의 재무제표, 특정외국법인의 법인세 신고서 및 부속서류, 특정외국법인의 유보소득 계산 명세서 등을 법인세 및 소득세 신고 시 제출해야 하는데, 특정외국법인의 유보소득 계산명세서를 미제출하거나 불분명하게 제출한 경우에는 해당 특정외국법인의 배당 가능 유보소득금액의 0.5%의 가산세가 부과된다.

(3) 이자비용 공제제한 제도

다국적기업의 경우 특수관계인으로부터의 차입 등에 대한 이자비용 등이 손금으로 인정된다는 점을 이용하여 국가 간 소득이전을 통한 세원잠식 행위를 할 수 있다. 이러한 세원잠식 행위를 방지하기 위하여 내국법인이 국외특수관계인에게 지급하는 이자비용에 대한 공제를 제한하는 제도로서 과소자본 과세제도, 소득 대비 과다이자비용의 손금불산입 규정, 혼성금융상품 거래(자본 및 부채의 성격을 동시에 갖고 있는 일정한 금융상품을 말하며, 금융 및 보험업을 영위하는 내국법인이 발행하는 금융상품은 제외)에 따라 발생하는 이자비용의 손금불산입 규정을 두고 있다.

과소자본 과세제도는 내국법인(외국법인의 국내사업장 포함)의 차입금 중 국외지배주주(국외지배주주의 특수관계인 포함)로부터 차입한 금액과 국외지배주주의 지급보증에 의해 제3자로부터 차입한 금액이 국외지배주주가 출자한 출자금액의 2배(금융업 영위 법인은 6배)를 초과하는 경우 그 초과분에 대한 지급이자(할인료 포함)를 내국법인의 손금에 산입하지 않고 배당 또는 사외유출로 처분된 것으로 보는 제도이다. 한편, 과소자본 과세제도의 적용에 따라 국외지배주주의 이자소득이 배당소득으로 간주되면 이에 따라 발생하는 원천징수세액의 차액은 이자를 지급하는 내국법인이 상계하여 조정한다.

소득 대비 과다이자비용의 손금불산입 규정은 내국법인(외국법인의 국내 사업장을 포함하며, 금융 및 보험업 영위 내국법인은 제외)이 국외특수관계인으로 부터 차입한 금액에 대한 순이자비용(지급이자 및 할인료-이자수익)이 감가 상각비와 순이자비용을 차감하기 전 소득금액의 30%를 초과하는 경우 그 초과하는 금액은 손금에 산입하지 아니하며 기타사외유출로 처분된 것으 로 보는 제도이다.

혼성금융상품 거래에 따라 발생하는 이자비용의 손금불산입 규정은 내국 법인(외국법인의 국내사업장 포함)이 국외특수관계인과의 일정한 혼성금융 상품 거래에 따라 지급한 이자(할인료 포함) 중 일정한 기간 내에 그 거래상대 방이 소재한 국가에서 거래상대방의 소득에 포함되지 아니하는 등 과세되지 아니한 금액에 해당하는 금액을 손금에 산입하지 않고 기타사외유출로 처분 된 것으로 보는 제도이다.

(4) 국제거래 자료제출

국외특수관계인과 국제거래를 하는 납세의무자는 국제거래명세서, 국외 특수관계인의 요약손익계산서, 정상가격 산출방법 신고서, 원가 등의 분담 액 조정명세서, 거래가격 조정신고서 등을 법인세 또는 소득세 신고 시 함께 제출하여야 하며, 국외특수관계인과의 국제거래 규모 등이 일정한 요건을 충족한 경우 개별기업보고서·통합기업보고서·국가별보고서(이하 "국제거래 정보통합보고서"라 함)를 사업연도 종료일이 속하는 달의 말일부터 12개월 이 내에 제출해야 한다. 한편, 국제거래명세서 또는 국제거래정보통합보고서 를 미제출하거나 거짓제출하는 경우 국제거래명세서는 국외특수관계인별 500만 원, 국제거래정보통합보고서는 보고서별 3천만 원의 과태료가 1억 원 을 한도로 부과되며, 당해 과태료를 부과받은 자가 과세당국의 자료제출 요구나 시정 요구에 불응하거나 거짓자료를 제출하는 경우에는 2억 원을 한도로 지연기간에 따라 과태료가 추가로 부과된다.

해외직접투자를 하거나 해외부동산 등을 취득·처분(취득가액·처분가액이 2억 원 이상인 경우로 한정)한 내국법인 및 거주자는 해외현지법인 명세서, 해외부동산 취득·투자운용(임대) 및 처분 명세서 등을 법인세 및 소득세 신고 시 함께 제출하여야 한다. 이러한 자료를 미제출하거나 거짓 제출한 경우 해외현지법인 명세서 등은 건별 1천만 원(5천만 원 한도), 해외부동산 취득·투자운용(임대) 및 처분 명세서는 해외부동산 등의 취득가액, 처분가액 및 투자운용 소득의 10%(1억 원 한도)의 과태료가 부과되며(1차), 과세당국의 자료제출 요구나 시정 요구에 불응하거나 거짓자료를 제출하는 경우 2차 과태료가 부과된다. 또한 자료를 기한 내에 미제출하거나 거짓 제출한 경우 과세당국이 해외주식 등 또는 해외부동산 등의 취득자금 출처에 대해 소명을 요구할 수 있으며, 이러한 소명의무를 불이행한 경우 미소명하거나 거짓 소명한 금액의 20%의 과태료가 부과된다.

해외금융계좌를 보유한 내국법인과 거주자 중 매월 말일 중 어느 하루의 보유계좌잔액이 5억 원을 초과하는 자는 다음 연도 6월 1일부터 30일까지 해외금융계좌정보를 신고해야 한다. 한편, 신고의무자가 신고기한 내에 해외금융계좌정보를 신고하지 않거나 과소 신고한 경우에는 미신고·과소 신고금액의 10~20%의 과태료가 부과된다. 또한 과세당국은 신고의무 위반 금액의 출처에 대해 소명을 요구할 수 있으며, 이런 소명의무를 불이행한 경우에는 미소명하거나 거짓 소명한 금액의 20%의 과태료가 부과된다. 더불어 신고의무 위반금액이 50억 원을 초과하는 경우에는 2년 이하의 징역 또는 신고의무 위반금액의 13~20%의 벌금이 부과되며, 국세정보위원회의 심의를 거쳐 인적사항, 신고의무 위반금액 등이 공개될 수 있다.

4. 세무조사와 납세자 권리구제 등

1) 세무조사*

(1) 세무조사의 의의

세무조사란 법인세법, 소득세법 등 각 세법에서 규정하고 있는 질문·조사권 등에 근거하여 조사공무원이 납세의무자 및 그와 관련된 자 등에게 질문하고 장부 등을 확인·조사·검사 등을 하는 행위를 말한다. 세무조사는 자금출처조사, 주식변동조사 등 그 명칭이나 내용이 다양하지만 일반적으로 세무공무원이 각 세법의 규정에 따른 납세의무자의 정확한 과세표준과 세액을 결정 또는 경정하기 위해 이루어지는 것으로 받아들여지고 있다.

(2) 세무조사의 종류

세무조사는 조사권을 행사하는 근거 및 목적에 따라 크게 일반세무조사와 조세범칙조사로 구분할 수 있다. 일반세무조사는 그 권한이 국세기본법, 법인세법 등 각 세법에서 규정하고 있는 질문·조사권을 근거로 하여 납세의무자의 과세표준 및 세액의 결정·경정을 주 목적으로 하지만, 조세범칙조사의 경우 조세범처벌법에서 규정하는 조세범칙행위에 대해 범칙혐의유무를 입증하기 위해 그 혐의자나 참고인 등과 관련된 조사가 이루어진다. 다만, 일반세무조사라도 조사내용 등에 따라 조세범칙조사로 전환되는

---

* 세무조사에 관련된 사항은 모든 회사에 일반화되어 적용될 수 없고 사안별로 특수성이 있을 수 있으므로 관련 내용은 관계 법령을 우선 참조하고 공인회계사 등 세무 전문가와 상의하는 것이 바람직하다.

경우도 발생된다.

한편, 일반세무조사에는 납세의무자가 행한 신고의 성실성 여부 등을 검증하기 위하여 정기적으로 이루어지는 정기세무조사와 납세자에 대한 탈세제보 등에 의하여 사전 통지 없이 장부 등을 예치해 심층적으로 이루어지는 특별세무조사 등이 있다. 특별세무조사는 해당 납세의무자뿐만 아니라 대주주 일가, 특수관계에 있는 관계사 등에 대한 조사도 병행되는 경우가 존재한다.

(3) 세무조사 진행 단계

세무조사 대상 선정

세무조사는 조사대상 선정으로 시작되는데 크게 정기선정과 수시선정으로 구분할 수 있다. 정기선정은 불성실 혐의가 인정되거나 장기미조사자 등을 선정하는 것을 의미하며, 수시선정은 납세협력의무를 이행하지 않은 경우나 탈세제보가 있는 경우 등에 이루어지는 비정기적인 선정을 의미한다.

조사계획 수립 · 사전분석 · 준비조사

세무공무원은 세무조사 대상자 선정 사유 등을 감안하여 최소한의 범위에서 조사대상 기간을 선정하고 조사반 편성, 조사방법 등 조사계획을 수립하게 되며, 해당 대상자의 업종별 특이점, 적출내역, 공시자료 등 광범위한 자료를 수집하는 등 일련의 준비조사를 수행하게 된다.

세무조사 사전통지

세무공무원은 세무조사를 하는 경우 조사 시작 15일 전에 조사대상 세목, 조사기간 및 조사 사유 등을 조사대상자에게 사전통지를 해야 한다. 다만, 수시선정에 따른 조사, 조세범칙조사 등과 같이 사전통지 시 증거인멸 등으로 이어질 우려가 있는 경우에는 이러한 통지 절차가 생략될 수 있다.

세무조사 착수

세무조사가 본격 진행되면 조사반에서 자료제출, 인터뷰, 내부 ERP 시스템 접근, 수감장 마련 등을 요청할 수 있으며, 일련의 조사활동을 통해 쟁점사항을 제시하고 이에 대한 소명을 요구하게 된다.

세무조사 종결·결과통지

세무조사가 마무리되면 그 조사가 종결된 날부터 20일 이내에 세무조사 내용, 결정 또는 경정할 과세표준과 세액 및 산출근거 등이 포함된 조사결과가 서면으로 통지된다. 이에 대해 납세의무자는 조사결과에 승복하거나 과세전적부심사 등을 통해 이의를 제기할 수도 있다.

(4) 세무조사 대응 전략

사전준비사항 체크

수시선정, 조세범칙조사 등 사전통지가 이루어지지 않는 세무조사를 제외하고, 사전통지를 받은 경우라면 조사반의 요청자료 등을 준비하며 쟁점이 될 여지가 있는 사항에 대해 사전검토, 관련 자료 정리, 조사 대응인력 구성 등에 신경 쓸 필요가 있다.

요청사항 및 쟁점사항에 대한 대응

세무공무원이 요청하는 자료에 대해서는 성실한 제출이 요구되며, 조사 과정 중 제기된 쟁점사항에 대해서는 관련 사실관계, 제반 사정 등을 관련 규정과 더불어 명확하고 적시성 있게 소명할 필요가 있다.

세무대리인의 활용

세무공무원에게 요청자료를 제출하거나 쟁점사항 등에 대하여 소명이 필요한 경우에는 세무지식과 경험이 풍부한 공인회계사 등의 세무대리인에게 조력을 구하는 것이 효과적인 대응 방안 중 하나이다.

세무조사 기간·범위 확대 방지

세무조사를 받다보면 다양한 사유로 인해 본래 예정보다 조사기간이 연장되거나 조사범위가 확대되는 경우가 발생하게 된다. 납세의무자 입장에서 이러한 조사기간 연장 및 조사범위 확대는 큰 부담이 될 수 있으므로,

조사에 성실하게 대응하여 조사의 조기 종결 및 조사 범위가 확대되지 않도록 주의할 필요가 있다.

2) 납세자의 권리구제

납세자가 과세관청으로부터 위법·부당한 처분을 받거나 필요한 처분을 받지 못하여 권리나 이익을 침해당할 경우 이를 구제하고자 사전권리구제수단인 과세전적부심사와 사후권리구제수단인 이의신청, 심사청구, 심판청구, 감사원 심사청구 등의 제도를 두고 있다. 다만, 이러한 제도는 납세자가 일정 기한 내에만 제기할 수 있으므로 주의가 필요하다.

(1) 사전권리구제수단(과세전적부심사)

과세전적부심사란 세무조사 결과에 대한 서면통지 또는 과세예고통지를 받은 납세의무자가 해당 통지를 받은 날로부터 30일 이내에 통지 내용에 대한 적법성에 대해 심사해줄 것을 세무서장 등에게 청구하는 제도로서, 세무조사결과 등에 따른 부과처분이 실제 이루어지기 전에 사전적으로 납세의무자의 권리를 구제할 수 있는 수단이라는 점에서 의미가 있다.

과세전적부심사 청구를 받은 세무서장, 지방국세청장, 국세청장은 국세심사위원회의 심사를 거쳐 채택, 불채택, 재조사, 각하 등의 결정을 내리게 되고, 그 결과를 과세전적부심사 청구를 받은 날로부터 30일 이내에 청구인에게 통지해야 한다.

(2) 사후권리구제수단

이의신청

부당한 처분 등을 받거나 필요한 처분을 받지 못한 납세의무자는 처분을 했거나 했어야 할 세무서장이나 지방국세청장에게 해당 처분이 있음을 안 날로부터 90일 이내에 이의신청을 제기할 수 있다. 이의신청을 받은 세무서장, 지방국세청장은 국세심사위원회 심의를 거쳐 이의신청을 받은 날로부터 30일(이의신청인이 결정기간 내에 항변하는 경우에는 60일) 이내에 인용, 기각, 재조사, 각하 등의 결정을 내리게 된다.

한편, 이의신청제도는 후술하는 심사청구나 심판청구를 제기하기 전 납세의무자의 선택에 의하여 제기할 수 있는 제도로서 납세자는 상황에 따라 이의신청을 거치지 않고 곧바로 심사청구나 심판청구를 제기할 수 있다.

심사청구

심사청구는 납세의무자가 불복 사유가 있을 시 해당 처분을 했거나 했어야 할 국세청장에게 제기하는 것으로서 해당 처분이 있음을 안 날(처분의 통지를 받은 때에는 그 받은 날)로부터 90일 이내에 제기해야 한다. 만약 이의신청제도를 거친 후 심사청구를 하는 경우라면 원칙적으로 이의신청에 대한 결정의 통지를 받은 날로부터 90일 이내에 제기하여야 하나, 결정기간 내에 결정의 통지를 받지 못한 경우에는 통지를 받기 전이라도 결정기간이 지난 날로부터 심사청구를 제기할 수 있다. 심사청구를 받은 국세청장은 국세심사위원회의 의결에 따라 심사청구를 받은 날로부터 90일 이내에 인용, 기각, 재조사, 각하 등의 결정을 내리게 된다.

결정의 통지를 받은 납세의무자는 해당 결정에 대하여 승복하거나 불복하여 그 결정의 통지를 받은 날로부터 90일 이내에 행정소송을 제기할 수 있으며, 결정기간에 결정의 통지를 받지 못한 경우에는 결정의 통지를 받기 전이라도 결정기간이 지난 날로부터 행정소송을 제기할 수 있다. 한편, 심사청구, 심판청구, 감사원 심사청구는 납세의무자의 선택에 의하여 한 가지 제도만 활용할 수 있으므로, 각 불복절차 중 어떠한 제도를 활용할지에 대한 사전적인 검토가 필요하다.

심판청구

심판청구는 납세의무자가 불복 사유가 있을 시 조세심판원장에게 제기하는 것으로서 해당 처분이 있음을 안 날(처분의 통지를 받은 때에는 그 받은 날)로부터 90일 이내에 제기해야 한다. 다만, 이의신청제도를 거친 후 심판청구를 하는 경우라면 원칙적으로 이의신청에 대한 결정의 통지를 받은 날로부터 90일 이내에 제기해야 하나, 그 결정기간 내에 결정의 통지를 받지 못한 경우에는 통지를 받기 전이라도 결정기간이 지난 날로부터 심판청구를 제기할 수 있다. 심판청구를 받은 조세심판원장은 원칙적으로 조세심판관회의 심리를 거쳐 인용, 기각, 재조사, 각하 등의 결정을 내리게 된다.

결정의 통지를 받은 납세의무자는 해당 결정에 대하여 승복하거나 불복하여 그 결정의 통지를 받은 날로부터 90일 이내에 행정소송을 제기할 수 있으며, 결정기간에 결정의 통지를 받지 못한 경우에는 결정의 통지를 받기 전이라도 결정기간이 지난 날로부터 행정소송을 제기할 수 있다.

국세청으로부터 부당한 처분 등을 받은 경우에는 감사원에 그 처분에 대한 심사를 청구할 수 있는데 이를 감사원 심사청구라 한다. 감사원 심사청구는 처분이 있음을 안 날로부터 90일 이내에 제기하여야 한다.

심사청구를 받은 감사원은 해당 심사청구를 접수한 날로부터 3개월 이내에 인용, 기각, 각하 등의 결정을 내리게 되며, 해당 결정의 통지를 받은 납세의무자는 해당 결정에 대하여 승복하거나 불복하여 그 결정의 통지를 받은 날로부터 90일 이내에 행정소송을 제기할 수 있다.

3) 수정신고와 경정청구제도

법인세, 부가가치세 등은 법인 스스로 세금을 계산하여 신고·납부해야 하는 신고납부 세목으로서, 착오 등으로 인하여 세법에 따라 신고해야 할 과세표준 및 세액 보다 적거나 과다한 금액을 신고·납부할 수 있는데, 이 경우 납세자(법인 포함) 스스로 이를 수정하거나 수정을 요구할 수 있는 기회를 주고자 세법에서는 수정신고 및 경정청구제도를 두고 있다.

(1) 수정신고

수정신고는 세법에 따라 신고해야 할 과세표준 및 세액을 적게 신고했을 때 또는 세법에 따라 신고해야 결손금액 및 환급세액을 과다하게 신고했을 때 이를 스스로 수정하여 바로 잡을 수 있는 제도이다.

이러한 수정신고는 과세표준신고서를 법정신고기한까지 제출한 경우와 기한 후 과세표준신고서를 제출한 경우에 한해 부족하게 신고한 과세표준과 세액을 관할세무서장이 결정·경정하여 통지하기 전 국세부과 제척기간 (일반적인 경우 5년) 내에 할 수 있다.

한편, 수정신고를 하는 경우에는 당초 과세표준 및 세액을 적게 신고· 납부한 것에 대한 가산세를 부담하여야 하는데, 조기에 수정신고하는 경우 에는 가산세 중 과소신고·초과환급 가산세에 대하여 일정 비율을 감면받 을 수 있다. 다만, 과세관청이 과세표준 및 세액을 경정할 것을 미리 알고 과세표준수정신고서를 제출한 경우에는 이러한 가산세 감면 혜택이 없으 므로 과세표준 및 세액을 적게 신고했음을 인지했을 경우 조기에 수정신고 를 통해 과소신고·초과환급 가산세 감면과 납부 지연 일수에 따라 부과되 는 납부지연가산세 등을 최소화할 필요가 있다.

(2) 경정청구

경정청구는 수정신고와 반대로 세법에 따라 신고해야 할 과세표준과 세액 을 과다하게 신고했을 때 또는 세법에 따라 신고해야 할 결손금액이나 환급 세액을 적게 신고했을 때 관할 세무서장에게 이를 바로 잡아 줄 것을 청구 하는 제도이다.

경정청구는 크게 일반적 사유에 의한 경정청구와 후발적 사유에 의한 경정청구로 구분할 수 있다. 일반적 사유에 의한 경정청구는 과세표준신고서 를 법정신고기한까지 제출한 자 또는 기한 후 과세표준신고서를 제출한 자 가 법정신고기한이 지난 후 5년 이내*에 관할세무서장에게 청구할 수 있다.

---

* 단, 결정 또는 경정으로 인해 증가된 과세표준 및 세액에 대하여는 해당 처분이 있음을 안 날로부 터 90일 이내(법정신고기한이 지난 후 5년 이내로 한정)로 한다.

한편, 당초 과세표준 및 세액을 신고할 때에는 존재하지 않았던 특정한 사유가 후발적으로 발생한 경우에는 법정신고기한이 지난 후 5년이 경과했더라도 예외적으로 해당 사유가 발생한 날로부터 3개월 이내에 경정청구를 제기할 수 있다. 이런 후발적 사유에 의한 경정청구는 예외적으로 허용되는 만큼 당초 과세표준 및 세액의 계산 근거가 된 거래 등이 그에 관한 소송에 대한 판결로 인하여 다른 것으로 확정되는 등 세법에서 규정하고 있는 사유에 해당하는 경우에 한하여 제한적으로 허용된다.

한편, 법인의 경정청구가 받아들여질 경우에는 기존에 과다하게 납부한 세액과 그 이자상당액인 국세환급가산금을 받게 되며, 경정청구가 받아들여지지 않는 경우에는 과세관청의 경정청구 거부처분에 대하여 90일 이내에 불복절차를 통해 다툴 수 있다.

5. 합병세제[*]

1) 합병의 개요 및 과세일반론

합병이란 법정절차에 따라 둘 이상의 회사를 하나의 회사로 하는 단체법상 행위로서 소멸회사의 권리·의무가 별도의 청산절차 없이 존속회사 또는 신설회사에 포괄승계됨과 동시에 원칙적으로 소멸회사의 사원을 존속회사의 사원으로 수용하는 효과가 발생하는 법률 행위를 말한다.[**]

한편, 합병의 본질을 어떻게 보느냐에 따라 조세효과는 매우 달라지는데,[***] 인격승계설에 따르면 합병이란 둘 이상의 회사가 사단법상의 특별한 계약에 의하여 합체되는 것에 불과하여 합병에 따른 재산의 포괄적인 승계를 마치 회사 내부 거래와 유사하게 보는 관점이어서[****] 합병을 과세의 계기로 삼을 수 없다는 과세이론과 맞닿아 있는 반면, 현물출자설에 따르면 합병이란 피합병법인의 사업 일체를 합병회사에 현물출자하고 그 대가로 합병회사의 주식을 교부받는 것이라고 보는 관점이어서 합병을 과세의 계기로 삼을 수 있다는 과세이론과 맞닿아 있다.

즉, 인격승계설적 관점의 과세이론에 따르면 합병을 과세의 계기로 삼을 수 없으므로 합병법인은 원칙적으로 자산과 부채를 피합병법인의 장부가

---

[*] 합병을 제외한 사업 양수도 등 기타 기업 구조조정 세제에 대한 내용은 지면 관계상 생략한다.

[**] 김완석·황남석, 『법인세법론』(삼일인포마인, 2020), 525쪽.

[***] 이태로·한만수, 『조세법강의』(박영사, 2015), 672쪽.

[****] 장세현, 「우리나라 합병과세제도의 개선방안에 관한 연구」(경희대학교 대학원 석사학위 논문, 2012), 7쪽.

액으로 승계하여야 할 것인바 ① 피합병법인에게 자산이전에 따른 양도손익을 과세할 수 없고, ② 합병법인에게는 합병매수차손·익이 발생하지 않는다고 보는 이론*이다. 현물출자설적 관점의 과세이론에 따르면 합병을 과세의 계기로 삼을 수 있다는 것이므로 피합병법인의 사업 일체를 합병법인에 현물출자하고 그 대가로 합병신주를 교부받는 것으로 보는바, ① 피합병법인에게는 현물출자에 따른 양도손익을 과세하고, ② 합병법인은 합병대가와 순자산 시가와의 차이를 합병매수차손·익 등으로 과세할 수 있다는 관점의 이론**이라고 할 수 있다.

한편, 합병 시에는 법인세뿐만 아니라 부가가치세, 지방세 등 여러 세목의 세금 문제가 발생하고, 특히 불공정합병의 경우에는 부당행위계산부인 등 여러 복잡다단한 세무 문제 등이 야기되는바, 본 장에서는 공정합병에 따른 법인세 과세문제만을 살펴보기로 하며, 또한 설명의 편의를 위해 주식회사의 합병을 전제로 하여 설명하기로 한다.

2) 법인세법상 과세체계와 적격합병의 개념

우리나라의 법인세법은 원칙적으로 합병을 양도거래로 보도록 하고 있는바, 이는 합병을 과세의 계기로 삼고 있다고 볼 수 있으므로 현물출자설적 관점에 가까운 반면, 일정 요건을 갖춘 적격합병의 경우에는 합병 시까지 발생한 미실현이익 등을 합병 시에 과세하지 아니하고 합병 이후의 일정(실현) 시점에 과세하도록 하고 있음을 볼 때는 인격승계설적 관점을

---

* 이태로·한만수, 『조세법강의』(박영사, 2015), 672쪽.
** 이태로·한만수, 『조세법강의』(박영사, 2015), 673쪽.

취하고 있다고 볼 수 있다.* 즉, 우리나라 법인세법은 원칙적으로 현물출자설적 관점에 가까우나 적격합병의 경우에는 그 효과 측면에서 인격승계설적 관점과 유사하다고 평가할 수 있다.

한편, 법인세법상 합병에 따른 과세문제를 합병당사자별로 구분하면 합병당사법인의 과세문제와 주주의 과세문제로 구분할 수 있고, 합병당사법인의 과세문제는 합병법인과 피합병법인의 과세문제로, 주주의 과세문제는 합병법인의 주주와 피합병법인의 주주에 대한 과세문제로 구분할 수 있다.** 이에 대해서는 '3) 법인세법상 합병당사자별 과세체계'에서 살펴보기로 한다.

---

* 조한철, 「법인세법상 합병과세제도에 관한 연구」(서울시립대학교 대학원 석사학위 논문, 2016), 11~12쪽.

** 삼일회계법인, 『법인세조정과 신고실무』(삼일인포마인, 2020), 1156쪽.

한편, 앞에서 언급한 바와 같이 법인세법에서는 적격합병에 대해서 형식적인 조직개편으로 보아 합병을 과세의 계기로 삼고 있지 아니한바 이는 원활한 합병을 지원하고자 함에 그 목적이 있다. 본 장에서 '적격합병'이라 함은 원칙적으로 다음의 요건을 모두 갖춘 합병을 말하나, 일정 완전모자법인 간 합병 또는 일정 완전자법인 간 합병도 적격합병에 포함된다. 아울러 적격합병에 해당되지 않는 합병을 '비적격합병'이라 칭하기로 한다.

① (사업영위기간 요건) 합병등기일 현재 1년 이상 사업을 계속하던 내국법인 간의 합병일 것

② (지분 연속성 요건) 피합병법인의 주주가 합병으로 인해 받은 합병대가의 총합계액 중 합병법인의 주식 가액이 80% 이상이거나 합병법인의 모회사의 주식 가액이 80% 이상이며, 피합병법인의 일정 지배주주에 대하여는 일정 배정기준에 따라 배정해야하고 피합병법인의 일정 지배주주가 합병등기일이 속하는 사업연도의 종료일까지 그교부받은 주식을 보유할 것

③ (사업 계속성 요건) 합병법인이 합병등기일이 속하는 사업연도 종료일까지 피합병법인으로부터 승계받은 사업을 계속할 것

④ (고용승계 요건) 합병등기일 1개월 전 당시 피합병법인에 종사하는 일정 근로자 중합병법인이 승계한 근로자의 비율이 80% 이상이고, 합병등기일이 속하는 사업연도의 종료일까지 그 비율을 유지할 것

3) 법인세법상 합병당사자별 과세체계

(1) 피합병법인에 대한 과세

합병에 따른 피합병법인의 과세문제는 피합병법인이 합병으로 자신의 사업 일체를 이전하는 대가로 합병법인으로부터 합병대가를 지급받게 되는데, 이때 합병대가와 피합병법인의 사업 일체의 장부상 가액과의 차이에 대하여 과세하여야 하는지가 핵심이다.[*]

우선 비적격합병을 하는 경우, 법인세법에서는 피합병법인의 자산과 부채를 합병법인에 양도한 것으로 보도록 하고 있으므로 피합병법인은 합병등기일이 속하는 사업연도에 그 양도손익을 익금(양도차익) 또는 손금(양도차손)에 산입하도록 하고 있다. 이 경우 양도손익은 '피합병법인이 합병법인으로부터 받은 양도가액'에서 '피합병법인의 합병등기일 현재 순자산 장부가액'을 차감하여 계산하며, 이때 '피합병법인이 합병법인으로부터 받은 양도가액'이란 합병교부주식 등의 가액, 합병교부금 등의 가액 그리고 합병법인이 대납한 피합병법인의 법인세 등을 합한 가액으로 한다. 한편, 합병 당시 합병포합주식[**]이 있으면 합병포합주식에 대해 주식을 교부하지 아니한 경우에도 합병신주를 교부한 것으로 간주하여 합병대가에 포함한다.

한편, 적격합병을 하는 경우 피합병법인의 양도손익을 계산할 때 '피합병법인이 합병법인으로부터 받은 양도가액'을 '피합병법인의 합병등기일 현재 순자산 장부가액'으로 보아 양도손익이 없는 것으로 할 수 있다. 이는

---

[*] 이창희, 『세법강의』(박영사, 2015), 601쪽.

[**] 합병법인이 합병등기일 전 취득한 피합병법인 주식을 말한다.

적격합병의 경우 피합병법인의 미실현이익이 합병시점에 실현되지 않도록 과세를 이연하고 있음을 의미한다.

(2) 합병법인에 대한 과세

합병법인에 대한 과세문제는 피합병법인으로부터 승계받은 자산의 취득가액 결정, 합병대가와 승계받은 순자산가액과의 차액(합병매수차손·익)에 대한 과세 여부[*] 및 이월결손금·세무조정사항 등의 승계 여부 등으로 요약할 수 있다.[**]

우선 비적격합병의 경우, ① 피합병법인으로부터 승계받은 자산의 취득가액 결정문제와 관련하여 법인세법에서는 합병법인이 합병으로 피합병법인의 자산을 승계한 경우에는 그 자산을 피합병법인으로부터 합병등기일 현재의 시가로 양도받은 것으로 보도록 하고 있으며, ② 합병대가와 승계받은 순자산 시가와의 차액인 합병매수차손·익[***] 과세 여부와 관련해서는 합병등기일로부터 60개월 동안 균등하게 익금(합병매수차익) 또는 손금(합병매수차손)에 산입하도록 규정하고 있다. 아울러 ③ 피합병법인의 이월결손

---

[*] 이창희, 『세법강의』(박영사, 2015), 601쪽.

[**] 합병 이후 발생하는 이월결손금 공제 제한 등의 과세문제는 설명을 생략한다.

[***] 합병매수차익이란 합병법인이 피합병법인에게 지급한 양도가액이 피합병법인의 합병등기일 현재의 순자산시가보다 적은 경우 그 차액을 말하며, 합병매수차손이란 합병법인이 피합병법인에게 지급한 양도가액이 피합병법인의 합병등기일 현재의 순자산시가보다 큰 경우 그 차액(합병법인이 피합병법인의 상호거래관계, 그 밖의 영업상의 비밀 등에 대해 사업상 가치가 있다고 보아 대가를 지급한 경우에 한함)을 말한다.

금, 세액공제·감면 및 세무조정 사항 등은 원칙적으로 승계할 수 없다.[*]

한편, 적격합병을 한 합병법인은 승계받은 자산을 장부가액으로 양도받은 것으로 하도록 하고 있다. 그 결과 합병매수차손·익은 산정되지 않는다. 한편, 적격합병을 한 합병법인은 자산조정계정을 설정하여 관리해야 하는데, 이는 비적격합병을 했다면 과세되어야 할 합병당사법인의 과세효과를 합병 당시 과세하지 아니하고 합병 이후 실제 실현되는 시점(예컨대 처분 또는 감가상각시 등)까지 이연시키는 세법적 장치라고 이해하면 될 것이다. 아울러 적격합병을 한 합병법인은 피합병법인의 이월결손금, 세액공제·감면 및 세무조정 사항 등을 승계할 수 있도록 규정하고 있는데, 이에 대한 구체적인 요건 및 대상 등에 대해서는 법인세법을 참고하기 바란다.

한편, 적격합병[**]을 한 합병법인은 일정기간 동안 사후관리가 적용되며, 부득이한 사유 없이 해당 사후관리 요건을 위반하는 경우에는 세법적 제재가 따르게 된다. 즉, 적격합병을 한 합병법인은 합병등기일이 속하는 사업연도의 다음 사업연도 개시일로부터 2년(고용관련 사후관리는 3년) 이내 부득이한 사유 없이 일정 사후관리 요건(승계사업의 계속성 요건, 지분의 연속성 요건 및 고용관련 요건)을 위반하는 경우에는 사후관리 조치가 취해진다. 사후관리 조치라 함은 적격합병을 비적격합병으로 환원하는 조치들로 이에 따라 비적격합병을 한 경우와 유사한 세금 부담이 발생하게 된다.[***]

---

[*] 피합병법인으로부터 퇴직급여충당금과 대손충당금을 승계한 경우에는 그와 관련된 세무조정 사항을 승계한다.

[**] 적격합병으로 보는 완전모자법인 간 합병 및 완전자법인 간 합병은 제외한다.

[***] 일정 사후관리 요건에 대하여는 구체적인 설명을 생략한다.

(3) 피합병법인의 주주에 대한 과세

피합병법인의 주주에 대한 과세문제는 합병으로 인하여 피합병법인의 주식을 반환하고 합병법인 주식을 교부받게 되는데, 이 경우 두 주식가치가 차이가 발생하는 경우 이를 과세해야 하는지가 핵심이다.[*]

비적격합병의 경우, 피합병법인의 주주는 합병법인으로부터 받은 합병대가가 피합병법인의 주식을 취득하기 위해 사용한 금액을 초과하는 경우 그 초과금액에 대해서는 배당소득으로 의제되어 과세된다. (피합병법인의 주주가 법인인 경우에는 법인세, 개인인 경우에는 소득세가 과세된다.) 이 경우 합병법인으로부터 받은 합병교부주식의 가액은 해당 합병교부주식의 시가로 산정하도록 하고 있다.

한편, 적격합병의 경우에는 피합병법인 주식이 합병법인의 주식으로 단순 교환되는 형식적 교체로 보아 합병교부주식의 가액을 원칙적으로 종전의 장부가액으로 함으로써 의제배당에 대한 과세를 이연하고 있다.

(4) 합병법인의 주주에 대한 과세

합병법인의 주주에 대한 과세문제는 합병법인이 피합병법인의 순자산을 승계받고 주식을 발행함에 따라 회계상으로는 주식발행초과금(합병차익) 등의 형태로 남게 되는 사실상 피합병법인의 잉여금을 자본에 전입하는 경우 이를 과세하여야 하는지의 문제로 이는 엄밀히 따지면 합병 당시 발생하는 과세문제라기보다는 합병 이후의 자본전입 시 과세문제라 할 수 있는바,[**] 이에 대한 구체적인 설명은 생략하기로 한다.

---

[*] 이창희, 『세법강의』(박영사, 2015), 601쪽.

[**] 조한철, 「법인세법상 합병과세제도에 관한 연구」(서울시립대학교 대학원 석사학위 논문, 2016), 14쪽.

6. 조세지원 제도[*]

우리나라의 조세지원 제도는 주로 조세특례제한법에서 규정하고 있다. 대표적인 조세지원 제도로는 특정 사업 등에서 발생한 소득에 대해서 세액의 일정비율을 감면해 주는 세액감면 제도와 특정 투자행위 등에 대해서 그 투자금액에 일정비율을 곱한 금액을 세액에서 공제해 주는 세액공제 제도가 있다. 한편, 이런 조세지원 제도가 모든 기업에게 일률적인 방식으로 적용되지는 않는다. 조세특례제한법은 기업의 규모에 따라 중소기업, 중견기업 그리고 대기업으로 구분해 중소기업 또는 중견기업에게 대기업보다 상대적으로 더 많은 세제혜택을 부여하는 다양한 조세지원 제도를 규정하고 있다.

1) 중소기업 지원 세제

조세특례제한법에서 규정하는 중소기업이란 다음의 3가지 기준을 모두 충족하는 기업을 말한다.

① 업종 기준: 소비성서비스업을 주된 사업으로 영위하지 않을 것
② 규모 기준: 자산총액이 5천억 원 미만이고, 매출액이 업종별로 중소기업기본법 시행령 별표 1(주된 업종별 평균 매출액 등의 중소기업 규모 기준)에 따른 규모 기준 이하일 것
③ 독립성 기준: 실질적인 독립성이 중소기업기본법 시행령 제3조 제1항 제2호의 규정에 적합할 것

---

[*] 이하 기술되는 조세지원 제도 사항은 모든 지원 제도 내용을 망라하지 않고 있다. 또한 세제 혜택 관련 사항은 세법개정 등으로 변경될 수 있음에 유의해야 한다.

앞의 세 가지 기준을 모두 충족하는 중소기업이 적용받을 수 있는 대표
적인 조세지원 제도를 예시하면 〈표 6-6〉과 같다.

〈표 6-6〉 중소기업에게 적용되는 조세지원 제도	
구분	주요 내용
세액 감면	• 창업중소기업 등에 대한 세액감면(50~100%) • 중소기업에 대한 특별세액감면(5~30%, 1억 원 한도) • 수도권과밀억제권역 밖으로 이전하는 중소기업에 대한 세액감면(50~100%)
세액 공제	• 중소기업 등 투자 세액공제(투자금액의 3%) • 중소기업 사회보험료 세액공제(고용증가인원 사회보험료의 50~100%, 최대 2년) • 경력단절여성을 고용한 중소기업 등에 대한 세액공제(인건비의 30%) • 육아휴직 복귀자를 복직시킨 중소기업 등에 대한 세액공제(인건비의 10%)

2) 일자리 창출 지원 세제

조세특례제한법에서는 일자리를 늘리는 기업을 위한 다양한 조세지원 제도를 규정하고 있다. 일자리 창출과 관련된 대표적인 조세지원 제도는 〈표 6-7〉과 같다.

〈표 6-7〉 일자리 창출 관련 조세지원 제도

단계	주요 내용

신규 고용	• 고용을 증대시킨 기업에 대한 세액공제
	  - 상시근로자 수 증가 시 증가인원 1인당 일정금액을 공제
	  * 청년 400만~1,200만 원, 일반 0원~770만 원(최대 2~3년)

	• 중소기업 사회보험료 세액공제 - 고용증가인원 × 사회보험료 × 50~100%(최대 2년)

복직/재고용	• 산업수요맞춤형고등학교 등 졸업자를 병역 이행 후 복직시킨
	  중소·중견기업 세액공제
	  - 2년간 인건비 15~30%

	• 경력단절여성을 고용한 중소·중견기업에 대한 세액공제 - 2년간 인건비 15~30%
	• 육아휴직복귀자를 복직시킨 중소·중견기업에 대한 세액공제 - 1년간 인건비의 5~10%
고용 유지	• 고용유지 중소기업 등에 대한 세액공제 - 연간 임금 감소 총액 × 10% + 시간당 임금 상승분 × 15%
임금 증대	• 근로소득을 증대시킨 기업에 대한 세액공제 - 3년 평균 임금증가율 초과 임금증가분의 5~20%
정규직 전환	• 정규직 근로자로의 전환에 따른 중소·중견기업 세액공제 - 정규직 전환 인원당 700만~1,000만 원

3) 시설투자에 대한 지원 세제

기업의 시설투자는 경기활성화를 촉진하므로 조세특례제한법에서는 이를 장려하기 위한 다양한 조세지원 제도가 마련되어 있다. 시설투자와 관련된 대표적인 조세지원 제도는 〈표 6-8〉과 같다.

〈표 6-8〉 시설투자 관련 조세지원 제도

구분	주요 내용
중소기업 등 투자세액공제	• 중소기업 등 투자 세액공제 　- 투자금액의 3%(중견기업 1~2%) 　- 위기지역·상생형지역일자리 투자 시 투자금액의 10% 　 (중견기업 5%) 　- 규제자유특구 투자시 투자금액의 5%(중견기업 3%)
특정시설 투자 등에 대한 세액공제	• 생산성향상시설 투자 세액공제 　- 투자금액의 1%(중견기업 3%, 중소기업 7%) 　- 2020년 이후 1~2년간 투자금액의 2% 　 (중견기업 5%, 중소기업 10%) • 연구시험용시설·직업훈련용시설, 에너지절약시설 투자 세액공제 　- 투자금액의 1%(중견기업 3%, 중소기업 7%) • 안전시설 투자 세액공제 　- 투자금액의 1%(중견기업 5%, 중소기업 10%) • 환경보전시설 투자 세액공제 　- 투자금액의 3%(중견기업 5%, 중소기업 10%) • 근로자복지증진 시설 투자 세액공제 　- 투자금액의 3%(중견기업 5%, 중소기업 10%) 　 (단, 직장어린이집은 10%)

4) 연구개발 관련 지원 세제

연구개발 활동은 장기적 경제 성과를 이끄는 강력한 동인으로서 국가 경쟁력에 크게 기여하므로 조세특례제한법에서는 이를 장려하기 위한 다양한 조세지원 제도가 마련되어 있다. 연구개발과 관련된 대표적인 조세지원 제도는 〈표 6-9〉와 같다.

단계	주요 내용
연구개발 비용 지출	• 신성장·원천기술 연구개발비 세액공제 - 해당연도 발생 비용 × (중소기업 30~40%, 코스닥 중견기업 25~40%, 대·중견기업 20~30%) • 일반 연구·인력개발비 세액공제 - 당기분 방식: 해당연도 발생 비용 × (중소기업 25%, 졸업 유예 이후 3년간 15%, 그 이후 2년간 10%, 중견기업 8%, 대기업 0~2%) - 증가분 방식: 해당연도 증가분 × (중소기업 50%, 중견기업 40%, 대기업 25%)
연구개발 시설 투자	• 연구시험용시설·직업훈련용시설 투자 세액공제 - 투자금액의 1%(중견기업 3%, 중소기업 7%)

〈표 6-9〉 연구개발 관련 조세지원 제도

5) 가업승계 관련 지원 세제

중소·중견기업의 원활한 가업승계를 지원하기 위해 세법에서는 가업의 승계에 대한 증여세 과세특례와 가업상속공제를 규정하고 있다.

〈표 6-10〉 가업승계 관련 조세지원 제도	
구분	**주요 내용**
가업의 승계에 대한 증여세 과세특례	• (요건) 중소·중견기업을 10년 이상 계속하여 경영한 60세 이상인 부모로부터 18세 이상의 자녀가 가업의 주식을 승계 • (내용) 10년 이상 영위한 가업의 주식을 증여받는 경우 5억 원을 공제한 후 10~20%의 낮은 세율을 적용하여 증여세 과세 • (상속 시) 증여일 이후 상속이 개시되는 경우 상속재산가액에 가산하여 가업상속공제 요건을 모두 갖춘 경우 가업상속공제 적용
가업상속 공제	• (내용) 피상속인이 10년 이상 계속하여 경영한 중소·중견기업을 상속하는 경우 최대 500억 원을 공제하여 가업승계에 따른 상속세 부담 경감 • (공제대상 기업) 상속세 및 증여세법에서 규정한 중소기업 및 중견기업 • (사후관리) 가업용자산의 처분, 상속인의 지분 감소 등 사후관리 요건 위배 시 공제액 추징

6) 조세지원의 사후관리

조세지원을 받은 후 세법에서 정한 규정을 위반하는 때에는 이미 감면받은 세금뿐만 아니라 이자상당액까지 추가로 부담하게 되므로 각별히 유의해야 한다. 감면된 세액을 추징하는 사례를 예시하면 다음과 같다.

- 투자세액공제를 적용받은 자산을 투자 완료일부터 2년(일부 건축물은 5년) 내에 처분 또는 임대하는 경우
- 정규직근로자 전환 세액공제를 적용받은 후 2년 내 해당 근로자와의 근로관계를 끝내는 경우
- 가업상속공제를 적용받은 후 사후관리 기간 동안 가업용자산을 일정 비율 이상 처분한 경우

7. 기타 세무

1) 종합부동산세

종합부동산세는 과세기준일(매년 6월 1일) 현재 국내에 소재한 재산세 과세대상 부동산 가운데 주택과 종합합산 과세대상 토지와 별도합산 과세대상 토지를 유형별로 구분하여 인별로 합산한 결과 그 공시가격 합계액이 〈표 6-11〉의 공제금액을 초과하는 경우 그 초과분에 대하여 각각 과세되는 세금이다. 다만, 일정한 요건을 갖춘 임대주택, 기숙사, 미분양주택 등과 주택건설사업자의 주택신축용 토지에 대해 9월 16일부터 9월 30일까지 관할세무서장에게 합산배제 신고를 하면 종합부동산세가 과세되지 않는다.

<표 6-11> 종합부동산세 유형별 과세대상과 공제금액

유형별 과세대상	공제금액
주택(부속토지 포함)	6억 원(1세대 1주택자는 9억 원)
종합합산토지(나대지·잡종지 등)	5억 원
별도합산 토지(상가·사무실 부속토지 등)	80억 원

종합부동산세의 과세표준은 각 유형별 과세대상 주택 및 토지의 공시가격 합계액에서 공제금액을 공제한 후 공정시장가액비율을 곱하여 계산한다. 한편, 공정시장가액비율은 아래와 같이 매년 5%씩 인상되어 2022년에는 100%로 인상될 예정이다.

구분	2019년	2020년	2021년	2022년
공정시장가액비율	85%	90%	95%	100%

종합부동산세의 세율은 초과누진세율의 구조를 가지고 있으며, 주택과 토지의 유형별 구분에 따른 각 세율을 간략하게 나타내면 〈표 6-12〉와 같다. 한편, 종합부동산세는 관할세무서장이 세액을 결정하고 납세고지서를 발부해 12월 1일부터 12월 15일까지 부과·징수하는 것이 원칙이나, 납세의무자는 종합부동산세의 과세표준과 세액을 12월 1일부터 12월 15일까지 관할세무서장에게 신고·납부하는 방식을 선택할 수 있다.

〈표 6-12〉 종합부동산세 세율

주택 (2주택 이하인 경우)*		주택 (3주택 이상인 경우)**		종합합산 과세대상 토지		별도합산 과세대상 토지	
과세표준	세율	과세표준	세율	과세표준	세율	과세표준	세율
~3억 원	0.5%	~3억 원	0.6%	~15억 원	1%	~200억 원	0.5%
3억~6억 원	0.7%	3억~6억 원	0.9%				
6억~12억 원	1%	6억~12억 원	1.3%	15억~ 45억 원	2%	200억~ 400억 원	0.6%
12억~50억 원	1.4%	12억~50억 원	1.8%				
50억~94억 원	2%	50억~94억 원	2.5%	45억 원~	3%	400억 원~	0.7%
94억 원~	2.7%	94억 원~	3.2%				

* 2주택 이하를 소유한 경우(조정대상지역 내 2주택을 소유한 경우 제외)

** 3주택 이상을 소유하거나 조정대상지역 내 2주택을 소유한 경우

한편, 종합부동세는 전술한 바와 같이 과세표준에 종합부동산세 세율을 곱하여 종합부동산세액을 계산하는 데 그치지 않고, 종합부동산세와 재산세의 이중과세를 방지하기 위하여 종합부동산세 과세표준에 대해 부과된

재산세액을 종합부동산세액에서 공제하며, 보유세 부담의 급격한 증가를 방지하기 위하여 당해연도 보유세가 전년도 보유세의 일정 비율을 초과하는 경우에는 그 초과하는 세액을 종합부동산세액에서 공제하는 세부담상한제를 두고 있다. 또한 1세대 1주택을 5년 이상 장기 보유하거나 60세 이상의 고령자가 보유한 경우에도 세액공제 혜택을 부여하고 있다.

2) 과점주주의 제2차 납세의무

세법에서는 원래의 주된 납세의무자가 조세를 체납한 경우로서 그의 재산에 대하여 체납처분을 하여도 징수하여야 할 조세에 부족이 있다고 인정되는 경우 그 납세의무자와 일정한 관계가 있는 제3자에게 원래의 납세의무자로부터 징수할 수 없는 금액을 한도로 보충적 납세의무를 부담하게 하는 제2차 납세의무 제도를 두고 있다. 이러한 제2차 납세의무자에는 청산인, 출자자, 법인, 사업양수인 등이 있으나, 이하에서는 세법 적용에 있어서 많은 다툼이 발생하는 출자자 중 과점주주의 제2차 납세의무에 대해서 알아보고자 한다.

일반적으로 주주는 소유하고 있는 주식을 통해 회사에 대한 실질적인 지배력을 행사하게 된다. 이때, 주주는 개인주주뿐만 아니라 법인주주인 경우에도 마찬가지이다. 한편, 이러한 주주와 주식을 발행한 회사는 별개의 납세의무자이므로 각자의 세금을 부담하는 것이 당연하다. 그러나 세법에서는 회사를 실질적으로 지배하는 운영자가 회사의 수익은 자기에게 귀속시키고 손실은 회사에 떠넘김으로써 법인격을 악용하는 것을 방지하기 위하여, 회사의 재산으로 회사의 세금을 납부할 수 없는 경우 부족 금액에 대해서 과점주주에게 제2차 납세의무를 지게 하는 규정을 두고 있다.

과점주주의 제2차 납세의무 제도를 요약하면 〈표 6-13〉과 같다.

구분	과점주주의 제2차 납세의무
〈표 6-13〉 과점주주의 제2차 납세의무	
과점주주	주주와 그의 특수관계인의 소유주식의 합계가 해당 법인의 발행주식 총수의 50%를 초과하면서 그에 관한 권리를 실질적으로 행사하는 자들
과점주주 판단기준일	납세의무 성립일(또는 과세기준일) 현재
특수관계인	① 혈족·인척 등 일정한 친족관계에 있는 자 ② 임원·사용인 등 일정한 경제적 연관관계에 있는 자 ③ 주주·출자자 등 일정한 경영지배관계에 있는 자
대상 법인	• 국세: 상장·비상장법인 불문 (2015년부터 KOSPI 상장법인도 포함) • 지방세: KOSPI 상장법인을 제외한 법인
제2차 납세의무 대상 세액	법인의 재산으로 그 법인에 부과되거나 그 법인이 납부할 국세 및 체납처분비(또는 지자체의 징수금)에 충당하여도 부족한 금액 × 과점주주 지분율(의결권이 없는 주식 제외 기준)

이와 같은 과점주주의 제2차 납세의무는 국세기본법 및 지방세기본법에서 유사하게 규정하고 있으나 대상 법인에는 차이가 있다. 원래는 국세기본법에서도 과점주주의 제2차 납세의무의 대상 법인에 유가증권시장에 상장된 법인은 제외하도록 규정하고 있었으나, 2014년 12월 23일 국세기본법 개정 시 조세회피를 방지하고 과세 형평성을 높이기 위하여 유가증권시장 상장법인의 과점주주에게도 국세의 제2차 납세의무를 부여하도록 하여 지방세기본법과 차이가 발생하게 되었다.

한편, 과점주주란 50%를 초과하는 지분율에 대한 권리를 실질적으로 행사하는 자들을 말하는데 이때 과점주주는 주주 1인을 기준으로 판단하는 것이 아니라 일정한 친족관계, 경제적 연관관계, 경영지배관계에 있는 특수관계인의 지분율을 포함하여 판단하게 된다. 만약 주주가 50% 이상 출자하여 경영지배관계에 있는 특수관계법인과 함께 다른 회사 주식의 50%를 초과하여 소유하게 되면 해당 주주 및 특수관계법인 모두 다른 회사의 과점주주로서 원칙적으로 제2차 납세의무를 부담하게 된다.

3) 과점주주의 간주취득세

취득세란 부동산, 차량, 기계장비, 항공기, 선박, 입목, 광업권, 어업권, 양식업권, 골프회원권, 승마회원권, 콘도미니엄 회원권, 종합체육시설 이용회원권 또는 요트회원권(이하 "부동산 등"이라 함)을 취득한 자에게 부과되는 지방세로서, 일반적으로 주식을 취득할 때는 취득세가 부과되지 않는다. 그럼에도 불구하고 일정한 주주에 대해서는 주식을 취득할 때 회사가 소유하고 있는 취득세 과세대상 물건을 취득한 것으로 보아 취득세가 부과되는 경우가 있는데 이를 과점주주의 간주취득세라고 한다.

과점주주의 간주취득세는 법인의 주식을 취득함으로써 지방세기본법에 따른 과점주주가 되었을 때 해당 법인의 재산을 사실상 임의처분하거나 관리·운용할 수 있는 지위에 있게 되어 실질적으로 그 재산을 직접 소유하는 것과 다르지 않다고 보아 그 과점주주가 해당 법인의 부동산 등을 취득한 것으로 간주하여 취득세를 과세하는 제도이다. 다만, 법인 설립 시에 발행하는 주식을 취득함으로써 과점주주가 된 경우에는 간주취득세가 과세되지 않는다. 한편, 간주취득세를 부담하는 과점주주의 범위는 지방세기본법에 따라 판단하므로 앞서 살펴본 바와 같이 유가증권시장 상장법인의 과점주주는 간주취득세를 부담하지 않는다.

간주취득세의 적용에 있어서 과점주주가 아닌 주주가 다른 주주로부터 주식을 취득하거나 증자 등으로 최초로 과점주주가 되면 최초로 과점주주가 된 날 현재 해당 과점주주가 소유하고 있는 주식을 모두 취득한 것으로 보아 간주취득세가 과세된다. 한편, 이미 과점주주가 된 주주의 경우에는 주식을 추가로 취득하는 경우 간주취득세가 과세되나 이때는 이전에 가지고 있던 주식의 최고비율보다 증가한 경우에만 해당 증가분에 대해서 간주취득세가 과세된다. 또한 과점주주였으나 주식 양도, 법인의 증자 등으로 과점주주가 아닌 주주가 되었다가 재차 주식을 취득하여 다시 과점주주가 된 경우에는 이전에 과점주주가 된 당시의 지분율보다 증가된 경우에만 해당 증가분에 대해서 간주취득세가 과세된다.

과점주주 간주취득세의 과세표준은 해당 법인의 취득세 과세대상인 부동산 등의 총 가액에 과점주주가 취득한 지분율을 곱한 금액으로 하고, 취득세율은 특례세율인 2%가 적용된다. 다만, 해당 부동산이 별장, 고급주택, 고급오락장, 고급선박 등 사치성 재산에 해당하는 경우에는 중과가 적용되어 10%의 취득세율이 적용된다. 간주취득세는 일반 취득세와 마찬가지로 취득일을 기준으로 60일 이내에 납세지를 관할하는 시장·군수·구청장에게 신고·납부해야 한다.

한편, 과점주주에 해당하더라도 "주식의 포괄적 교환·이전으로 완전자회사의 주식을 취득(조세특례제한법 제38조 1항 각 호의 요건을 모두 갖춘 경우)"하거나 "코스닥시장 상장법인의 주식을 취득"한 경우 등에는 지방세특례제한법에 따라 간주취득세의 감면을 적용받을 수 있다. 이 경우 2019년 1월 1일 이후부터는 지방세 감면 특례의 제한 규정(지방세특례제한법 제177조의 2)

이 적용되어 지방세법에 따라 산출한 취득세액이 200만 원 이하인 때에만 간주취득세가 면제되고, 200만 원을 초과하는 경우에는 85%의 감면율이 적용된다. 예를 들어 코스닥시장 상장법인의 과점주주는 간주취득세가 200만 원 이하이면 해당 간주취득세가 전액 면제되나 간주취득세가 200만 원을 초과하면 85%만 감면된다.

세금에 대해 깊이 연구하다 보면 골치가 아플 수밖에 없다. 워낙 복잡한 데다 경우의 수가 많기 때문이다. 법으로 명문화 되어 있으니 자유의사에 의해 다양한 선택을 할 수도 없다. 예나 지금이나 세금을 내는 사람들 입장에서 어렵고 힘들기는 마찬가지였던 것 같다.

"세상에서 분명한 것은 단 두 가지뿐입니다. 하나는 죽음이고 하나는 세금이죠."

미국 건국의 아버지로 불리는 정치인이자 사상가인 벤자민 플랭클린은 이런 말을 남겼다. 사람이 태어나면 언젠가 반드시 죽게 되어 있듯 국가와 사회 속에서 살아가야만 하는 사람은 누구나 세금을 내야 한다는 말이다. 불확실한 세상 속에 이것보다 더 확실한 건 없다.

"세상에서 가장 이해하기 어려운 것은 바로 소득세입니다."

이런 말은 또 누가 했을까? 다름 아닌 알버트 아인슈타인이다. 상대성 이론으로 유명한 천재 물리학자인 그가 소득세를 이해하기 어려워했다는 것은 참으로 아이러니한 일이다.

하지만 아무리 복잡하고 이해하기 어려워도 소득이 있는 곳에 세금이 있다는 명제는 인류가 존재하는 한 변함없는 진리일 것이다. 개인은 물론 자본주의의 꽃인 기업의 소득 역시 세금이 발생한다. 거시적으로 국내·외 경제 환경을 두루 통찰하면서 세무전략을 수립하고 미시적으로는 세법과 세무 행정 및 절차 변경에 효율적으로 대응함으로써 국가와 사회에 기여하는 동시에 지속가능한 성장을 이어가는 기업을 만드는 것은 CFO에게 주어진 막중한 책임이자 역할이다.

이제 7장에서는 구매에 관해 알아보고자 한다. 기업이 재화와 용역을 생산하고 판매해서 이익을 창출하려면 맨 먼저 생산에 필요한 재료와 설비 등을 구매해야 한다. 생산량이 증대할수록 구매 또한 증가하기 마련이다. 구매에는 당연히 막대한 자금이 소요된다. 따라서 CFO가 어떤 구매전략을 수립해 시행하고 이를 관리하느냐에 따라 기업의 생산성과 이익이 달라질 수밖에 없다. 구매에 관한 의사결정, 구매절차에 대한 합리적 시스템 구축, 구매에서 발생할 수 있는 위험관리 등 구매 전반에 대한 책임 또한 상당 부분 CFO가 져야 한다. 그만큼 구매가 중요하다는 의미다.

조한철 파트너는 서강대학교 경영학과를 졸업하고 서울시립대학교 세무학과에서 세무학 석사를 취득했다. 1995년에 삼일회계법인에 입사하여 Assurance 업무를 시작했고 1998년 Tax 부서에 합류하여 현재까지 Tax Advisory Service 업무를 제공하고 있다.

박승정 파트너는 고려대학교 경영학과를 졸업하고 1995년에 삼일회계법인에 입사하여 Assurance 및 Tax 업무를 시작했고, 2000년 삼일인포마인 근무를 거쳐 2004년부터 삼일회계법인 Tax 부서에 합류하여 현재까지 Tax Advisory Service 업무를 제공하고 있다.

---

* 6장에서 기술한 세금 관련 내용은 세법개정 및 세법해석 등으로 변경될 수 있는바, 실제 적용 시에는 적용 당시 유효한 세법내용 및 세법해석 등을 필히 확인하고, 또한 공인회계사 등 외부 전문가와 상의할 것을 권고한다.

7장
구매전략

이기학 (PwC컨설팅 대표, 공인회계사)
백종문 (PwC컨설팅 파트너)

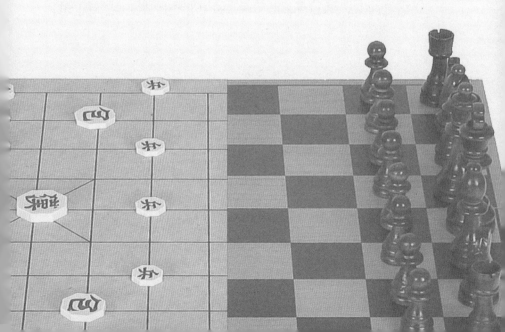

산업별로 일부 차이가 있겠지만 제조업의 경우 기업의 원가 측면에서 볼 때 구매는 전체 매출원가의 40~60%를 차지한다. 직결된 분야인 물류나 R&D(인건비 포함) 등 공급망 관리 부분으로 확장할 경우 구매는 기업 제조 원가의 70%나 차지하게 된다. 이런 이유 때문에 기업에서 원가절감을 추진할 때 구매는 항상 1순위로 거론되곤 한다. 구매는 기업이 생산을 위해 필요로 하는 자재를 구매하는 단순 활동에서부터 기술력 구매나 외부 인력 조달 등을 의미하는 적극적인 구매 개념으로 범위가 확장되어왔다. 따라서 구매 영역에서의 원가절감을 위해서는 원부자재에 대한 구매활동뿐 아니라 제조, 서비스 등의 비즈니스 프로세스 아웃소싱(BPO: Business Process Outsourcing)으로 그 범위를 확대해서 검토해야 한다.

구매는 원가관리 측면 외에도 안정적인 조달(자원)관리 역할을 한다. 제조업에서의 조달관리는 생산에 필요한 자재 확보, 보관, 이동, 활용의 전반적 과정을 합리적으로 관리해 생산계획에 따른 제조가 원활하게 진행되도록 지원하는 활동이다. 하지만 안정적인 조달을 위해 재고를 과도하게 많이 가져가는 경우 현금흐름에 문제가 되므로 적기, 적량을 고려한 조달관리가 중요하다. 효과적인 조달을 위해 기업의 전체 공급망 내 수요와 공급 간 균형(S&OP: Sales&Operations Planning) 관점에서 자원관리를 해야 한다.

아울러 CFO로서 원가절감 및 자원관리와 함께 고려해야 할 영역은 구매에서 발생할 수 있는 위험을 관리하는 일이다.* 일반적으로 구매 절차는 매우 복잡하고, 공급사 등 이해관계가 얽혀 있기 때문에 부정과 비리가 발생할 가능성이 높다. 기업 내부의 위험 외에도 환율, 원자재 가격(원유, 철강 등)에 대한 변동 및 공급사 파산 등 구매활동에 영향을 줄 수 있는 외부 요소가 곳곳에 산재해 있다. 그렇기 때문에 글로벌 비즈니스 환경에서는 구매 영역에서의 이러한 내·외부 위험관리가 점점 더 중요해지고 있다.

이번 장에서는 운영효율화와 원가절감 차원에서 제조·구매에 관한 의사결정 시 고려해야 할 요소, 구매전략, 적기·적량 조달을 위한 자원관리, 구매와 관련된 위험관리 방안 등에 대해 알아보고자 한다.

1. 제조와 구매에 관한 의사결정

제조와 구매에 관한 의사결정(Make or Buy Decision)은 기업이 차별화된 경쟁력을 갖추기 위해 필요한 주요 의사결정들 가운데 하나다. 기업들은 상품의 구색을 갖추기 위해 다양한 생산라인을 통해 여러 제품을 만드는 전통적인 제조 방식을 취하고 있지만 제조 경험이 없는 제품을 생산하거나 신규 생산 공정을 갖추기 어려운 영역에 대해서는 제조 방식 대신 구매 방식을 사용하고 있다.

---

* 경영계획, 자금관리, 회계 등과 연계하여 CFO가 관여해야 될 다른 경영 영역으로는 R&D, 생산 등이 있다. 단, 최근 구매 규모의 확대, 이해관계자의 관심도 증대에 따라 구매를 본서에서 중점적으로 다루기로 한다.

하지만 고객들의 요구사항이 점차 다양해짐에 따라 필요한 제품을 생산하고 운영하는 데 따른 복잡성이 증가하고 있어 직접 생산의 장점으로 불렸던 최적화된 생산라인 구축과 기술 보호, 품질 확보 등이 갈수록 어려워지고 있으며, 투자에 대비한 효율성 또한 떨어지고 있다. 이에 따라 기업들은 필요한 경우 아웃소싱을 적극 활용하고, 핵심이 되는 영역에 역량을 집중하며, 전문화를 꾀하는 경향을 보이고 있다.

한편, 제조와 구매에 관한 의사결정은 직접 제조 시 예상비용을 기준으로 산정한 설비구축비용과 원자재비용을 외부 조달 시 해당 제품의 가격과 비교 평가해 판단하는 것이 일반적이다.

- **제조:** 총비용 = FC(고정비) + VC(개당 변동비) × Q(생산 수량)
- **구매:** 총비용 = P(개당 구매 가격) × Q(구매 수량)

제조와 구매에 관한 의사결정 시 비용 분석 외에도 금액으로 환산할 수 없는 다음과 같은 정성적인 요소도 함께 고려해야 한다.

- **생산 능력:** 수요 대응 관점의 생산 능력과 유연성
- **품질 수준:** 품질 요구 수준(예: 내부적으로 생산하는 것 이상의 품질 수준 요구)
- **노사 문제:** 제조에서 구매로 전환 시 내부 유휴 인력
- **기타 전략적 요소:** 기업의 핵심 역량 외에 아웃소싱으로 전환 등

---

2. 구매전략

기업에서 수행하고 있는 기존 구매전략은 경쟁입찰에 의한 최저가 선정 방식과 원가 또는 시장가격조사 기반 적정가격 선정 방식으로 정의할 수 있다. 또한 전략적인 구매를 위해서 물량을 집중해 협상력을 끌어올리거나 공급사를 축소해 수량 할인(Volume Discount, 일정 기간 동안 일정한 양 이상의 대규모 거래에 따른 할인)을 유도하기도 하며, 부품의 표준화, 공용화를 통하여 재고유지비용을 절감하거나 저비용 국가로 눈을 돌려 글로벌 소싱을 할 수도 있다.

최저가 선정 방식의 경우 복수의 업체로부터 경쟁입찰을 받아 최저가를 제안한 업체와 계약을 체결하므로 형식적으로는 문제가 없는 것처럼 여겨지는 경우가 많다. 그러나 공급업체들 간의 담합으로 인한 손실을 방지하려면 경쟁입찰에 참여시킨 업체들이 회사가 고려할 수 있는 최선의 후보 업체가 맞는지, 최종 가격이 시장에서 구할 수 있는 최선의 가격 조건이 맞는지 등에 대한 정기적인 확인이 필요하다.

기업마다 다양한 구매전략이 있고, 매년 구매 담당자들이 상세한 계획을 세워 이 같은 구매전략을 업무에 적용하고 있으나 처음 기대와 달리 실행이 어렵다는 등의 이유로 실패하는 경우가 적지 않다. 이런 실패의 원인을 분석해보면 구매전략을 원부자재 및 공급사의 특성을 고려하지 않고 일률적으로 적용하려 했기 때문인 경우가 많다. 성공적인 구매전략을 수립하고 실행과 연계시키기 위해서는 기업의 상황과 환경에 맞는 구매 카테고리(품목군)별로 특화된 고유의 전략을 수립하여 운영하는 것이 매우 중요하다.

1) 카테고리별 구매전략

구매 카테고리를 분류하는 목적은 앞서 이야기한 대로 원가절감 및 조달 안정화 관점에서 구매전략을 수립하기 위함이다. 유사한 특성을 가진 품목을 카테고리화함으로써 구매를 실행하기 위한 세부 방침을 확정하는 데 있는 것이다. 이때, 〈그림 7-1〉과 같이 유사한 특성을 분류하기 위해 품목별 구매금액의 중요도나 공급에 따른 위험관리를 고려하여 카테고리를 분류하고, 이에 맞는 구매전략을 수립해야 한다.

(1) 구매금액의 중요도

구매 카테고리 전략을 수립하기 위해 고려해야 하는 구매금액 및 공급 위험은 미래의 수요 예측을 기반으로 산정하는 것이 맞지만 미래의 수요 예측에 대한 정확도가 낮기 때문에 과거의 구매 이력을 기반으로 측정하는 것이 일반적이다. 예를 들면 과거 3년치 구매금액을 기준으로 하되 최근 1년치에 가중치를 높여서 최대한 최근 트렌드를 반영하는 식이다.

(2) 공급리스크

공급 리스크는 대체 공급사로의 전환 가능 여부 및 긴급 수요 변동에 대해 안정적인 공급을 위한 수급 리드타임(Lead Time, 물품의 발주로부터 납품되어 사용할 수 있을 때까지의 기간) 등을 고려해서 측정한다. 예를 들어 구매 리드타임이 길고, 특정 제품에만 들어가는 특화 품목인 경우에는 수급에 대한 상대적인 위험이 높기 때문에 이런 위험을 줄이는 차원에서 관리를 해야 한다.

〈그림 7-1〉 카테고리별 구매전략 프레임워크

금액 중요도

공급 리스크

• 카테고리별 구매 금액

공급 리스크

고

저

안전
(Bottleneck)

전략
(Strategic)

일반
(Routine)

경쟁
(Leverage)

구매금액 중요도

• 사양 복잡성
• 공급 리드타임
• 시장경쟁 관계

경쟁/일반 품목군

전략/안전 품목군

가격 중심 대응

관계 중심 전략

물량 집중

제품사양 개선

최저가격 평가

구매전략

SRM*을 통한 관계 재정립

글로벌 소싱

대체업체 육성

* SRM: Supplier Relationship Management(공급사 관계(평가/운영) 관리)

(3) 카테고리 특성별 구매전략

구매금액의 중요성과 공급의 위험성을 고려하여 〈표 7-1〉과 같이 품목 특성을 기반으로 하는 차별화된 카테고리별 구매전략을 수립해야 한다.

〈표 7-1〉 카테고리별 구매전략	
구분	주요 내용
전략	• 잠재/신규 업체 발굴의 관점에서 목표로 삼아야 할 품목군 　- 금액이 크고 업체 의존도가 높아, 다변화 전략을 통한 견제 필요 　- 개발 단계에서부터 잠재/신규 업체를 지속적으로 찾는 활동 추진 　- 관계 강화를 통한 고객/환경 변화에 공급사와 공동 대응
안전	• 표준화/공용화를 통한 안전 품목을 줄이는 방향으로 혁신 추진 　- 수급 안정화 관점에서 다변화 전략 추진 　- 위험관리를 위한 잠재업체 발굴 및 품질/수급 안정화를 위한 공급사 관리
경쟁	• 원가절감 관점에서 목표로 삼아야 할 품목군 　- 다변화 전략을 활용한 응찰로 가격을 낮추거나, LCCS(Low Cost Country Sourcing, 저비용 국가에서의 구매)를 통해 가격이 낮은 업체로부터 구매 　- 원가절감을 위한 업체 지속적인 관리
일반	• 공급사 관리 관점에서 표준화/공용화 및 물량 통합을 통한 일반 품목 수를 줄이는 방향 • 원가절감 관점(최저 가격)으로 물량 집중 운영

2) 공급사 관리전략

카테고리 전략과 함께 구매전략에서 중요하게 고려해야 할 또 하나의 부분은 공급사 관리전략(SRM: Supplier Relationship Management)이다. 카테고리 전략이 잘 수립되어 있어도 현실에서는 자사가 요구하는 대로 공급사가 움직여지지 않는 경우가 대부분이다.

예를 들어 경쟁 품목의 경우에도 공급사 입장에서 자사가 전혀 매력적인 고객이 아닐 경우 자사의 마음대로 업체 다변화 전략을 쓰지 못하는 경우가 많다. 따라서 자사와 공급사 상호 간 영향력(매력도)을 고려한 공급사별 차별화된 관리전략이 중요하다.

(1) 자사와 공급사 상호 간 영향력(매력도)을 고려한 관리전략

공급사 영향력이 自社보다 큰 경우

이 경우에는 공급사의 객관적인 성과를 기반으로 공급사에 대응하고, 지속적인 커뮤니케이션을 통해 중장기적인 관점에서 상호 발전적 관계를 높이는 관리전략을 수립해야 한다.

〈그림 7-2〉 공급사 관리전략: 공급사 영향력이 자사보다 큰 경우

중점 전략: 중장기적 관점에서의 상호발전적 관계 구축

공급사 관리 전략

1. 성과 모니터링

공급업체의 성과 및 단가계약 실적 데이터의 객관성을 확보함

공급업체와의 거래 시 발생하는 다양한 종류의 성과 데이터를 활용하여 공급업체 평가 결과에 대한 객관성을 확보함

2. 커뮤니케이션 강화

월 1회/분기 1회 등 공급업체와의 비즈니스 리뷰 미팅을 정례화함

객관적인 실적 데이터를 바탕으로 비즈니스 리뷰 및 커뮤니케이션을 강화함

3. 중장기적 관계 강화

성과 및 단가 계약 실적 기반, 수급 안정성 확보 및 단가 경쟁력 유지를 위한 중장기 파트너십 운영

평가 및 계약실적 정보를 기반으로 자사와 공급사 간 비즈니스 이력 및 향후 수급 상황을 공유하고, 보다 우호적인 물량 및 가격 조건을 도출해낼 수 있도록 공동 협의체 운영 유도

自社 영향력이 공급사보다 큰 경우

자사의 영향력이 공급사보다 큰 경우에는 운영 중인 업체 간 경쟁 구도를 강화하여 원가절감을 실현하고, 개선사항에 대해 강하게 요구하거나 필요에 따라 업체를 교체하는 등 다양한 종류의 업체 관리전략을 사용한다.

〈그림 7-3〉 공급사 관리전략: 자사 영향력이 공급사보다 큰 경우

중점 전략: 자사 영향력을 유지하고
영향력을 최대한 강화함

공급사 관리 전략

1. 기존 업체 간 경쟁구도 강화

신규 업체 개발, 또는 현재 운영업체 간 물량 배분 변화 등을 통한 업체 간 경쟁구도 강화

신규 업체를 개발하거나, 기존 업체의 구매 물량을 변경하는 등 업체 간의 경쟁을 유도함으로써 원가절감 실현

2. 개선사항에 대한 강한 요구

공급업체 평가 결과 개선사항이 발견될 경우 개선을 강하게 요구함

업체 성과 평가 결과 개선사항이 있을 경우 공급업체에게 개선 요구를 함으로써 공급업체의 경쟁력과 자사의 경쟁력을 동시에 강화함

3. 공급업체 정예화 수행

공급업체가 개선에 대한 협조가 부족하거나 개선 여지가 부족할 경우 거래 중단 등 정예화 수행

공급업체가 개선 요구에 대한 협조가 미진하거나 개선에 대한 의지가 부족할 경우 거래를 중단하여 공급업체 정예화를 수행함

이럴 때는 신규업체를 개발하거나 우수업체에 대한 물량 강화를 통해 상대적 영향력을 강화하는 등 영향력의 균형을 자사 영향력이 강한 쪽으로 전환하는 전략을 사용한다.

〈그림 7-4〉 공급사 관리전략: 협력업체와 자사의 영향력이 비슷한 경우

중점 전략: 자사 영향력 강화 및 공급업체 영향력 약화를 통한
상대적 영향력 강화 전략

공급사 관리 전략

1. 관계 개선을 위한 협업 수행

양사 간 협업을 통해 관계를 개선하고 윈윈(Win-Win) 관계를 강화함

양사 간 영향력이 유사하고 공급업체 중요도가 높은 경우 공급업체와의 관계를 향상시키고 협업을 통한 개선활동을 수행하여 윈윈(Win-Win) 관계를 강화함

2. 신규 업체 개발

공급업체의 영향력을 약화시키기 위해 신규 업체를 개발하여 경쟁 구도를 강화함

신규 업체의 개발이 가능한 경우, 신규 업체를 개발해 기존 업체와 경쟁을 강화하여 공급업체에 대한 자사의 영향력을 강화함

3. 물량 집중

우수업체에게 거래 물량을 집중하여 자사 영향력을 강화하고 업체 영향력을 약화시킴

다수의 업체를 운영하는 경우, 평가 결과 우수업체 거래 물량을 늘리고 불량업체 거래 물량을 줄여서 자사의 영향력을 강화하고 업체 영향력을 약화시킴

(2) 공급사 성과관리

공급사와 자사 간 영향력(매력도)을 고려한 관리전략 외에 고려해야 할 부분은 공급사의 성과관리다. 대부분의 기업들은 구매 공급사에 대한 정기적인 평가를 수행하지만 품목 특성을 고려하지 않고, 일률적으로 평가하거나 실제 구매 행위에 연계되지 않은 형식적인 평가를 수행하는 경우가 많다.

따라서 실질적으로 공급사에 대한 성과평가를 실시하고, 이를 적극적으로 활용하기 위해서는 다음과 같은 순서로 품목 특성을 고려한 차별화된 성과평가를 진행해야 한다.

평가 항목 정의

평가 항목은 업종별로 일부 차이는 있으나 T(Technology, 기술력), Q(Quality, 품질대응력), R(Reliability, 유연한 대응력), D(Delivery, 납기준수도), C(Cost, 원가경쟁력), M(Management, 재무건전성 등 회사 일반 현황)으로 정의한다.

하지만 M은 평가 항목이 아니라 불이행 항목으로 정의하고 있어 공급사별 차별화된 평가 항목에서는 제외되는 경우가 일반적이다.

<표 7-2> 구매 공급사 평가 항목(예시)

구분	평가 항목	가중치
기술력(T)	기술 역량	50%
	개발지원 역량	50%
품질대응력(Q)	불량률(%)	100%
유연한 대응력(R)	구매 관련 문의에 대한 공급사 협조 수준 및 충실도	50%
납기준수도(D)	납기준수율	25%
	물량대응 능력(%)	25%
	긴급 물량대응 능력(%)	25%
	공급사의 평균 긴급대응 소요 시간	25%
원가경쟁력(C)	동일 품목 납품 공급사 대비 가격경쟁력	40%
	할인율(%)	40%
	지불 옵션	20%

공급사 평가를 위한 품목 특성 분류

품목의 특성을 반영한 보다 정확한 평가를 위해서 카테고리 전략 수립 시 고려한 구매금액 중요도, 사양 복잡성, 시장 공급능력(구매 리드타임) 등에 차별화된 평가 항목별 가중치를 부여한다.

예를 들면 대체 공급사가 많은 일반 품목을 납품하는 공급사의 경우는 C의 평가 비중을 높게 하여 평가하고, 사양이 복잡하며 공급사 대체가 어렵고 안전이 중요한 경우 중 기술력이 중요한 경우는 T, 품질 차별화가 중요한 경우는 Q, 납기가 중요한 경우는 D에 대한 가중치를 높게 하는 등 평가 항목에 대한 차별화가 필요하다. 그렇다고 해서 모든 품목별로 평가 항목을 다르게 하는 것은 비효율적이기 때문에 카테고리별로 차별화하여 적용하는 것이 중요하다.

 품목 특성을 고려하기 위해 카테고리별 T, Q, R, D, C 평가 항목에 대해
가중치를 두어 평가 및 공급사 운영 목적에 맞게 정의하고 평가한다.

〈표 7-3〉 카테고리 분류 및 평가 가중치 적용(예시)

카테고리	품목군 분석 정보			평가 항목 및 가중치				
	구매 금액	사양 복잡성	시장 공급능력 (구매 리드타임)	기술력 (T)	품질력 (Q)	대응성 (R)	납기 (D)	원가 (C)
1	고	고	고	●	●	○	●	●
2	고	고	저	●	●	○	○	●
3	고	저	고	○			●	●
4	고	저	저	○			○	●
5	저	고	고	●	●	○	●	○
6	저	고	저	○	●	○	○	○
7	저	저	고	○			●	○
8	저	저	저	○			○	○

* ●: 높음 ○: 중간

공급사에 대한 평가는 반기 또는 일 년 주기로 측정하는 것이 일반적이며 품목 특성 및 평가 결과에 따라 장기적인 협력관계 확대, 물량 조정(증가 혹은 감소), 점진적 거래 중지 등에 대한 공급사별 운영전략을 수립하고, 이를 계약 및 구매 실행에 반영한다.

3. 구매 프로세스

원가절감의 실행력을 높이기 위해서는 구매전략과 연계한 구매 절차가 정립되어 있어야 한다. 잠시 후에 소개할 구매에 따른 부정과 위험은 비표준화된 구매 절차로 인해 발생하는 경우가 많기 때문에 CFO로서 구매 절차에 대한 이해는 필수적이다. 통상적으로 구매 절차는 신규 공급사의 선정, 계약, 발주로 나눌 수 있는데, 카테고리 및 공급사 관리전략을 고려했을 때 다음 10단계에 걸쳐 이루어진다.

1) 공급사 선정

구매 담당자는 기존 거래업체의 경우 카테고리, 공급사 관리전략 및 공급사 평가결과 등을 고려해 재거래업체를 선정한다. 그러나 신규 공급사를 선정해야 할 경우에는 우수 공급사 검증을 위한 별도의 평가 항목을 고려해 평가하는 게 바람직하다. 신규 공급사 선정을 위한 평가 항목은 공급사의 재무건전성과 같은 일반 현황과 기존 거래업체 평가 방식과 같은 기술력, 품질력 등 카테고리별 요구되는 특성을 고려하여 차별화된 평가를 한다.

2) 승인 공급사 목록(AVL: Approved Vendor List) 등록

평가 결과에 따라 승인된 기존 거래업체 및 신규업체에 대해 승인 공급사 목록에 등록하여 관리한다. 그러나 한번 승인 공급사 목록에 등록되었다고 해서 영원히 승인된 업체로 남는 것은 아니고, 수시 및 정기적인 검토를 통해서 부적절한 공급사는 승인 공급사 목록에서 제외시켜야 한다. 아울러 지속적인 신규업체 발굴을 통해 새로 승인 공급사 목록에 등록하는 절차가 이루어져야 한다. 이와 같이 점검이 이루어지지 않으면 부적절한 공급사와의 거래 및 공급사 간 담합 발생 등의 위험이 있을 수 있다.

3) 구매 의뢰

정기적으로 사용하는 품목은 구매 부서에서 자재수급계획서에 의해 품목별 소요 기간, 발주 잔량을 감안하여 부족량에 대한 발주를 의뢰하며, 비정기적으로 사용하는 품목 및 신규 품목은 별도의 발주의뢰서를 작성하여 구매에 의뢰한다. 이때, 구매 의뢰는 규정된 서식과 조건에 의한다.

- 구매의뢰 부서
- 구매의뢰 번호, 일자
- 품목, 규격(관련 도면 번호 및 SPEC 번호 포함), 수량
- 희망 납기(희망 납기는 자재 표준 납기를 준수하여 결정해야 한다)
- 용도 및 사용 부서
- 희망 거래선 및 사유
- 구비 서류: 자재 표준, 도면

4) 구매계획

구매 부서는 구매의뢰서의 수량, 가격, 품질, 납기, 거래 조건 등 제반 사항을 검토하고, 구매 기안(품목, 규격, 단위, 수량, 납기, 양도 조건)을 작성, 공급사에 구매 견적을 요청한다.

5) 견적서 검토

구매 담당자는 구매선으로부터 입수한 견적서에 대하여 다음의 사항을 검토한다.

- 견적된 자재의 기능 비교 및 요구되는 사양과의 적합성
- 업체의 기술 수준과 특징
- 가격, 납기

6) 구매 승인 및 절차

구매 절충 후 최적 가격을 채택하는 것을 원칙으로 한다. 단, 최적 가격이란 단순한 최저 가격이 아니라 품질, 납기, 지불 조건 등을 감안한 실질적인 가격을 의미한다. 그리고 최종 승인 시 구매 부서의 독립성이 중요하다. 내부통제가 강화된 회사는 구매 요청과 승인 프로세스를 구분(SOD: Separation of Duty)하여 최대한 구매 부서의 독립성을 유지하고 있다. 하지만 대부분 회사들은 일부 품목의 경우 구매 부서를 통하지 않고 개발, 품질

등의 활용 부서가 직접 구매를 진행하는 경우가 있는데, 이와 같은 경우에
도 최종 결정은 구매 부서를 중심으로 하고, 유관 부서와 협업하는 형태로
진행되어야 한다.

7) 공급 계약

구매 계약(발주)은 승인업체 목록(AVL)에 등록된 업체에 대해서만 계약하
는 것을 원칙으로 한다. 물품공급계약서 및 품질보증계약서의 주요 내용은
다음과 같다.

- **물품공급계약서:** 목적, 공급계약 내역, 계약 기간, 계약물품 인도, 검사, 물품 공급
  관련 사양서 및 품질규격, 대금 지급, 품질보증, 하자보증, 납기준수, 비밀보장, 계약
  의 해제, 피해 및 손해보상, 계약의 적용 및 면제

- **품질보증계약서:** 목적, 적용 물품, 계약 기간, 운영 원칙, 용어의 정의, 적용 및 적용
  제외, 관련 품질규격사양서, 품질인증 및 품질검사, 사용자의 규격에 대한 공급자의
  요구, 이상자재 처리, 공급자 및 사용자의 검사, 손실보상, 비밀의 누설에 대한 처리, 사
  용자의 처리 부서, 문서류의 제출, 각종 서식, 품질보상, 불이익 처분, 계약의 중도해지

---

8) 구매 문서(도면, SPEC, 주문서)의 변경, 갱신 및 취소

도면, SPEC(Specification의 줄임말로 규격표 또는 명세서)이 변경되는 경우
구매 부서는 변경사항에 대해 합의해야 하며, PO(Purchase Order, 구매주문서)
에 변경된 사항이 반영되어 업체에 전달되도록 해야 한다.

주문서의 내용이 변경되는 경우 종전 주문서를 취소하고, 변경된 주문서
로 대체해야 하며, 근거를 보관하여 관리한다.

9) 발주

일반적으로 PO(구매주문서) 기재사항은 다음과 같다.

Order No.(발주번호), Order Date(발주일), Payment(지불조건), Code No.(자재코드), Description - SPEC No. or Drawing No.(품명, 규격, 수량, 단가), Quantity(수량), Unit Price(단가), Amount(금액)

10) 납기관리

납기는 주문서(간판, 납품지시서 등 포함)상에 기재된 물품 및 수량을 '자사'와 '공급사' 간에 협의하여 지정된 장소로 양품(良品, 질이 좋은 물품)을 인도하는 시점을 말한다.

신규 공급사 선정부터 발주 및 납기관리까지의 구매 절차는 유관 부서와 많은 협업 및 복잡한 단계를 거쳐 이루어지게 된다. 이 때문에 구매에서 많은 부정이 발생될 위험이 높은 까닭에 모든 구매 절차는 투명하게 관리하고, 그 부분을 반드시 이력으로 남기는 것이 중요하다.

4. 자원관리

자원관리란 기업이 업무를 수행할 때 시간, 예산, 물적 자원, 인적 자원 가운데 무엇이 얼마나 필요한지를 확인하고, 가용할 수 있는 최적의 자원을 확보하여 계획을 수립하며, 이 계획에 따라 확보한 자원을 효율적으로 관리하는 것을 의미한다.

기업의 전사적 자원관리를 위해 공급망 관리(Supply Chain Management) 전체에 대한 관점으로 계획을 수립하고 이를 실행해야 한다. 즉, 시장과 고객 관점에서 수요관리와 생산·구매·물류 등의 공급관리에 대한 균형(S&OP: Sales&Operations Planning)을 고려하여 최적화된 자원을 배분하는 것이다.

하지만 시장의 불확실성으로 인해 변화하는 수요에 즉각적으로 대응하다 보면 공급 영역에서 과도한 자원을 배분하게 됨으로써 결국 재고 누적 등 불필요한 잉여 자원으로 남게 되는 경우가 많다.

특히 공급망 관리에 있어 가장 마지막 단계에 있는 구매의 경우 채찍 효과(Bull-Whip Effect, 공급망 관리에서 최종 소비자의 작은 수요 변동이 제조업자에게 전달될수록 미래 수요에 대한 각기 다른 예측 때문에 수요의 변동성이 자꾸 왜곡되는 현상)로 인해 이러한 부정적 영향을 가장 많이 받게 된다. 따라서 구매 영역에서는 과도한 자원배분의 최소화와 수급 안정화를 위해 조달관리를 강화해야 한다.

한편, 최적의 조달관리를 위해서는 구매전략과 마찬가지로 품목별 특성을 고려해 차별적인 관리를 해야 한다. 이때, 고려해야 할 요소는 품목별 생산 관점에서 소요량의 변동을 예측하고, 조달 리드타임을 감안해 적정 재고에 기반한 조달계획을 세우는 것과 이를 토대로 정확히 실행하는 것이다.

예를 들면 소요량 변동성이 높고, 조달 리드타임이 긴 품목의 경우에는 상대적으로 적정 재고를 최대로 가져가고, 소요량 변동성이 낮고 조달 리드타임이 짧아 대응이 쉬운 품목의 경우에는 최소 재고로 대응하는 것이 효과적이다.

5. 구매 위험관리

구매 위험은 크게 구매 절차상에서 발생하는 내부의 부정과 공급사 및 가격 변동으로 인한 위험으로 구분할 수 있다.

1) 구매 절차상 발생하는 내부 부정 위험관리

구매는 전통적으로 부정 위험이 높은 영역으로 구매 담당자가 입찰가를 조작함으로써 특정 거래처가 낙찰을 받고 뇌물을 상납하는 등의 '부패', 구매 담당자가 특정 업체와 결탁해 허위 거래명세표를 작성하거나 부당 청구함으로써 '자산 횡령'을 하는 등의 형태로 발생한다. 이러한 '부패'와 '자산 횡령' 등 구매 부정 위험을 막기 위해서는 계약관리부터 주문과 발주에 이르기까지 구매 절차상 발생할 수 있는 다양한 위험관리 항목에 대해 내부 통제 방안을 사전에 정의해야 한다.

〈표 7-4〉 구매 부정 위험에 대한 확인사항

구분		확인사항
계약관리	계약 검토	• 문제 발생 시 회사가 법적 책임을 필요 이상으로 부담하고 있는가? • 계약 조건의 법률적 검토 미흡으로 인해 잠재적 손해배상 등이 발생할 위험이 있는가?
	계약 체결	• 사전 협의된 계약관리를 소홀히 해 잘못된 거래 조건으로 구매 활동이 이루어질 가능성이 있는가?

구분		확인사항
주문/발주 관리	PO 관리	• PO가 장기간 처리되지 않아 적기에 물품을 공급하지 못할 위험이 있는가? • 구매 승인 경로가 우회됨에 따라 부적절한 대금 지급이 발생하고 있는가? • 단종 코드 품목에 대해 대량 구매가 발생할 위험이 있는가? • 부분 입고된 PO의 마감으로 재고자산이 과소 계상될 위험이 있는가? • PO의 정보와 구매 요청상의 정보 불일치로 부적절한 구매가 이루어지고 있는가? • 선입고 등을 통해 특정 업체에게 구매 물량이 편중될 위험이 있는가? • 승인받은 구매 물량보다 초과되어 납품될 위험이 있는가? • PO 결재 후 변경이 발생해 부적절한 구매가 이루어질 위험이 있는가? • 승인 없는 대금지급 조건으로 대금이 지출되고 있는가? • 특정 금액 이상 건임에도 불구하고 비용 처리되어 재고자산이 과소 계상되고 있는가?
	발주관리	• 장기간 계약 단가가 변경되지 않거나, 과도하게 변경되어 부적절한 계약 단가가 유지될 위험이 있는가? • 잘못된 단가가 적용되거나 높은 가격에 구매가 이루어질 위험이 있는가? • 동일 상품을 높은 가격으로 구매하고 있는가? • 구매 담당자가 장기간 관리하여 단가 담합 혹은 유착이 발생할 위험이 있는가?

2) 공급사 및 가격 변동 위험관리

구매의 중요한 역할은 안정적인 수급과 최적의 가격으로 물품을 공급하는 것이다. 하지만 외부 요인(공급사 파산, 자연재해 등)으로 수급이 어려울 수도 있고, 원자재 가격(석유, 곡물 가격 등) 상승으로 급격한 가격상승 요인이 발생할 수도 있다.

공급사에 의한 수급 또는 가격 변동에 따른 위험은 산업별로 정도의 차이는 있으나 대부분 제조업에서는 어느 정도 노출되어 있다고 보는 게 타당하다.

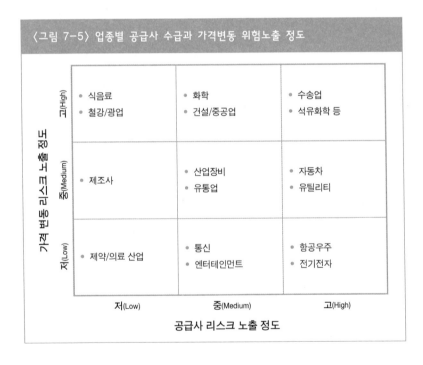

〈그림 7-5〉 업종별 공급사 수급과 가격변동 위험노출 정도

(1) 공급사 수급으로 인한 위험관리

공급사 수급으로 인한 위험 발생의 주요 원인은 공급사의 재무적 문제로 인한 파산, 재해나 재난 등으로 인한 물량 공급 지연 발생 및 품질불량 위험 등으로 구분할 수 있다. 위험을 줄이는 방법은 일반적인 기업 위험 관리처럼 사전·사후 관점으로 정의할 수 있다.

사전 위험관리는 앞서 설명한 바 있는 공급사 관리전략 및 평가를 활용한다. 특정 공급업체의 의존도가 높을 경우 해당 업체 유사시 공급망에 큰 위험을 초래할 수 있다. 품목별로 업체 하나에만 의존하는 단일 구매 품목에 대해서는 대체업체를 지속적으로 개발하면서 복수 구매 및 대체 잠재업체를 발굴함으로써 문제가 생길 때를 대비하는 체계를 갖추어야 한다. 특히 주요 원부자재의 경우 가능한 한 공급업체의 다원화를 추진해야 한다. 또한 공급사 평가를 통해 품질이나 납기에 문제가 있는 공급사에 대해서는 지속적인 모니터링과 관계 개선을 추진해야 한다.

사후 위험관리는 군대에서 전쟁이 일어났을 때 개인과 부서별 행동 지침서처럼 구매 위험에 대한 시나리오별 대응 체계를 매뉴얼로 만들어 관리해야 한다.

(2) 가격 변동으로 인한 위험관리

가격 변동으로 인한 구매 위험은 주로 석유, 광물, 곡물 원자재 관련 품목에서 발생한다. 이와 같은 가격 변동으로 인한 위험을 줄이기 위해 기업들은 구매 품목별로 원자재 위험에 대한 영향도를 분석하여 구매 가격에 연동시키고, 아울러 자사가 판매하는 제품 가격에도 연동시켜 가격 변동으로 인한 위험에 대비하는 것이 일반적이다.

(3) 전략적 고려사항

이상으로 구매에 관해 CFO로서 고려해야 할 다양한 요소들에 대해 살펴보았다. 하지만 기업 내부에서 보다 실질적인 효과를 내기 위해서는 구매전략과 구매 절차 사이의 긴밀한 연계가 무엇보다 중요하다. 이를 위해 우선 구매전략과 연계한 구매 절차에 대해 투명성을 확보하는 것이 필요하다.

이러한 투명성 확보를 위해서는 IT화가 선행되어야 한다. 구매 절차의 모든 기록이 전산화되고, 이를 관리자들이 실시간으로 관리할 수 있어야 구매에서 발생하는 이상 징후 등을 쉽게 모니터링할 수 있다.

또한 구매 업무의 투명성을 높이기 위해 구매 담당자들을 정기적으로 순환 근무할 수 있도록 해야 하는데, 이때 업무의 전문성 및 해당 인력의 CDP(Career Development Plan, 기업의 중장기 전략에 따라 직원 개개인의 장기적이고 계속적인 경력 개발을 지원하고 촉진하는 경력개발계획)를 고려하여 인력 순환에 대한 중장기적인 계획을 수립하는 것 역시 반드시 수반되어야 한다.

이기학 대표는 서울대학교 영어영문학과와 동 대학원 경영학과를 졸업하고 삼일회계법인에 입사했다. 미국 PwC 산호세 및 KPMG 컨설팅 실리콘밸리 Office에서 근무한 경험이 있으며, 한국 및 미국 공인회계사 자격을 보유하고 있다. 지난 20여 년간 다수의 국내 및 글로벌 기업에 대해 Finance 분야의 Visioning, 운영효율화 및 Transformation , Shared Service 체계 수립, PMI 지원, ERP 구축 등 다양한 자문 업무를 수행해왔다. 현재는 프라이스워터하우스쿠퍼스(PwC) 컨설팅의 대표이사로서 Finance, Risk & Compliance, Operation, 전략 및 Technology 전 분야를 리딩하고 있다. 저서로는 『CFO를 위한 재무선진화』, 역서에는 『CFO 벤치마킹』이 있다.

백종문 파트너는 프라이스워터하우스쿠퍼스(PwC) 컨설팅 파트너로 KAIST MBA를 졸업하고 Accenture의 오퍼레이션 컨설팅 이사를 거쳐 PwC 컨설팅으로 합류해 현재까지 전략, 오퍼레이션 등의 Advisory 서비스 업무를 제공하고 있다.

8장
기업 시스템 변경을 통한 성장전략

서동규 (스틱인베스트먼트 총괄대표, 공인회계사(前 삼일회계법인))
이상은 (삼일회계법인 Samil Research Center 센터장)

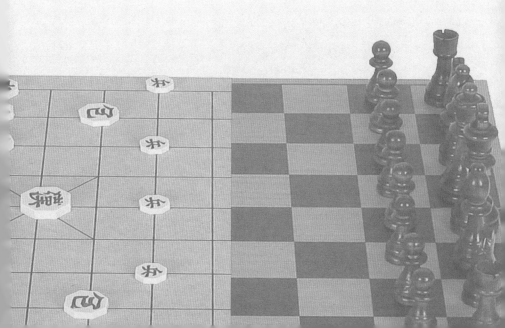

지금까지 우리는 이 책의 도입부 격인 1장 'CFO의 역할'에서 경영환경의 변화에 따른 CFO의 역할 발전과 지속적인 성과창출을 위한 CFO의 핵심과제에 대해 살펴보았고, 이어 2장 '경영계획과 성과관리'에서 7장 '구매전략'까지 CFO의 핵심 기능을 주요 세부 과제별로 살펴보았다.

시스템 변경을 통한 성장전략을 과감히 구사하는 기업은 지속가능한 성장을 이루는 반면, 경영환경의 변화에도 불구하고 옷을 바꿔 입지 않은 채 경영을 이어간 기업은 사람들의 뇌리에서 잊혀져 가고 있다.

기업은 내부에 곪아 있는 상처를 도려내는 아픔을 감내해내고(구조조정), 다른 기업 인수 등을 통한 화학적 결합(M&A)도 성사시키는 등 기업시스템 변경을 통해 성장한다. 그리고 이를 위해서는 CFO가 CEO와 힘을 합하여 성장전략 구상과 실행의 주인공이 되어야 한다.

이제 구조조정과 M&A의 주요 개념을 CFO가 중점적으로 점검해야 할 사항 위주로 살펴보기로 한다.

1. 기업 구조조정[*]

1) 구조조정이란

구조조정은 유달리 우리나라에서 부정적인 의미로 통용된다. 구조조정
이라는 용어가 우리나라에서는 IMF 외환위기부터 본격적으로 사용되기 시작
했고, 당시 구조조정은 대규모의 인적 구조조정을 동반하여 이루어졌기 때문
이다. 그러나 구조조정은 경제 및 산업 환경 변화에 대응하기 위하여 기업
의 기존 사업과 조직을 조정·변경하여 기업의 경쟁력을 향상시키고 가치
를 제고하기 위한 모든 활동을 총칭한다. 즉, 구조조정은 기업의 사업, 재무,
조직, 인력 및 지배구조를 재편성 및 재배치하여 궁극적으로는 기업의 가치
증대를 위한 일상적인 경영활동이다.

한 국가의 산업구조가 진화하고, 글로벌 가치사슬 체계는 끊임없이 변화
하기 때문에 기업 및 산업 구조조정의 필요성이 대두된다. 소득 수준이 높
아짐에 따라 임금이 상승하게 되면서 노동집약적인 봉제 산업을 접고 자본,
기술 집약적인 전자 산업으로 이행한 것이 대표적인 예다. 호황기에 대규모
투자가 이뤄졌다가 경기 침체기에 접어들면서 과잉 투자를 해소해야 하는
상황도 구조조정의 유인이 된다.

최근의 거시 경제 환경은 미중 무역 분쟁 등에서 보듯이 자유무역 기조
가 퇴보하고, COVID-19와 같은 전염병의 확산으로 예상치 못한 기업 위기
상황이 발생하는 등 변동성과 불확실성이 매우 높아져 있다. 주식 시장에서

---

[*] 인적 구조조정은 다양한 접근법이 존재하며, 일반론적인 접근이 어려운 관계로 본서에서는
제외했다.

는 행동주의 투자자들이 저평가 기업이나 기업지배구조가 열악한 기업에 대하여 경영효율성과 주주가치 제고에 관한 강력한 압박을 가하는 형편이다. 또한 인공지능, 빅데이터 및 디지털 기술 트렌드의 변화로 인해 기업의 기존 "핵심" 사업분야의 지속가능성에 대한 의문도 제기되고 있다. 이러한 거시경제, 자본시장 및 기술환경의 변화는 기업이 자발적으로 구조조정을 해야 할 필요성이 높아지는 환경적 요인이 되고 있다.

글로벌 대기업들은 급변하는 내·외부 시장 환경에 대응하고자 최근 Carve-out(사업부 분할 및 매각)을 많이 활용하고 있다. Carve-out은 사업 포트폴리오를 최적화하고 기업의 전반적인 위험을 감소시키는 한편, 새로운 먹거리가 포착되면 바로 전략적인 행동이 가능하도록 현금을 확보하는 데 매우 유용한 전략으로 활용 가능하기 때문이다. 세계적인 생명과학 기업 바이엘이 사업 부문 재조정의 일환으로 동물 의·약품 사업부를 67조 원에 매각하여, 핵심 사업부의 전략적 역량에 보다 집중하고 몬산토 인수 이후의 부채 부담을 경감한 것이 대표적 Carve-out 사례이다. 또한 미국 이베이는 행동주의 헤지펀드 엘리엇의 압박으로 비핵심자산을 매각하고 핵심사업에 집중하는 구조조정형 사업계획을 발표한 바 있는데, 이 또한 Carve-out의 사례이다.

국내 대기업들도 최근 이러한 사업부 분할 및 매각을 구조조정의 일환으로 적극 활용하기 시작하고 있다. 예를 들면 국내 굴지의 엔터테인먼트 회사에서는 최근 한 사업 부문을 단순 물적분할해 신설회사를 설립하면서 "이번 분할로 해당 사업 부문이 고유사업에 전념하도록 해 계속 성장하기 위한 전문성을 갖추는 한편, 신설회사는 시장의 상황 등을 고려해 필요할 경우 외부투자 유치, 전략적 사업 제휴, 기술 협력, 지분 매각 등을 통해 경쟁력 강화 및 재무구조 개선을 도모하겠다"고 밝힌 바 있다.

기업의 구조조정은 부실기업에 대한 인력 구조조정과 채무조정에 그치지 않고 기업의 일상적 경영활동의 재편을 포함하는 포괄적 의미이다. 끊임없이 변하고 있는 국내·외/거시/금융시장/기술적 환경 변화에 따라 기업이 가진 잠재 가치를 끌어내고, 투자 대비 최고 수익을 실현할 수 있도록 전략을 지속적으로 검증하면서 유연하게 대응하는 모든 활동을 포괄하는 것으로 이해할 필요가 있다. 따라서 구조조정에 있어서 CFO의 역할은 현재의 사업 포트폴리오를 명확하고 구체적으로 이해하고, 사업 포트폴리오가 기업의 전략 목표와 어떻게 연결되고 있는지 그리고 사업부 간 구조와 운영이 어떻게 얽혀 있는지를 이해하여, 기업의 가치 창출을 위한 방안을 고민하고 기업이 가진 핵심 역량을 어떻게 발전시킬 것인가에 집중하는 것이다.

2) 구조조정 방법: 분할을 통한 구조조정[*]

기업을 둘러싼 외부 환경이 급변하고 불확실한 상황인 만큼 사업 포트폴리오 역시 유연하고 민첩하게 운영되어야 할 필요성이 부각되었다. 이에 글로벌 기업 및 국내 대기업들이 사업재편과 기업가치 제고의 한 방안으로 많이 활용하고 있는 분할에 관하여 알아보고자 한다.

기업분할이란 특정 기업의 사업을 둘 이상으로 분리한 후 그 분리된 영업재산을 자본으로 하여 새로운 기업을 신설하거나 다른 기업과 합병시키는 조직법적 행위를 말한다. 분할에 의해 본래의 기업은 완전히 소멸하거나 축소된 상태로 존속하고, 분할기업의 주주 또는 존속법인은 분할기업의

---

[*] 기업 구조조정 부분에서는 구조조정 방법으로 상대적으로 활발히 사용하는 '분할'을 중심으로 다루기로 한다.

권리·의무를 승계한 회사의 주식을 취득하게 된다.

국내·외 다양한 논문은 기업분할이 전문화를 통한 효율성 추구와 정보의 비대칭성 제거 등을 통하여 기업가치를 제고한다는 연구결과를 보여주고 있다. 기업분할로 기업가치가 제고되는 주요 이유는 상이한 사업 부문을 분리하면 전문화를 통한 내부 효율성이 증가하고, 사업 부문에 대한 정보가 보다 명확하고 신속하게 외부에 전달됨으로써 정보 비대칭성이 제거되기 때문이다. 이에 따라 외부 자금조달 여건이 호전되어 신규 자금조달이 원활해지고 재무구조가 개선되는 효과까지 이어질 수 있다.

실제 주식시장에서는 다각화된 기업보다는 사업 목적에 집중하는 전문화 기업에 대한 투자가 선호되는 경향이 관찰된다. 기업분할은 이런 시장 추세에 맞추어 사업부문을 단순화·전문화하는 구조조정이라는 점에서 투자자들이 선호하는 방식이다. 또한 현재 글로벌 기업들의 추세가 선택과 집중을 통해서 핵심 주력 사업에 경영자원을 집중시켜 경쟁우위를 확보함으로써 장기적인 투자성과를 높이는 것이다. 따라서 기업분할은 경영의 효율성을 높이고 결과적으로 기업가치를 상승시킬 수 있는 시장 친화적 구조조정 수단으로서 더욱 활성화될 것으로 예상된다.

(1) 분할의 방법

기업분할은 주식의 귀속 여부에 따라 인적분할과 물적분할로 구분된다. 인적분할은 특정한 회사의 영업을 2개 이상으로 분할한 후에 그 분할의 결과로 신설되는 새로운 회사의 신주를 기존 분할회사의 주주들에게 귀속시키는 제도이다. 대기업 그룹이 지주회사 전환을 위하여 사용하는 일반적인 분할 방법이다. 주주는 분할 전·후로 동일하다. 기존 주주는 분할 후에 양사의 주식을 모두 보유하게 되므로, 기존 법인 또는 신설법인에 대하여 보유한 주식을 현물 출자하여 지주회사 전환과 함께 지배력을 강화하는 데 활용할 수 있다.

반면 물적분할은 기존 분할회사의 주주는 신설회사의 주식을 직접 소유하지 않고 존속회사가 신설회사의 주식을 100% 보유하게 되는 제도로서 이질적인 사업부 간 분리를 통하여 자체경쟁력을 제고하거나 외부투자 유치 또는 M&A를 위한 방안으로 활용된다.

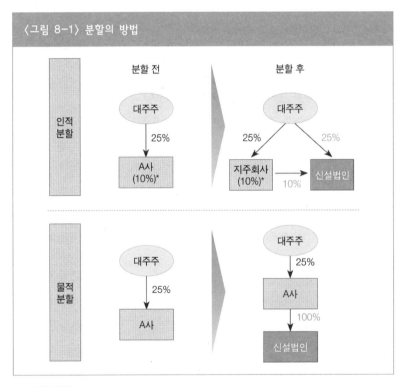

〈그림 8-1〉 분할의 방법

* 자기주식 10%

(2) 분할 및 분할합병의 절차(인적분할)

회사분할을 위해서는 분할회사 내에서 분할을 위한 의사결정 절차를 거쳐야 하며, 분할합병은 상대방 회사의 의사결정 절차도 거쳐야 한다. 또한 단순분할이나 신설분할합병을 할 때에는 회사를 신설하는 절차가 필요하다.

분할계획서 또는 분할합병계약서 작성 및 이사회 결의

단순분할 시에는 분할계획서*를, 분할합병 시에는 분할합병계약서**를 작성하여 이사회 결의를 득하여야 한다.

이사회 결의사항 공시 및 분할신고서 제출

상장법인은 이사회 결의 후 지체 없이 금융위원회와 증권거래소에 동 사실을 신고·공시하고 분할신고서를 제출하여야 한다.

주주명부 폐쇄 공고

분할을 위한 주주총회에서 의결권을 행사할 주주를 정하기 위하여 주주명부 폐쇄 공고를 하여야 한다.

---

* 자세한 내용은 소멸 분할계획서의 내용(상법 제530조의 5 제1항)과 존속 분할계획서의 내용(상법 제530조의 5 제2항)을 참조하기 바란다.

** 자세한 내용은 흡수분할합병 계약서의 내용(상법 제530조의 6 제1항)과 신설분할합병 계약서의 내용(상법 제530조의 6 제2항)을 참조하기 바란다.

회사분할의 경우 무의결권 우선주주에게도 의결권이 부여되며, 수종의 주식을 발행하여 어느 종류의 주주에게 손해가 미치는 경우에는 종류주주총회 결의가 있어야 한다. 주주총회 소집 통지·공고 시에는 분할계획 또는 분할합병계약 요령도 함께 통지·공고하고, 분할합병은 주식매수청구권 행사제도가 적용되므로, 주주총회 소집 통지·공고 시 주식매수청구권 행사 요령을 함께 통지·공고해야 한다.

분할재무상태표 등의 공시

분할되는 회사는 분할승인 주주총회일 2주 전부터 분할의 등기를 한 날 또는 분할합병을 한 날 이후 6개월간 분할계획서, 분할되는 부분의 재무상태표, 분할되는 회사의 주주에게 발행할 주식의 배정에 관하여 그 이유를 기재한 서면을 본점에 비치해야 한다. 분할합병의 상대방 회사는 분할합병승인 주주총회일 2주 전부터 분할합병 등기 후 6개월간 분할계획서, 분할되는 부분의 재무상태표 등을 본점에 비치해야 한다.

주식매수청구권 행사를 위한 반대의사 접수(분할합병의 경우에 해당)

분할합병에 반대하는 주주는 분할합병승인 주주총회 전까지 당해 회사에 서면으로 반대의사를 통지해야 한다.

분할계획서 승인

특별결의 방법에 의하여 분할계획서 또는 분할합병계약서를 주주총회의 승인을 받아야 하며, 동 총회에서는 의결권 없는 우선주 주주도 의결권 행사가 가능하다. 분할로 인하여 어느 종류 주식의 주주에게 손해를 미치게 되는 경우에는 종류주주총회 개최가 필요하며, 분할 또는 분할합병으로 인하여 분할에 관련되는 각 회사 주주의 부담이 가중되는 경우, 주주총회 또는 종류주주총회 외에 주주 전원의 동의가 필요하다.

주주총회 결과 금융위원회 및 증권거래소 신고

상장법인은 상장규정 제19조 및 공시규정 제4조의 규정에 의하여 주주총회가 종료된 후 지체 없이 그 결과를 신고하여야 한다.

주식매수청구 및 매수대금 지급(분할합병의 경우에 해당)

분할합병에 반대하는 의사를 통지한 주주에 한하여 회사에 주식매수를 청구할 수 있다.

채권자 보호절차(채권자 이의제출 공고)

단순분할에 의해 회사를 설립하는 경우 원칙적으로 2개 회사가 연대채무를 부담하는 경우 채권자 보호절차가 필요 없다. 그러나 분할설립회사가 분할회사의 채무 중 출자한 재산에 관한 채무만을 부담하기로 하는 경우에는 채권자 보호절차가 필요하다. 또한 분할합병은 당해 회사의 채권자가 책임재산을 공유하는 결과가 되기 때문에 채권자로서는 담보재산과 책임주체에 중대한 변화가 생기게 되므로 반드시 채권자 보호가 필요하다.

채권자 보호절차는 분할합병계약서 승인결의일로부터 2주 내에 1개월 이상의 기간을 정하여 분할합병에 대한 이의를 제출할 것을 공고하고, 알고 있는 채권자에 대하여는 따로 최고해야 한다.

구주권 제출 공고(주식의 병합절차)

존속분할과 존속분할합병은 분할되는 회사의 주주에 대해 신설회사의 주식배정에 따른 주식의 병합 또는 분할이 필요할 수 있는데 이를 위한 상법 제440조에 의한 주권 제출 공고 절차를 이행해야 한다.

분할합병 역시 주식의 배정에 따라 주식의 병합 또는 분할이 필요한 경우에는 1개월 이상의 기간을 정하여 기간 내에 주권을 제출할 것을 공고하고 주주와 질권자에게 각 별로 통지하여야 하며 단주처리가 필요하면 상법 제443조에 의한 단주처리 규정에 따라 그 절차도 이행해야 한다.

재산인계 등(분할합병의 경우에 해당)

분할합병의 상대방 회사 또는 분할합병으로 인한 신설회사는 분할합병한 날에 분할회사로부터 이전받기로 한 재산과 채무 등 권리 의무 일체를 인계받고 교부금이 있는 경우 이를 지급받아야 한다.

정관작성

분할되는 회사의 대표이사는 분할계획서에서 정하는 바에 따라 신설회사의 정관을 작성한다. 이 정관은 작성자인 대표이사가 기명날인 또는 서명하지만, 원시정관이 아니므로 공증인의 인증은 필요 없다.

분할회사의 출자 외에 새로운 출자를 하는 경우에는 현물출자자는 서면에 의하여 주식을 인수하고, 금전에 의한 출자자는 주식청약서에 의하여 주식을 청약하며 정해진 납입기일에 그 인수가액의 납입과 현물출자를 이행한다. 분할회사의 출자 외 추가출자나 주주의 종전 지분비율과 다르게 되는 경우에는 검사인 조사나 이에 갈음한 공증인·감정인의 조사·감정을 받아야 한다.

보고(창립)총회 개최 또는 공고

소멸분할 또는 신설분할합병의 경우 신설되는 회사는 일반적인 주식회사 설립절차에 의해 창립총회를 소집하고, 총회에서는 회사설립 경과보고, 이사·감사 또는 감사위원 선임, 분할계획의 취지 범위 내에서 정관변경을 결의한다.

분할계획서에 신설회사의 이사·감사 또는 감사위원회 위원을 정하고 새로운 출자가 없는 경우라면 창립총회 개최 없이 이사회에서 대표이사 선임, 본점 소재지 및 지점설치 여부, 명의개서대리인 등을 정하고 총회에 갈음하는 공고로써 분할절차는 종료한다.

존속분할 또는 흡수분할합병의 경우 채권자 보호절차가 종료되면 분할(합병)에 관한 창립총회 또는 보고총회를 소집하여야 하며, 이 또한 이사회의 공고로써 총회에 갈음할 수 있지만, 결의사항이 있으면 이사회의 공고로 갈음할 수 없다.

분할의 등기

회사분할의 효력은 등기에 의하여 발생하게 된다. 신설회사는 회사설립 등기를, 분할회사는 존속분할의 경우에는 변경등기, 그리고 소멸분할의 경우에는 해산등기를 해야 한다. 또한 흡수합병분할의 경우 상대방 회사는 변경등기를 해야 한다. 등기시한은 흡수분할합병의 경우에는 보고총회 종료일(공고일), 단순분할 및 신설분할합병의 경우에는 창립총회 종료일(공고일)로부터 각각 본점 소재지에서는 2주 이내에 지점 소재지에서는 3주 이내다.

분할종료보고서 제출

상장법인은 분할등기를 완료한 때에는 지체 없이 분할종료보고서를 금융위원회에 제출한다.

지주회사전환 신고

분할로 지주회사를 설립 또는 지주회사로 전환하고자 하는 경우에는 설립(합병)등기일로부터 30일 이내, 또는 주식취득·자산증감으로 인한 지주회사 전환의 경우에는 사업연도 종료 후 4개월 이내에 공정거래위원회에 신고한다.

분할 신주발행 및 교부

분할회사의 신주를 발행하고 교부한다.

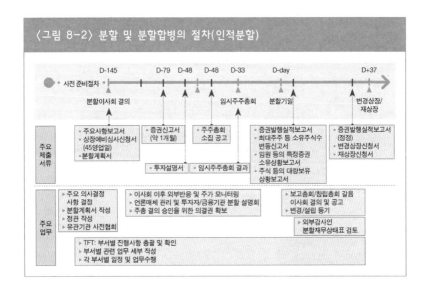

〈그림 8-2〉 분할 및 분할합병의 절차(인적분할)

(3) 인적분할

인적분할은 주로 지주회사 전환을 통해 최대주주의 경영권 강화 차원에서 진행되는 경우가 많다.

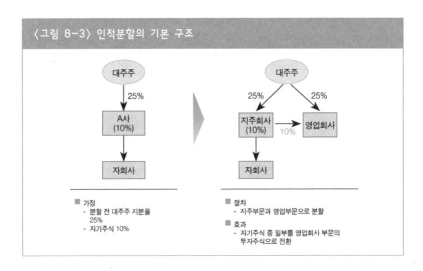

〈그림 8-3〉 인적분할의 기본 구조

이때, 인적분할 시 주요 고려 사항은 다음과 같다.

재상장 요건

상장법인이 분할을 할 경우 기본적으로 분할 존속법인은 기존 상장법인의 지위를 유지하고 신설법인은 재상장 요건과 재상장 심사절차를 거친 후 상장이 가능하다. 거래소가 분할 신설된 법인에 대하여 일반적인 신규상장보다 완화된 요건 및 절차를 적용하고는 있지만, 재상장 요건에 부합하도록 분할 구도를 계획해야 할 필요가 있다.

지주회사 전환

독점규제 및 공정거래에 관한 법률상 지주회사는 주식의 소유를 통하여 국내회사의 사업내용을 지배하는 것을 주된 사업으로 하는 회사로서 자산총액 5,000억 원 이상이고 국내 자회사의 주식가액 합계액이 자산총액의 100분의 50 이상의 조건을 모두 만족하는 회사이다. 주식 가액 산정 시 상법 제344의 3조는 의결권 없는 주식을 포함하여 산정하도록 하고 있다. 따라서 지분율 산정 시 우선주 등 보통주 이외의 주식에 대한 지분을 고려할 필요가 있으므로, 보통주 지분율만 고려할 경우에는 상장자회사 20%(비상장자회사 40%) 이상이나 우선주와 합하여 산정할 경우 지분율 요건에 미달하는지 여부를 체크해야 한다.

지주회사 요건 판단 시 K-IFRS를 적용하는 회사의 경우 별도 재무제표상의 자회사 주식가액을 기준으로 하고, 지분측정에 대한 회계정책이 변하는 경우에는 이에 대한 영향을 고려할 필요가 있다.

분할대상 기업의 자기주식을 활용해 지주회사가 영업회사 지분을 매입하는 경우를 들 수 있는데, 예를 들어 현물출자 유상증자를 활용하는 경우이다. 대부분의 지주회사체제 전환을 위한 인적분할 과정에서 분할되는 회사의 자기주식은 분할 후 분할 지주회사에 귀속되어 분할 자회사의 보통주식으로 전환된다.

분할에 따른 조세부담을 줄이려면 인적분할이 법인세법상 적격분할에 해당하여야 한다. 적격분할에 해당하지 않는 경우 분할 시 분할법인에게 양도소득에 대한 법인세가 과세되며, 주주에게는 의제배당에 따른 소득세 또는 법인세가 과세된다. 이때, 법인세법 제46조 제2항에 의한 적격분할은 다음의 요건을 갖춘 분할을 말한다.

① 분할등기일 현재 5년 이상 사업을 계속하던 내국법인이 다음의 요건을 모두 갖추어 분할하는 경우일 것(분할합병의 경우에는 소멸한 분할합병의 상대방 법인 및 분할합병의 상대방 법인이 분할등기일 현재 1년 이상 사업을 계속하던 내국법인일 것)
- (독립된 사업 분리 요건) 분리하여 사업이 가능한 독립된 사업부문을 분할하는 것일 것
- (자산 부채의 포괄 승계 요건) 분할하는 사업부문의 자산 및 부채가 포괄적으로 승계될 것. 다만 공동으로 사용하던 자산, 채무자의 변경이 불가능한 부채 등 분할하기 어려운 자산과 부채 등으로서 대통령령으로 정하는 것은 제외한다.
- (단독출자 요건) 분할법인 등만의 출자에 의하여 분할하는 것일 것
② (지분 연속성 요건) 분할법인 등의 주주가 분할신설법인 등으로부터 받은 분할대가의 전액이 주식인 경우(분할합병의 경우에는 분할대가의 100분의 80 이상이 분할신설법인 등의 주식인 경우 또는 분할대가의 100분의 80 이상이 분할합병의 상대방 법인의 발행주식총수 또는 출자총액을 소유하고 있는 내국법인의 주식인 경우를 말한다)로서 그 주식이 분할법인 등의 주주가 소유하던 주식의 비율에 따라 배정(분할합병의 경우에는 대통령령으로 정하는 바에 따라 배정한 것을 말한다)되고 대통령령으로 정하는 분할법인 등의 주주가 분할등기일이 속하는 사업연도의 종료일까지 그 주식을 보유할 것
③ (사업 계속성 요건) 분할신설법인 등이 분할등기일이 속하는 사업연도의 종료일까지 분할법인 등으로부터 승계받은 사업을 계속할 것
④ (고용승계 요건) 분할등기일 1개월 전 당시 분할하는 사업부문에 종사하는 대통령령으로 정하는 근로자 중 분할신설법인 등이 승계한 근로자의 비율이 100분의 80 이상이고, 분할등기일이 속하는 사업연도의 종료일까지 그 비율을 유지할 것

(4) 물적분할

물적분할은 분할을 통해서 분리된 신설법인의 지분 100%를 존속법인이
보유하여 존속법인이 신설법인을 자회사로 편입하는 구도로서 이질적인
사업부를 분리하여 자체경쟁력을 제고하거나, 존속회사의 재무구조 개선,
부실 사업부 또는 비주력 사업부의 매각을 목적으로 활용하는 경우가 많다.

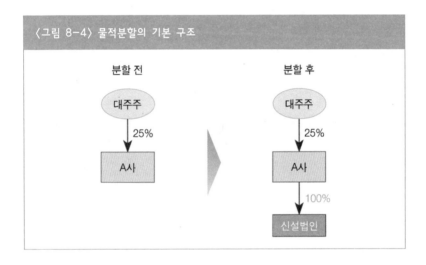

〈그림 8-4〉 물적분할의 기본 구조

사업부를 분할한 후 존속법인이 가지고 있는 주식을 매각하거나, 사업부
를 분할하면서 해당 사업부를 영업양수도를 통하여 바로 매각할 수 있다.
또한 이질적인 사업부를 분리한 후 신설법인에 대하여 외부투자 유치를
통하여 구조조정에 활용하거나 경쟁력을 제고할 수 있다.

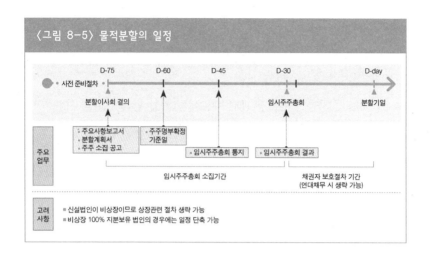

〈그림 8-5〉 물적분할의 일정

물적분할은 신설법인이 비상장법인이므로 상장심사 및 증권신고서 제출 절차가 생략되어 단기간 소요되며 주주총회 소집기간과 채권자 보호절차 기간만을 고려하면 된다.

3) 워크아웃과 법정관리*

(1) 부실기업 구조조정의 개요

우리나라의 기업 구조조정 관련 제도에는 기업 활력 제고를 위한 특별법, 기업 구조조정 촉진법, 채무자 회생 및 파산에 관한 법률이 있고, 법적 근거는 없지만 실제 기업 구조조정 수단으로 활용되는 제도로는 재무구조 개선 약정제도와 자율협약 등이 있다.**

먼저 2016년 제정되어 2024년까지의 한시법인 기업활력법은 공급과잉 산업에 속한 정상 기업들이 사업재편을 통해 스스로 경쟁력을 강화하고자 하는 경우 적용되는 법이다. 민관합동 심의위원회 심의를 거쳐 사업재편 계획을 승인받게 되면 해당 기업에 상법상 사업재편절차 간소화, 공정거래법상 규제 유예, 고용안정 지원, 세제·자금 지원 등 특례를 제공받게 된다. 기존의 구조조정 관련 제도가 주로 부실기업 위주의 사후적 구조조정제도인 반면에 기업활력법은 정상적인 기업의 선제적 사업재편을 지원한다는 점에서 기촉법 및 통합도산법과 다르다.

---

* 기업이 주도적으로 회생과 환경 변화에 대응하기 위해서 기존 산업과 인력을 조정, 변경하는 것이 기업 구조조정의 주요 개념이지만, 기업회생 등의 주요한 방법인 워크아웃과 법정관리 개념도 소개하고자 기업 구조조정 부분에 포함하여 기술하기로 한다.

** 이하에서는 "기업 활력 제고를 위한 특별법"은 "기업활력법", "기업 구조조정 촉진법"은 "기촉법", "채무자 회생 및 파산에 관한 법률"은 "통합도산법"으로 사용하도록 한다.

구분	기업활력법	기촉법	통합도산법

적용 대상	• 공급과잉분야 기업
	  – 기촉법·통합도산법
	    대상 기업 제외
	• 신산업 진출 기업
	• 산업위기지역 추진
	  산업기업
		부실징후 기업	부실기업

신용 등급	A·B	C	D

특징	선제적·자율적 구조조정
	  – 절차 효율화·
	    세제 지원 등
		채권단 주도의 구조조정
		(워크아웃)
		  – 금융지원(채무조정) 한정
			법원 주도의 회생
			또는 파산절차
			(법정관리)

비고	정상기업이 구조변경과
	사업혁신을 동시에
	추진하는 경우에 한정
		채권금융기관에 500억 원
		이상 신용공여 받은 경우에
		한정
		  – 채권금융기관 적용 범위
		    또한 한정적(해외금융
		    기관 등 제외)
			부실기업에 대한
			사후적·타율적
			구조조정

⟨표 8-1⟩ 기업 구조조정 관련 법률

* 출처: 대한상공회의소 기업활력 제고를 위한 특별법 활용지원센터, ⟨여타 사업재편지원제도와의 비교⟩
(http://www.oneshot.or.kr/sub/law/summary.asp)

<표 8-2> 기업활력법 승인기업 혜택

분야	주요 지원 내용
기업활력법	• (소규모 분할) 자산규모 10% 이하 사업부문 분할 시 절차 완화 ※ 이사회 결의로 갈음(주주총회 생략)
상법 관련	• (주주총회 소집기간 단축) 7영업일(상법: 2주) • (채권자 보호절차 단축) 10일(상법: 1개월) • (주주: 주식매수청구권 행사기간 단축) 10일(상법: 20일) • (회사: 주식매수 의무기간 연장) 상장회사 3개월(상법: 1개월), 비상장회사 6개월(상법: 2개월)

공정거래법
관련
	• 지주회사·자회사·손자회사 지분규제 등 유예기간 연장: 3년
	  (공정거래법: 1~2년)
	• 상호·순환출자 규제 유예기간 연장: 1년(공정거래법: 6개월)
	• 상호출자제한 기업 집단 내 기업 간 채무보증금지 규제 유예기간 연장: 3년
	  (공정거래법: 2년)

세제	• (법인세)
	  - (양도차익) 자산매각으로 금융채무 상환 시 자산매각 양도차익 과세이연,
	    합병에 따른 중복자산 양도차익 과세이연 등
	  - 이월결손금 공제한도 확대(60%→100%)
	• (등록면허세) 합병·증자 등 자본금 증가 시 등록면허세 50% 감면

산업집적법*
관련
	• 산업용지 등 처분 제한 특례(승인기업은 시장가격으로 매각 허용)
	  ※ 양도차익의 70% 이상을 사업재편 용도로 재투자 의무화, 위반 시
	    과징금 부과

* "산업집적활성화 및 공장 설립에 관한 법률"은 "산업집적법"으로 사용하도록 한다.

분야	주요 지원 내용
자금	• (정책자금) 중소기업 사업전환자금 • (우대지원) 산업은행·기업은행, 기술보증기금·신용보증기금 등 융자·보증 시 금리·요율 등 우대 • 지방투자촉진보조금 지원요건 완화(기존 사업장 축소 불가→축소 가능)
고용안정	• 고용유지지원금 신청요건 완화 및 직업능력훈련비 지원 비율 확대 • 실직자 재취업 패키지 지원요건 완화
중소·중견	• 스마트공장 구축사업, 해외마케팅사업(글로벌 강소기업 해외마케팅 지원, 수출금융) 참여 우대
연구개발	• 정부 R&D사업 우대가점, 중소·중견기업 과제수행 한도(중소기업 3개, 중견기업 5개) 및 대기업 참여 제한 예외 적용, 기술료 납부유예 등

* 출처: 삼일회계법인 원샷법 센터, 「기업활력법 주요 개선사항」 내부자료.

한편, 재무나 수익구조가 악화된 부실기업에 대한 구조조정 제도는 크게 금융기관 주도형과 법원 주도형으로 구분된다.

〈표 8-3〉 현행 구조조정 제도 개요

구분		대상 기업
금융기관 주도형	재무구조 개선약정	• 재무, 수익구조가 악화된 계열기업 중 자산매각, 사업 구조조정 등 자구노력을 통해 재무구조와 영업실적 개선이 가능한 계열기업
	공동관리 (자율협약)	• 워크아웃, 회생절차 시 신인도 하락 및 영업활동 유지에 중대한 차질 초래가 예상되는 기업 • 금융채무 구조상 협약가입 금융기관만의 지원에 의해서도 정상화가 가능한 기업
	워크아웃	• 비즈니스 모델을 확보하여 중장기적으로 영업이익 창출이 예상되나, 금융채무 재조정이 선행되어야 계속기업 유지가 가능한 기업 • 기촉법 적용대상 금융기관의 채무재조정 및 지원에 의해서 정상화 추진이 가능한 여건의 기업
법원 주도형	회생절차	• 금융채무는 물론 비협약 채무에 대한 근본적인 채무 재조정이 필요한 기업 • 복잡 다양한 채무구조 등으로 인해 법률을 통한 일괄적인 정리가 필요한 기업
	청산, 파산	• 비즈니스 모델 및 수익구조가 붕괴되어 계속기업 유지가 불가능한 기업

재무구조 개선 약정제도

재무구조 개선 약정제도는 외환위기 당시 대기업 계열사 간 상호지급 보증이 연쇄 부도의 원인으로 지목되자 이를 해결하기 위해 도입된 제도이다. 채권단이 주도하여 대기업 그룹 재무평가 및 약정체결을 통한 구조조정을 유도한다. 대기업 그룹의 재무건전성을 강화하여 부실이 현실화되기 전에 사전적·선제적으로 관리하기 위한 제도로 운영되고 있다.

주채권은행은 소관 대기업 그룹에 대해 매년 재무평가를 실시하고, 여신 부실화가 우려되는 경우 약정체결을 통해 경영개선을 요구한다. 재무구조 개선 약정의 내용은 부채비율 감축 계획, 구조조정 계획과 기업지배구조 개선에 관한 사항 등으로 구성되며, 이 약정을 바탕으로 채권단은 계열사 및 자산 매각, 유상증자, 외자 유치, 채무보증 해소, 계열사 통폐합 및 사업 축소, 영업양수도와 같은 구조조정을 유도한다.

공동관리(자율협약)제도

자율협약제도는 구조조정 대상기업과 채권단 간의 협약을 바탕으로 채권단이 주도하는 구조조정 수단이다. 법적 근거는 없지만, 기업 이미지 훼손과 시장충격을 최소화하면서 채권자의 권리 보호가 가능하다는 점에서 본격적인 워크아웃 이전단계에서 많이 이용되는 구조조정 수단이다.

워크아웃이나 회생절차의 경우 구조조정 과정에서 기업의 신인도 하락으로 영업활동에 심각한 문제가 발생할 수 있다는 단점이 있다. 그러나 자율협약제도는 그러한 단점이 상대적으로 적어, 소수의 채권금융기관 간의 협약을 바탕으로 금융지원을 통해 정상화가 가능한 기업의 경우에는 매우 효율적으로 적용될 수 있는 방법이다.

워크아웃

워크아웃은 중장기적으로 영업이익의 창출이 예상되지만, 통상적인 자금 차입 외에 외부로부터 추가적인 자금 유입이 없이는 차입금 상환 등의 정상적인 채무 이행이 어려운 상태에 놓여 있다고 판단되는 신용위험평가 C등급 기업을 대상으로 한다. 법률에 의해 기속력이 인정되는 제도이기 때문에 모든 금융채권자에게 적용된다. 워크아웃의 법적 근거가 되는 기촉법은 정상화 가능성이 있는 부실징후 기업을 대상으로 기업개선절차가 신속하고 원활하게 진행되도록 필요한 사항을 정하고 있다.

법정관리(회생절차)*

법정관리(회생절차)는 재정적인 어려움으로 인해 파탄의 상황에 놓인 회사에 대해 사업을 계속할 때의 가치가 사업을 청산할 때까지의 가치보다 크다고 판단되는 경우, 법원의 감독하에 채권자, 주주, 지분권자 등 이해관계인의 법률관계를 법정에서 조정하여 그 사업의 효율성을 도모하는 것을 목적으로 하는 제도이다. 금융채무 이외에 상거래 채무 등을 포함해 비협약채무 등에 대한 일괄적이고 근본적인 채무 재조정이 필요한 기업에 적용된다.

청산 및 파산

청산형 회생계획이란 채무자의 사업을 청산할 때의 가치(이하 청산가치)가 계속할 때의 가치(이하 계속가치)보다 큰 경우로, 지금 당장 기업을 파산시켜

---

* 8장에서는 '법정관리'와 '회생절차' 용어를 혼용한다.

재산을 처분하고 기업을 정리하는 것보다는 일정 기간 영업활동을 이어가면서 자산을 정리하거나 우량자산을 제3자에게 매각하는 것이 채권자에게 유리할 경우 채권자의 동의를 얻어 진행하는 절차다.

(2) 워크아웃

기촉법의 규정상 워크아웃 절차 개시신청권은 채무기업에게 있다. 주채권은행은 거래기업에 대한 신용위험평가 결과 부실징후 기업에 해당된다고 판단할 경우 그 사실과 워크아웃 절차의 개시를 신청할 수 있음을 해당 기업에 통보한다. 이에 대하여 해당 기업이 주채권은행에 사업계획서 등을 첨부하여 절차의 개시를 신청한 경우에 한하여 주채권은행은 채권금융기관에 절차 개시여부를 결정하기 위한 협의회 소집을 통보한다. 채권금융기관은 대상기업이 제출한 사업계획서와 대상기업에 대한 회계법인 등의 실사보고서 등을 평가하여 경영정상화 가능성이 있다고 판단할 경우 협의회의 의결을 거쳐 절차를 개시할 수 있다.

워크아웃 개시에 대한 협의회 의결은 채권금융기관 총신용공여액 중 75% 이상의 신용공여액을 보유한 채권금융기관의 찬성으로 의결한다. 절차의 개시, 채권 재조정 또는 신규 신용공여와 관련한 사항에 대해 협의회 의결에 반대하는 채권금융기관은 협의회 의결일로부터 7일 이내에 협의회 의결에 찬성한 채권금융기관에 대해 자기의 채권을 매수하도록 청구할 수 있는 채권매수 청구권이 부여된다. 절차의 개시는 궁극적으로 '경영정상화 계획의 이행을 위한 약정'* 체결이 목적인데 동 약정은 채권행사 유예기간 내에 협의회 의결을 거쳐 체결되어야 한다. 경영정상화 약정에는 반드시 매출

---

* 이하에서는 "경영정상화 계획의 이행을 위한 약정"을 "경영정상화 약정"으로 사용하기로 한다.

액, 영업이익 등 해당 기업경영의 목표 수준이 포함되어야 하고, 목표 수준을 달성하는 데 필요한 해당 기업의 인원, 조직 및 임금의 조정 등의 구조조정 계획과 신주의 발행, 자본의 감소 등의 재무구조 개선 계획 등을 포함한 구체적인 이행 계획이 포함되어야 한다.

〈표 8-4〉워크아웃의 일반적인 절차	
채권금융기관 내 워크아웃팀 구성	구조조정 필요에 따른 대상기업 선정 발의
워크아웃 대상기업 선정	기업의 신청 혹은 채권금융기관(주채권 25% 이상 보유)의 발의로 채권금융기관 협의 결정
협의회 소집통보 및 채권행사 유예	채권금융기관의 채권신고, 채권금융기관협의회 소집통보, 채권행사유예
협의회 개최 및 추진방안 협상	75% 이상 동의로 채권단공동관리 개시결정, 채권회수 금지, 신규 지원 시 우선권 부여
외부전문기관의 실사	실사용역기관(회계법인)의 실사작업
기업개선계획 확정	실사보고서에 근거한 기업개선계획 수립, 채권금융기관협의회 75% 이상 동의로 확정
기업개선약정 체결	주관은행과 대상기업의 기업개선약정 체결
사후관리 및 워크아웃 졸업	경영관리단 파견, 정기보고체계 구축, 경영평가위원회 구성, 목표 조기실현 시 졸업

* 주관은행은 채권금융기관협의회의 대표로 기업의 구조조정을 독려하고 협의회의 중재자로 금융기관 간의 이해 대립을 조정

워크아웃 약정체결 이후에는 주채권은행이 약정의 이행실적을 분기별로 점검해야 한다. 점검결과를 바탕으로 해당 기업에 대한 공동관리의 지속여부 및 해당 기업의 경영정상화 가능성을 정기적으로 평가·점검해 협의회에 보고해야 한다. 한편, 채권금융기관은 부실징후 기업의 경영정상화를 위해 필요하다고 판단되면 협의회 의결에 따라 해당 기업에 대해 채권재조정 또는 신규 신용공여를 할 수 있다. 채권 재조정은 권리의 순위를 고려하여 공정하고 형평에 맞게 이루어져야 한다.

워크아웃은 회생절차 대비 실무적으로 신규여신 지원이 가능하다는 점이 큰 장점이다. 회생절차 역시 최근 법 개정으로 신규여신에 대하여 상환우선권을 부여했으나, 채권금융기관 입장에서는 신규여신을 지원함과 동시에 충당금을 설정해야 하므로 실무적으로는 회생절차에 들어간 기업에 신규여신이 이루어지는 경우는 매우 드물다.

회생절차는 채무자가 채권자 목록을 제출하고 채권자들이 채권신고를 강제함으로써 채무의 존재를 완전하게 확인하며 미신고 채권은 실권시킴으로써 우발채무를 단절시킬 수 있지만, 워크아웃은 대상 채권의 신고 의무가 없는 탓에 우발채무가 여전히 남을 가능성을 배제할 수 없다는 단점이 있다.

(3) 법정관리(회생절차)

통합도산법은 주채권은행의 신용위험평가 D등급에 해당되는 기업으로 회생 가능성이 없는 부실징후 기업에 적용되는 제도로 법원 관리하에 채권자, 주주 등 관계인의 이해를 조정하여 기업의 회생을 추진하는 절차이다.

회생절차 개시의 신청은 사업의 계속에 현저한 지장을 초래하지 않고는 변제기에 있는 채무를 변제할 수 없는 경우에는 채무자만이 신청할 수 있고, 채무자에게 파산의 원인이 되는 사실이 생길 염려가 있는 경우에는 채무자뿐만 아니라 이해관계자까지 신청권자의 범위가 확대된다.

보다 원활한 기업의 회생을 지원하기 위하여 기존의 회생절차를 보완하여 원활한 신규자금 확보를 가능하게 했다. 또한 구조조정 대상기업이 법원의 회생절차에 들어가기 전 미리 기업 M&A를 추진한 후 특정 매수자를 확보하여 이를 회생계획안에 반영한 다음 회생절차에 들어감으로써 정상화 기간을 단축할 수 있도록 했다.

또한 통합도산법상 관리인 선임은 일정 요건에 해당하는 경우를 제외하고는 기존 경영자를 관리인으로 선임하거나 개인채무자, 중소기업 등의 경우에는 관리인을 선임하지 않고 개인채무자 또는 법인채무자의 대표자를 관리인으로 보는 '기존 경영자 관리제도(DIP: Debtor in Possession)'를 규정하고 있다.

관리위원회는 회생절차 개시신청이 있다는 사실을 법원으로부터 통지받은 후 1주일 이내에 주요 채권자를 구성원으로 하는 채권자협의회를 구성한 다음 이를 채권자협의회의 구성원들에게 통지하고 법원에 보고해야 한다. 채권자협의회는 10인 이내로 구성되는데 관리위원회가 필요하다고 인정하는 때에는 소액채권자도 채권자협의회의 구성원으로 참여시킬 수 있다.

법원은 회생절차 개시신청이 있는 때에는 관리위원회의 의견을 들어 이해관계인의 신청 또는 직권으로 동 절차 개시결정이 있을 때까지 채무자의 업무 및 재산에 관하여 가압류, 가처분, 그 밖에 필요한 보전처분을 명할 수 있다. 보전처분은 채무자의 행위만을 제한하므로 회생채권자, 회생담보권자의 채무자 재산에 대한 강제 집행, 가압류, 가처분, 담보권 실행을 위한 경매절차 등을 막지 못한다. 따라서 회생채권자, 회생담보권자의 강제 집행 등을 막기 위해서는 개별적 강제 집행 등의 중지, 취소명령 또는 포괄적 금지명령 등을 사용해야 한다.

회생절차 개시결정일로부터 4개월 이내에 제1회 관계인 집회가 개최되어야 한다. 법원은 채무자 사업의 계속가치가 청산가치보다 크다고 인정하는 때에는 회생계획안의 제출을 명해야 한다. 채무자, 회생채권자, 회생담보권자, 주주, 지분권자 중 어느 하나에 해당하는 자는 회생계획안을 작성하여 법원에 제출할 수 있다.

회생계획안의 제출이 있을 때에는 법원은 이를 심리하기 위하여 기일을 정해 관계인 집회(제2회 관계인 집회)를 소집해야 한다. 또한 관계인 집회의 심리를 거친 회생계획안의 결의를 위하여 법원은 기일을 정해 관계인 집회(제3회 관계인 집회)를 소집한다. 관계인 집회에서 회생계획안을 가결한 때에는 법원은 그 기일에 또는 즉시 선고한 기일에 회생계획의 인가 여부를 결정해야 한다. 회생계획안이 회생계획안 결의를 위한 관계인 집회에서 부결되거나 정해진 기한 내에 가결되지 않을 경우에는 법원은 직권으로 회생절차 폐지 결정을 해야 한다. 회생계획이 인가된 이후에는 법원, 관리위원회, 채권자협의회, 감사 등이 관리인의 회생계획 수행을 감독하여야 한다.

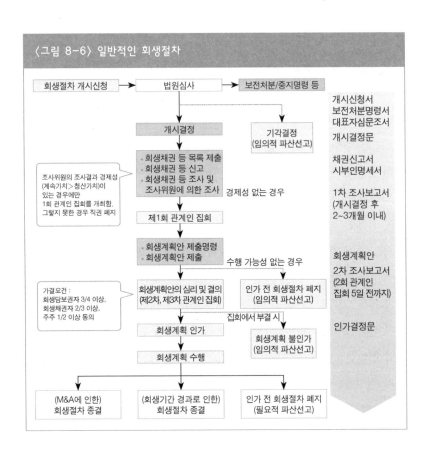

〈그림 8-6〉일반적인 회생절차

회생절차 개시신청 → 법원심사 → 보전처분/중지명령 등

개시결정 / 기각결정(임의적 파산선고)

개시신청서
보전처분명령서
대표자심문조서
개시결정문

• 회생채권 등 목록 제출
• 회생채권 등 신고
• 회생채권 등 조사 및 조사위원에 의한 조사

경제성 없는 경우

채권신고서
시부인명세서
1차 조사보고서
(개시결정 후 2~3개월 이내)

조사위원의 조사결과 경제성 (계속가치>청산가치)이 있는 경우에만 1회 관계인 집회를 개최함. 그렇지 못한 경우 직권 폐지

제1회 관계인 집회

• 회생계획안 제출명령
• 회생계획안 제출

수행 가능성 없는 경우

회생계획안
2차 조사보고서
(2회 관계인 집회 5일 전까지)
인가결정문

가결요건 :
회생담보권자 3/4 이상,
회생채권자 2/3 이상,
주주 1/2 이상 동의

회생계획안의 심리 및 결의 (제2차, 제3차 관계인 집회)

인가 전 회생절차 폐지 (임의적 파산선고)

회생계획 인가

집회에서 부결 시

회생계획 불인가 (임의적 파산선고)

회생계획 수행

(M&A에 인한) 회생절차 종결

(회생기간 경과로 인한) 회생절차 종결

인가 전 회생절차 폐지 (필요적 파산선고)

회생절차 패스트트랙제도 도입*

통합도산법상의 기업회생 절차가 복잡하고 진행 기간이 길며 효율성이 떨어진다는 지적이 있어 2011년 4월부터 서울중앙지방법원에서 회생절차 패스트트랙제도를 시행하고 있다. 동 제도는 기업의 상황에 따라 절차를 탄력적으로 조정하여 진행속도를 높이고 기업회생을 효율적으로 도모하고자 하는 목적으로 도입되었다. 즉, 회생절차 패스트트랙제도는 채권자 간 사전협상이 가능한 대기업에 대해 통합도산법상의 사전계획안제도를 활용하고, 워크아웃과 법정관리를 접목하여 금융기관 등 주요 채권자 주도로 최대한 빨리 구조조정을 마무리하여 시장으로 복귀시키는 제도이다.

회생절차 패스트트랙제도는 통합도산법상 허용된 기간 내로 절차를 최대한 단축하고 조기종결제도를 적극적으로 활용하는 특징이 있다. 채권자와 채무자 간 사전합의가 이루어진 경우에는 앞서 살펴본 바와 같이 1/2 이상의 채권자가 제1회 관계인 집회 이전에 회생계획안 사전제출제도를 활용하여 일부 절차를 통합·생략하고 사전계획안 인가 시 회생절차를 조기 종결한다. 만약 채권자와 채무자 간 사전합의가 이루어지지 않은 경우에는 신속하게 개시결정을 하고 조사위원 선임, 자금지출 관리, 회생계획안 작성 등에서 채권자협의회의 의견이 반영되도록 운영한다. 이 경우에도 절차별 소요시간을 최대한 단축하도록 노력하여 전체 절차가 신속히 진행될 수 있도록 한다.

---

* 김동환·구정한·이순호·김석기, 『기업구조조정 제도의 이해: 워크아웃과 법정관리』(한국금융연구원, 2016), 41~42쪽.

(4) 워크아웃과 회생절차의 비교

워크아웃과 회생절차는 서로 다른 제도적 특징을 지니고 있어 상호 대체적이라기보다는 상호 보완적 성격을 지닌다. 기존 사업자와의 계속적인 영업행위가 중요한 경우에는 워크아웃이 바람직하지만, 채권·채무관계가 복잡하고 과다한 부채로 인해 부실화된 기업은 회생절차가 바람직할 수 있다. 이에 여기에서는 부실기업의 대표적인 구조조정 제도인 워크아웃과 회생절차를 간단하게 비교해보고자 한다.

신청 주체

워크아웃은 주채권은행이 신용위험평가를 통하여 부실징후 기업이라고 판단되는 경우 해당 기업에 등급을 통보할 뿐 워크아웃 절차를 신청하는 것은 구조조정 대상 기업인 반면, 회생절차는 회사, 채권자 및 주주 등의 이해관계자가 신청할 수 있으며, 이때 신청서는 법원에 제출한다.

개시결정

워크아웃은 채권단 주도로 진행하는 구조조정 절차인 만큼 기촉법을 근거로 하여 채권금융기관협의회에서 공동으로 결정하는 반면, 회생절차는 법원이 개시결정을 하며 채권단의 동의는 불필요하다.

실사

워크아웃은 채권단이 공동으로 선임한 회계법인 등의 실사보고서를 바탕으로 대상기업과 주채권은행이 공동으로 작성한 경영정상화 계획안을 채권금융기관협의회에 부의하게 된다. 반면 회생절차는 법원이 선임한 조사위원이 조사보고서를 작성하고 이를 바탕으로 보통 관리인이 회생계획안을 작성하여 법원에 제출하게 된다.

정상화 방안 결의

워크아웃은 채권금융기관협의회의 75% 이상 동의로 결의하여 채권금융기관협의회 소속 채권금융기관 전원에게 적용된다. 반면 회생절차는 담보채권 3/4, 무담보채권 2/3와 주주 1/2 이상의 동의로 결의되며 금융기관뿐만 아니라 상거래 채권자를 비롯한 모든 채권자에게 일괄 적용된다.

〈표 8-5〉 워크아웃과 회생절차의 차이점

구분	워크아웃	회생절차
신청	채권은행 신용위험평가 후 부실징후 기업(C등급)이 주채권은행에 신청	회사, 채권자, 주주 등이 법원에 신청
개시	채권금융기관협의회에서 공동관리 개시결정(의결권의 75% 이상 동의 필요)	법원이 개시결정 (채권자 결의 불필요)
실사 및 정상화 방안 수립	• 채권단이 선임한 회계법인이 실사 • 주채권은행이 정상화 방안 작성 및 부의	• 법원이 선임한 회계법인 (조사위원)이 실사 • 관리인이 회생계획안 작성 및 제출(채권자, 주주도 제출할 수 있으나 사례 거의 없음)
결의	채권금융기관협의회의 75% 이상 동의로 결의	담보채권 3/4, 무담보채권 2/3, 주주 1/2 동의로 결의

구분	워크아웃	회생절차
법적효력	• 채권단과 기업 간 MOU 체결 후 효력 발생하나, 협약 대상 채권자에게만 유효 – 은행, 증권사 등 약 2,500여 개 국내금융기관 – 상거래채권자, 새마을금고, 신협, 개인투자자, 해외 금융기관 등 제외	• 법원 인가 시 확정판결과 동일 효력 발생 • 금융, 상거래채권뿐만 아니라 우발 및 손해배상 관련 채권 등도 권리변경 가능
적용법규	기촉법	통합도산법
채무조정 방식	채권자 주도의 사적 조정	법원 주도의 중립적 조정
적용대상	C등급	D등급
대상채권	협약가입 채권	기업 관련 모든 채권

* 출처: 김동환·구정한·이순호·김석기, 『기업구조조정 제도의 이해: 워크아웃과 법정관리』(한국금융연구원, 2016), 148쪽.

4) 구조조정 성공 사례

성공적인 구조조정은 주체별로 여러 가지 의미를 갖는다. 해당 기업에 있어 성공적인 구조조정은 인력 및 금융 채무의 문제점 해소에 그치지 않고, 기업 본연의 경쟁력을 회복하여 지속가능한 기업으로 발전을 가능하게 한다. 채권자 입장에서 성공적인 구조조정은 기업의 정상화를 통하여 성장에 필요한 자금을 안정적으로 공급할 수 있도록 하여 비즈니스 기회를 확대하는 의미를 가진다. 더 나아가 국가와 정부 차원에서 성공적인 구조조정은 한계 산업을 정리하고 공급과잉 문제를 해결하여 국가 경제의 활력을 제고하고 성장 잠재력을 확보할 수 있는 여건을 제공하게 된다. 국가 경제의 모든 참여자가 관심을 갖고 성공적인 구조조정 사례를 많이 만들어내고 활용할 수 있도록 해야 하는 이유이다.

<표 8-6> 구조조정의 목적과 기대효과

목적	• 한정된 자원의 효율적 재배분을 통하여 기업의 경쟁력 회복 도모 • 건강한 국가경제 생태계를 유지		
	구조조정의 기대효과	구조조정 과정상 주요 역할	관심
대상 기업	• 안정적인 영업이익 창출 가능 사업구조 확보 → 계속기업 유지 기반 마련 • 재무구조 개선으로 독립적인 경영활동이 가능한 토대 구축	• 원가 절감 및 생산성 향상을 위한 근본적인 사업/조직/인력 구조조정 실행 • 부실 해소를 위한 감자 및 출자전환 실행(지배구조와 경영권 변동 수반)	• 신규자금 • 경영권 • 고용
채권자	• 조기 정상화를 통한 손실 최소화 • 자산 건전성 제고 • 시장을 통한 한정된 자원의 효율적 배분이라는 핵심 역할의 지속성 확보	• 단기적인 손실을 부담하더라도 정상화를 위한 신규자금, 출자전환, 상환유예 등 금융지원 실행 • 워크아웃(자율협약)의 경우 부실기업 정상화 추진의 주체로 기능	• 건전성 • 채권회수 • 자금지원 최소 • 책임
정부	• 국가 경제의 활력 제고 • 성장 잠재력 확충 • 건강한 경제 생태계 유지	• 구조조정 과정에서 발생하는 사회적 비용(고용, 협력업체, 지역경제 등)을 분담할 수 있는 법적·제도적 장치 마련	• 금융안정 • 신속 • 여론

현재 글로벌 시장경제는 하루가 다르게 급변하고 있다. 전통적으로 한국이 강한 경쟁력을 가졌던 분야인 조선이나 철강, 그리고 가전제품과 같은 산업은 이제 동남아시아 지역의 기술력이나 중산층의 부상으로 경쟁력을 잃은 상황이며, GDP의 15%를 차지하고 있는 자동차 산업 역시 전기자동차 등의 부상으로 약 35%에 이르는 부품업체들이 사라질 전망이다. 이렇듯 국내 주요 산업은 구조조정을 통한 성장을 꾀해야 할 시점이다. 따라서 여기에서는 구조조정을 먼저 겪은 미국과 일본, 그리고 다른 국가의 구조조정 사례에서 교훈을 발견하고자 한다.

(1) 자동차 산업의 구조조정

자동차 산업의 패러다임이 변하고 있다. 자동차의 미래는 제조업이 아닌 첨단기술이 결합하여 전기자동차와 자율주행을 중심으로 하는 모빌리티 산업이며, 소유의 대상이 아닌 '이동'이라는 서비스를 제공하는 서비스 산업이다. 2018년부터 마이너스 성장을 보이고 있는 전 세계 자동차 시장은 자동차에 대한 수요 감소와 함께 내연기관차에서 전기, 자율주행차로 패러다임이 전환되고 있다. 엔진과 변속기가 핵심 부품인 내연기관차와 달리 전기자동차는 배터리 기반의 전기모터가 이를 대체하기 때문에 이로 인해 소멸하는 부품은 엔진 계통 6,900개 등 전체 3만 개 부품 중 37%인 1만 1,000개 정도로 예상된다. 이에 따라 생산 현장 인력 재배치 및 부품 협력사들과 협업을 포함한 완성차 기업의 미래 대응 방안은 자동차 산업 생태계의 생존을 결정하는 중요한 문제가 되었다.

국가	브랜드	구조조정 내용	국가	브랜드	구조조정 내용
독일	다임러AG	2022년까지 1만 명 감원 계획	미국	포드	유럽 사업부 소속 인력 1만 2,000명 감원
	폭스바겐	2023년까지 사무관리직 7,000명 감축			세단 승용차 라인 생산 중단
		생산직 구조조정도 적극 검토			
		인도법인 3개→1개 통합			러시아 공장 3곳, 영국과 프랑스 공장 각각 1곳 등 5곳 폐쇄
	콘티넨탈	공장 32개 중 9개 폐쇄		GM	북미공장 최대 7곳 단계적 폐쇄
		파워트레인 부문 분사			
	보쉬	인도 법인 감원 등 인력 효율화			관련 인력 1만 5,000명 구조조정
영국	재규어 랜드로버	직원 4,500명 구조조정 단행	일본	도요타	고위급 임원 32명 구조조정
					간부급 직급도 통폐합 슬림화
프랑스·일본	르노·닛산 연합	닛산 미국·멕시코 공장 1,700명 감원		혼다	2021년까지 영국 공장 폐쇄
		중국 닛산 공장 생산량 20% 감축			터키 공장은 올해 세단 생산 중단
한국	현대·기아차	중국 베이징 현대 1공장 2,000명 희망퇴직		스즈키	2018년 9월 중국 공장 폐쇄·사업 철수
		기아 옌청 1공장 가동 중단 외부 임차			

　글로벌 자동차 산업에 있어서 GM은 대표적인 구조조정 성공 사례로 꼽힌다. 금융위기 이후 실적이 악화되던 GM은 2009년 6월 자산(823억 달러)의 두 배가 넘는 부채(1,730억 달러)를 견디지 못하고 뉴욕법원에 파산신청을 했다. GM은 최고구조조정책임자로 미국의 구조조정 전문 컨설팅 기업

알릭스 파트너스의 앨버트 코치 부회장을 선임했는데, 코치 부회장은 39일 만에 회사를 파산보호 상태에서 졸업시켜 '마이더스의 손'이라 불린다.[*] GM은 회생을 위해 사업을 이어나갈 '뉴 GM'과 부실 뒤처리를 맡게 될 '구 GM'으로 회사를 분할했다. '뉴 GM'은 수익성이 양호한 자산과 사업 일부만 인수해 조직을 슬림화하는 한편, 보유하고 있는 8개 브랜드 중 절반인 4개를 매각하거나 청산했으며, 미국 내 공장 수도 47개에서 30개로 통폐합 했다. 딜러 조직 규모도 절반으로 줄였다.

고비용 구조도 과감히 정리했다. GM의 경우 종업원과 퇴직자 및 그 가족에게 평생 보장하는 의료비 및 연금비용을 포함한 복지비용 부담이 컸다. 복지비용 때문에 GM의 시간당 노무비는 경쟁업체인 도요타나 현대차의 1.5~2배에 육박했다. GM은 미국자동차노조(UAW)와 대타협을 통해 퇴직자 지원 프로그램을 중단키로 합의하며 인건비 부담을 축소했다. 퇴직자의 료보험펀드 출연금도 계획했던 규모의 절반으로 줄였고 생산직 근로자 수도 2008년 6만 2,000명에서 이듬해 4만 명으로 축소하며 노무비 부담을 34% 경감했다. 과감한 조직 슬림화와 복지비용 정리 덕에 지난 2012년 GM은 구제금융을 3년 만에 졸업할 수 있었다.

GM은 2018년에 다시 한 번 구조조정을 단행했다. 2016년부터 2017년 2년 연속으로 연간 약 40조 원의 영업이익을 내는 사상 최대의 실적을 올렸지만, 미래차 시대를 위해 선제적으로 구조조정을 과감히 실시했다. 전 세계 5개 대륙 70개 공장 중 비인기 차종을 생산해 가동률이 현저하게 떨어진 공장 10%를 폐쇄하고 전기자동차와 자율주행차에 투자를 집중하고 있다.

---

[*] 제8회 'Asian Leadership Conference' 「성장 한계 극복의 키, 기업구조조정」(2017) 홍보 홈페이지 안내문구 중에서.

직원 15% 감원, 공장 폐쇄 등 2019년 말까지 약 60억 달러(약 6조 7,740억 원)의 강도 높은 비용 절감을 했고, 북미 지역에서만 총 1만 4,700명을 감원했다. 사무직 8,100명을 포함하여 미국·캐나다 공장 소속 생산직 근로자 6,000명도 감원 대상이었다. 미국 공장 3곳을 폐쇄했고, 인도와 태국 공장 매각 결정을 내렸다. 이 외에도 유럽, 호주, 뉴질랜드, 남아프리카공화국, 인도네시아 등에서 철수를 마쳤거나 철수 예정이다. 더불어 최근에는 이탈리아에 위치한 연구개발센터를 매각한 것으로 알려진다. 기존 전통적인 자동차 부문을 대폭 축소하는 대신 자율주행차와 전기자동차에 필요한 소프트웨어나 전기에 대한 투자는 강화하는 방향으로 전략을 이동하고 있다.

(2) 일본 가전 기업의 구조조정

과거 세계 최고의 가전 기업으로서 전성기를 누리던 일본의 소니와 파나소닉은 변화에 제때 대응하지 못하고 경쟁력을 잃었으나 지금은 혹독한 구조조정을 통하여 새로운 부활을 꿈꾸고 있다. 이번에는 일본 가전 기업들의 구조조정 성공 사례를 확인해보고자 한다.

우선 휴대용 워크맨과 TV 등을 통해 한때 최고의 가전기업에 올랐던 소니는 2008년 글로벌 금융위기를 겪으면서 줄곧 내리막을 걷고 있었다. 2008 회계연도부터 매출이 13% 감소하면서 2,278억 엔의 영업손실과 989억 엔의 순손실을 기록하면서 나락으로 떨어지기 시작했다. 그러던 소니가 2013년 회계연도에 흑자전환을 시작으로 다시 회생을 시작했다. 혹독하고 과감한 '선택과 집중' 전략의 결과였다. 1만 명이 넘는 인력 구조조정과 함께 유휴자산 매각을 시작으로 뼈를 깎는 구조조정에 돌입했다. TV용 액정표시장치(LCD)를 외부에서 조달하며 50인치 이상 프리미엄 TV에 집중했고, 바이오(VAIO) 브랜드의 PC사업부는 2014년 매각했다. 대신 디지털카메라용

CMOS 이미지센서와 게임, 음악, 금융사업 등에 집중 투자했다. 내부적으로는 연공서열을 폐지해 효율성을 높였고, TV와 스마트폰 사업부 등을 별도 법인 형태로 운영하며 책임경영을 강화했다. 이제 소니는 전자·엔터테인먼트·금융의 3대 사업 축을 보유한 기업으로 환골탈태했다. 이미지센서는 50%에 가까운 점유율로 세계 1위를 놓치지 않고, 게임은 연간 1조 엔 이상의 매출을 올리는 주력 산업이 되었다. 지난 2018년 5월 22일 도쿄에서 열린 소니의 중기 전략 발표회에서 요시다 겐이치로 소니 CEO는 "사물인터넷, 인공지능, 자율주행 등 이미징 분야에서 세계 1위를 굳건히 하고, 장기적으로는 센싱 애플리케이션 분야 글로벌 리더가 되겠다"고 밝혔다. 그러나 한편으로는 소니의 구조조정은 아직 진행 중이라고 볼 수 있다. 뼈를 깎는 구조조정으로 흑자전환 했다는 점과 최근 플레이스테이션이나 가상현실, 로봇 등의 신사업을 육성하면서 미래 먹거리를 찾고 있는 점은 긍정적이나, 전체 자산의 70% 이상이 여전히 금융상품에 관련되어 있는 상황에서 아직 금융사업부의 분할이나 정리가 이루어지지 못하고 있다. 모바일이나 가상현실과 같은 테크회사를 지향하면서도 금융사업의 비중이 높아 자기자본이익률이 아직 낮은 5%를 기록하고 있기 때문이다.

파나소닉은 가전회사에서 2차 전지, 자동차 전장, 태양광, 홈 IoT 등 미래 성장동력으로 사업구조를 전환하고 있다. 삼성·LG전자에 밀린 TV와 가전사업을 포기했지만 테슬라에 들어가는 자동차용 리튬이온 배터리는 세계 시장 점유율 1위로서 파나소닉의 새로운 수익원이 되었다. 가전사업도 기업용 냉장고나 공조시스템 등으로 전환했고 자동차 전장부품 사업에 집중 투자하며 기업 간 거래(B2B) 기업으로 체질을 바꾸면서 과거 영광 재현에 들어갔다. 90여 개에 달하는 사업군을 철저히 분석하고, 90여 년간 주력해온 TV와 라디오 등의 사업 비중을 확 줄였고, 5% 영업이익을 내는 데 실패한 사업은 모두 구조조정 대상으로 삼았다. 이제 파나소닉은 차량용 IT 기기·부품(네비게이션 시스템, 오디오, 리튬이온 배터리 등), 태양광 발전시스템, 주택 관련 제품(건축 내·외장재 등), 항공기용 엔터테인먼트 시스템 및 통신 서비스 등, 자동차 전장(전기·전자)화, 스마트시티 등의 분야에서 새로운 부가가치를 창출하고 있다.

구조조정에 성공한 기업들은 열심히 한 것에 그치지 않고, 급변하는 시대의 흐름을 읽고 조직을 유연하고 민첩하게 바꿔 과감한 구조조정과 투자를 함께 집행한 기업들이다. 변화를 따라가지 못하는 기업들은 아무리 지금 잘나간다고 하더라도 반드시 도태될 수밖에 없다.

사업부 또는 기업의 잠재적인 매각을 준비함에 있어서 매각과 관련하여 발생할 수 있는 고려 요인이 확대됨에 따라 과거보다 더 유연하고 신속하게 대응할 필요가 있다.

이제 게임의 규칙이 바뀌고 있다. 따라서 CFO는 기업의 재무 전문가이자 투자자의 눈을 가질 필요가 있다. 시대의 흐름을 읽고 사업 포트폴리오를 꿰뚫으며 순발력 있게 대응할 수 있도록 조직을 보다 민첩하고 유연하게 가지고 가야 할 것이다.

이에 아래에 제시한 Kurtzman Carson Consultants의 컨설턴트들이 꼽은 기업 구조조정의 5대 원칙[*]에도 주목해야 한다.

- 현명하게 하라. 전문가의 도움을 받도록 하라.
- 신속하게 하라. 시간이 핵심이다.
- 준비되어 있으라. 정보를 효율적으로 관리하라.
- 투명하게 하라. 진행절차 등을 이해관계자와 공유하는 것이 바람직하다.
- 민감하라. 이해관계자에게 그들의 재무적 필요(요구)를 고려하고 있다는 확신을 주도록 해라.

2. M&A[**]

1) M&A의 긍정적 효과

M&A는 다양한 순기능을 가지고 있으나 과거 한국에서는 기업을 사고 파는 것에 대한 부정적인 인식이 있었던 것이 사실이다. 다행히 지금은 기업을 사고파는 것에 대한 부정적 인식이 거의 사라졌다. 또한 M&A는 기업을 사는 측이나 파는 측뿐 아니라 사회적으로도 많은 순기능을 가지고 있다.

첫째, M&A는 기업활동의 효율성을 높인다. 기업을 사겠다고 하는 측은

---

[*] 최중경, 「성장 한계 극복의 키, 기업구조조정」, 제8회 'Asian Leadership Conference' 강연자료. (2017)(Kurtzman Carson Consultants 재인용).

[**] M&A 부분은 본서 5장 '회계정보와 경영의사결정'의 저자인 아주캐피탈 박춘원 사장이 쓴 글이다.

대부분 기존 주주 및 경영진보다 대상기업을 더 잘 운영할 나름대로의 이유가 있기 마련이다. 매도측과 매수측이 생각하는 기업가치가 동일하다면 M&A의 실익이 없으므로 거래는 거의 발생하지 않을 텐데, 실제로는 많은 거래가 발생하고 있는 것은 이러한 자신감과 근거가 있기 때문이다. 따라서 인수 후 기업의 경영이 더 효율적으로 이루어질 가능성이 높다.

둘째, M&A를 통해 기업활동의 규모가 확대될 수 있다. 인수측은 인수 후 효율성을 높이는 계획 외에 기업의 사업 규모를 확대함으로써 가치를 창출하려는 계획을 갖기도 한다. 계획이 잘 먹힌다면 기업활동은 확대되고 기업은 성장하게 될 것이다.

셋째, M&A는 인수측이나 매도측의 사업포트폴리오를 더 바람직하게 개선하는 데 기여할 수 있다. 기업을 팔거나 사는 목적이 인수측과 매도측의 사업 포트폴리오를 더욱 탄탄하게 하는 목적인 경우가 많은데, 이러한 목적의 M&A 결과로 양측 또는 한쪽의 포트폴리오가 강화될 수 있다.

넷째, M&A는 인수측 입장에서 해당 사업에 빠르게 진입할 수 있는 수단을 제공한다. 새로운 사업을 처음부터 시작하려면 상당한 시간이 소요될 수 있지만, M&A를 통한다면 그러한 시간 낭비 없이 바로 해당 사업을 영위할 수 있다.

다섯째, M&A는 기존 주주가 해당 사업에서 철수할 기회를 제공한다. 어떤 사업을 그만두고 싶어도 누군가 사주지 않는다면 사업을 접는 것이 쉬운 일은 아니다. 자산을 헐값에 매각해야 하고 직원들의 고용문제를 해결하기 위해서는 비용뿐 아니라 사회적 비판도 감내해야 할 수도 있다.

이러한 순기능에도 불구하고 잠재인수자 간의 가격경쟁으로 인해 과도한 인수가격을 지불하게 되는 승자의 저주가 발생한다면 M&A로 인해 인수측은 위태로워지게 된다.

2) M&A 유형 및 프로세스

(1) M&A의 유형

M&A는 여러 가지 유형이 있는데, 매도측이 매각 의사가 있는지 여부, 인수대상 기업의 자산을 이용해 자금을 조달하는지의 여부, 인수 주체가 누구인지, 또는 경쟁입찰을 하는지의 여부 등에 따라 유형을 구분할 수 있다.

첫째, 기존 주주가 회사를 매각할 의사가 없음에도 회사를 강제로 인수하려고 하는 경우 적대적 M&A라고 하고, 우호적 관계를 유지하면서 협상을 통해 매각을 진행하는 것을 우호적 M&A라고 한다.

둘째, 회사를 인수할 때 인수측이 자기자금만으로 인수하는 경우는 많지 않다. 금융시장이 발달하여 인수금융기회가 늘어났고, 사모펀드의 발전으로 함께 투자를 실행할 재무적 투자자(FI: Financial Investor)도 많아졌기 때문에 자기자금만으로 인수했을 경우에 비해 이러한 공동인수/차입인수의 경우가 레버리지 효과로 인한 수익률을 더 높일 수 있다. 따라서 대부분의 경우 차입을 통해 인수한 후 인수대상 기업의 주식이나 대상기업이 보유한 자금 또는 자산을 활용하여 차입금을 상환하는 방식을 많이 사용하는데 이러한 유형의 M&A를 차입매수(LBO: Leveraged Buy Out)라고 한다.

셋째, 인수 주체가 누구인가에 따라 일반적인 형태인 제3자에 의한 매수 외에 회사의 경영진이 인수하는 경영진매수(MBO: Management Buy Out)와 직원들이 매수하는 종업원매수(EBO: Employee Buy Out)가 있다.

넷째, 매도측이 여러 매수희망자를 대상으로 경쟁입찰을 통해 매각하는 공개입찰 M&A(Auction Deal)와 소수의 인수희망자를 대상으로 비공개로 협상을 통해 매각하는 비공개 M&A(Private Deal)가 있다.

(2) 우호적 M&A 프로세스

M&A 프로세스는 적대적 M&A와 우호적 M&A가 크게 다른데, 이유는 적대적 M&A는 매도측이 매각할 의사가 없는 상태에서 진행되므로 우호적인 상태에서 진행되는 실사나 협상 등의 과정이 있을 수 없기 때문이다. 여기서는 일반적인 사례인 우호적 M&A 프로세스를 매도측 중심으로 설명하고자 한다.

주간사 선정

매도측은 전체 매각과정에서 매도인을 자문할 전문가를 선임하게 되는데, 통상적으로 회계법인이나 투자은행(Investment Bank)들이 주간사를 맡게 된다. 주간사는 매도측이 성공적으로 매도할 수 있도록 매각과정에 대한 자문, 협상에 대한 자문, 실사 진행 등을 수행한다. 통상 매수측도 이때 주간사를 선정하여 자문을 받기 시작한다.

매각전략 수립 및 사전준비

주간사가 선정되면 어떤 절차나 구조로 매각을 진행할지 등에 대한 전략을 수립하고 잠재적 인수자들을 협상에 끌어들이기 위한 마케팅 자료를 작성한다. 마케팅 자료는 잠재적 매수자의 의향을 확인하기 위한 요약투자설명서(TM: Teaser Memorandum) 및 매각 자문사를 통한 실사를 거쳐서 작성되는 투자제안서(IM: Information Memorandum) 등이 포함된다.

잠재적 인수자 물색

주간사는 매각대상회사 인수에 관심을 가질 만한 회사를 찾고 접촉하여 매수의사가 있는지를 확인한다. 잠재인수자는 경쟁사일 수도 있고 신규 사업을 찾고 있는 전략적 투자자일수도 있고 투자를 전문으로 하는 사모 펀드일 수도 있다.

비밀유지약정서(CA: Confidential Agreement) 수령

잠재적 인수자들이 물색되었으면 그들에게서 비밀유지약정서를 청구한다. 매각이 진행되고 있다는 사실과 매각대상회사와 관련한 정보들에 대해 비밀을 준수하겠다는 약정이며 법적 구속력이 있다. 또한 매수측도 매수측이 매각과정에 참여한다는 사실에 대한 비밀유지를 요구하기도 한다.

투자설명서(IM: Information Memorandum) 배포

잠재적 인수자들을 대상으로 회사에 대한 비교적 상세한 설명자료를 배부한다. 투자설명서에는 대상회사의 산업에 대한 개요와 회사의 영업과 재무에 대한 내용이 들어가며 마케팅 목적이므로 회사의 강점들을 중심으로 작성한다.

인수의향서(LOI: Letter Of Intent) 접수

잠재적 인수자들은 회사가 배부한 투자제안서와 각자 조사한 내용을 기초로 인수의향서를 제출한다. 인수의향서는 법적 구속력이 없고, 단지 인수 의향이 있다는 의사표시이다. 인수의향서에는 인수 예정가격을 기재하도록 하는데 이 가격은 예시적일 뿐 법적 구속력을 가지지 않는 것이 대부분이다.

적격인수후보(Short List) 선정

매도측에서는 인수의향서를 제출한 잠재적 인수자들의 인수의향의 진정성, 인수능력 등을 검토해 상세실사에 참여시킬 적격인수후보를 선정한다.

상세실사

적격인수후보에 선정된 회사들은 매도측에서 제공하는 회사와 관련한 세부정보들을 열람할 수 있으며 각자가 필요로 하는 정보들을 요청할 수 있다. 실사 방식은 정보를 볼 수 있는 열람실(Data Room)을 제공하고 그 장소에서만 자료를 열람하도록 하거나, 파일 형태로 작성하여 인터넷을 통해 접속하여 정보를 열람하도록 하기도 한다. 이때, 민감한 사항들은 매도측에서 제공을 거부하기도 하며, 이로 인해 마찰이 발생하기도 한다. 실사 과정에서 충분한 자료가 제공되지 않는 경우 그러한 사항에 대한 의문이 해소되지 않으면 매수인측은 이를 진술 및 보장 사항에 반영하여 향후 문제 발생 시 보상을 받으려 할 것이기 때문에 우리나라에서 M&A 경험이 쌓여감에 따라 매도인측의 실사자료의 충분한 제공은 필수적인 것으로 인정되고 있다.

상세실사에 참가한 잠재적 인수자들은 상세실사를 통해 얻은 정보를 바탕으로 인수가격을 결정하고 인수와 관련한 전제조건들을 문서화하여 매도측에 제출한다. 통상 매도측에서는 제안요청 시 인수제안서에 들어갈 내용을 정하고 인수 시 반드시 따라야만 하는 조건들을 제시한다. 예를 들면 인수대상 회사의 자회사는 반드시 인수해야 한다던가, 반대로 자회사는 인수대상에서 제외한다든가 또는 직원들에 대한 고용승계조건을 전제로 한다든가 하는 전제조건들이 포함되기도 한다. 반대로 인수제안 시 매수측에서 요구하는 사항들을 포함하여 제안할 수도 있다. 인수제안서는 법적 구속력이 있는 제안서를 요구할 수도 있고 구속력이 없는 제안서를 요구할 수도 있다. 인수제안서 수령 단계에서 매도측에서 본계약서의 초안을 송부하고 이에 대한 매수측 의견을 취합할 수도 있다. 이를 통해 매수측의 비가격적 요소에 대한 견해를 조기에 취합하여 비교함으로써 우선협상 대상자 선정에 비가격적 요소를 반영할 수 있기 때문이다. 이러한 비가격적 요소로는 가격조정의 방식, 진술 및 보장의 범위 등이 포함된다.

매도측에서는 인수제안서를 검토하여 가격을 포함한 인수조건과 인수측의 인수능력 등을 고려하여 우선협상 대상자를 선정하여 발표한다. 이때, 가격만을 고려하는 것은 아니므로 가장 높은 가격으로 제안했어도 우선협상 대상자에 선정되지 않을 수 있다.

협상 및 본계약 체결

우선협상 대상자가 선정되면 매도측은 매각가격을 포함해 매각과 관련한 조건들에 대해 매수측과 협상을 시작한다. 매도측은 인수제안서에 제안된 가격을 유지하거나 가능하다면 더 받으려고 하고, 매수측은 여러 가지 이유로 가격을 더 낮추려고 한다. 가격 외에도 본계약서에 포함될 중요한 거래조건들에 대해 협상을 하는데 대상기업의 상태에 대한 보증이나 미래에 발생할 손해배상 한도 등에 대해 협상한다.

대금지급 및 거래 종결

회사를 매매하는 데에는 양자만 합의한다고 끝나는 것이 아니라, 특정 업종의 경우에는 M&A와 관련한 규제를 준수해야 한다. 금융회사인 경우 금융위원회 승인을 필요로 하기도 하고, 매수측과 인수대상기업이 동일업종인 경우에는 공정거래위원회로부터 기업결합에 대한 승인을 받아야 한다. 거래가 종결되기 위해서는 이러한 승인절차가 완료되어야 하며, 이외에도 양자가 선행조건으로 합의한 사항이 있다면 선행조건들이 충족되어야 한다. 거래를 위한 모든 조건이 충족되었다면 대금을 지급함으로써 거래가 종결된다.

이때, 전체 거래에 소요되는 기간은 사례별로 많은 차이가 있으며 큰 규모의 계약이나 규제가 엄격한 업종의 경우에는 더 오랜 기간이 소요된다. 통상시간이 많이 소요되는 절차는 상세실사, 협상, 선행조건 이행이며 선행조건 이행은 규제산업이면 관련 규정에 따라 많은 차이가 난다. 따라서 전체 과정은 짧은 경우에도 4~5개월이 소요되고 긴 경우에는 1년 이상 소요되기도 한다.

M&A에서 중요한 시기는 우선협상 대상자 선정과 본계약 체결이다. 일단 우선협상 대상자가 선정되었다는 사실은 매도측 입장에서는 만족스럽지는 못할지라도 매도할 상대방이 존재한다는 것이므로 매도 가능성이 높아진 것이고, 인수측 입장에서는 여러 잠재적 인수후보자 중에 매수할 가능성이 제일 높은 지위를 확보하게 되는 의미를 가진다. 우선협상 대상자가 선정 되었어도 협상과정에서 계약이 무산되는 경우가 허다하므로 본계약이 체결되어야 비로소 매각이 거의 성사되었다고 볼 수 있다. 본계약이 체결 되고도 여러 가지 이유로 거래가 종료되지 못하는 경우가 있다. 그중 대표 적인 예는 2008년 금융위기의 발생 또는 최근 COVID-19의 발생 등 실물 충격으로 예상치 못했던 업황의 급작스러운 악화로 매수측의 입장이 변화 하거나, 매수측의 신용상태의 악화로 자금조달이 이루어지지 않는 경우 등 을 들 수 있다. 이런 매수측의 사정 변화에 의한 본계약 이행의 실패의 경우 본계약 체결 시 이행보증금 납입이 있었다면 이러한 이행보증금은 매도측 이 반환하지 않는 것이 일반적이다.

3) M&A 시 자금조달

(1) 단독 인수 시의 자금조달

M&A 시 자금조달은 다양한 형태가 존재하는데 인수자가 모든 자금을 조달하여 인수하는 경우는 사실상 드물다. 일반적으로 인수자가 자기자금 외에 인수대상회사 주식을 담보로 제공하고 인수금융을 사용하는 경우도 있고 여기에 더해 주식인수대금이 부족하여 투자목적으로 주식을 같이 인수할 재무적 투자자를 끌어들이기도 한다. 재무적 투자자는 일반적으로

기업투자를 전문적으로 하는 사모펀드(PEF: Private Equity Fund)*가 일반적이다. 또한 인수대상회사의 자금이나 자산을 활용하여 자금을 조달하기도 하는데, 외부 차입을 통하여 인수자금을 조달하는 경우를 통틀어 차입매수(LBO)라고 한다.

인수기업의 주식을 담보로 인수금융을 활용함에 있어서 선순위와 후순위로 구분하여 조달하는 방법을 사용할 수 있다. 이는 부동산 구입 시 은행권에서 선순위로 낮은 금리로 조달하고, 부족한 경우 제2금융권에서 높은 금리로 후순위로 조달하는 것과 동일하다. 이렇게 복층의 순위로 나누는 이유는 시장에서는 수익과 위험의 조합에 대한 다양한 선호를 가진 금융기관/투자자가 존재하기 때문에 단일 순위의 자금조달만을 사용하는 것보다 자금조달의 확실성과 비용이 더 우월하기 때문이다.

여기에 재무적 투자자들과 연합하여 지분을 인수하는 방법을 추가하기도 한다. 재무적 투자자는 경영에는 참여하지 않고 오로지 투자수익을 얻기 위한 목적으로 지분을 매입하게 된다. 재무적 투자자가 인수금융 제공자보다 매수측 입장에서 유리한 것은 재무적 투자자는 기업가치가 상승하면 보유 지분을 매각하여 투자금을 회수하므로 조달금리가 인수금융보다 크게 낮아지기 때문이다. 다만 추후 인수기업의 가치가 하락하면 재무적 투자자는 이러한 방식으로 투자금을 회수하지 못하고 원금손실을 볼 수 있으므로 매수측에 일정수익률을 보장하는 것이 일반적이다. 재무적 투자자에게 최저수익률을 보장하는 경우에는 관련한 매수측의 리스크를 세밀하

---

* 사모펀드(PEF: Private Equity Fund)는 출자자(LP: Limited Partner)의 자금을 모아 펀드를 결성하고 기업투자에 전문성을 갖춘 운용사(GP: General Partner)가 이를 운용하여 투자수익을 출자자에게 환원하는 투자방식이다.

게 분석해야 한다. 대표적인 사례로 국내에서 A그룹이 B건설사를 인수할 당시 재무적 투자자에게 일정 수익률을 보장하기 위해 풋백옵션을 제공했는데 주가가 하락해 풋백옵션을 제공하기 어렵게 되어 결국 채권은행에 B건설사를 재매각하여 회복하기 어려운 손실을 입게 되었다.

(2) 사모펀드와의 공동 인수

한국 M&A 시장은 과거 약 20조 원 규모에서 최근 약 30조 원 규모까지 확대되었고, 사모펀드가 주요한 M&A의 주체로 성장했다.

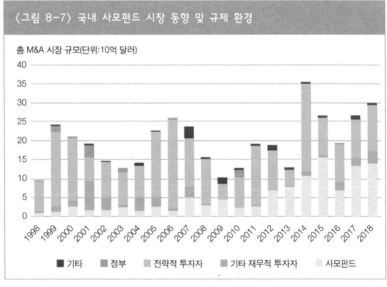

〈그림 8-7〉 국내 사모펀드 시장 동향 및 규제 환경

총 M&A 시장 규모(단위:10억 달러)

■ 기타   ■ 정부   ■ 전략적 투자자   ■ 기타 재무적 투자자   ■ 사모펀드

* 출처: 송인준, 「금융과 산업발전을 위한 Private Equity의 역할」, IMM 강연자료(2019)(Bain & Company; capital IQ; IMM analysis 재인용).

사모펀드와 같이 투자하는 경우에는 사모펀드로부터 자금조달에 대한 도움도 받을 수 있고, M&A 경험이 많은 사모펀드 운영사들로부터 M&A

과정과 M&A 이후 인수기업을 경영하는 데도 많은 도움을 받을 수 있다.

반대로 사모펀드가 주도해 기업을 인수함에 있어서 일반기업을 전략적 투자자(SI: Strategic Investor)*로 끌어들이기도 한다. 사모펀드입장에서는 투자비를 줄일 수 있고 인수기업의 경영에 전략적 투자자의 도움을 받고, 무엇보다 중요한 것은 나중에 전략적 투자자에게 회사를 매각하고 거래를 종결시킬 수 있는 장점도 있다.

사모펀드는 현재 M&A 시장에서 큰손 역할을 하고 있는데 2005년 사모펀드 제도가 국내에 도입**된 이후 2019년에는 투자약정액이 80조 원으로 성장했다. 최근에는 시장에서 대규모 M&A는 일반기업보다는 사모펀드가 주도할 정도로 사모펀드의 역할이 커지고 있다. 2019년 국내 전체 M&A 시장은 37조 원이었고 이 중 사모펀드가 인수한 금액은 8조 원에 달한다.

(3) 차입매수(LBO)***

차입매수는 인수자금의 상당 부분이 차입금으로 충당되고, 차입금의 상환의무를 피인수회사가 부담하거나, 피인수회사의 자산이 차입금에 대한 담보로 제공된다는 점에서 일반적인 인수금융과 성격이 다르다. 피인수회사 입장에서는 자기자금이나 자산이 인수를 위한 차입금 상환에 사용되고 자기 자본이 취약해지는 결과를 초래하므로 차입매수를 승인한 피인수회사의 이사의 행위가 피인수회사에 대한 형사상 배임행위에 해당되는지에 관해

---

* 전략적 투자자(SI: Strategic Investor)는 기업의 M&A 또는 대형 개발·건설사업으로 대규모의 자금이 필요할 때 경영권 확보(경영참여)를 목적으로 자금을 지원하는 투자자이다.

** 사모펀드 관련 법·규정 도입 이전에도 〈그림 8-7〉과 같이 사모펀드는 존재했다.

*** 천경훈, 『우호적 M&A의 이론과 실무』(도서출판 소화, 2019), 252~253쪽.

지속적인 논쟁이 있어왔다.

국내 차입매수 사례는 크게 ① 피인수회사로 하여금 인수회사의 인수 관련 채무를 보증하게 하거나 인수자를 위하여 담보를 제공하게 하는 "담보 제공형 LBO", ② 피인수회사와 인수회사를 합병함으로써 피인수회사의 자산을 인수대금채무의 상환 재원으로 활용하는 "합병형 LBO", ③ 피인수 회사의 자산을 유상감자·배당·자사주매입 등의 방법으로 인수회사에게 분배 함으로써 인수대금채무의 변제에 활용하게 하는 "유상감자·배당형 LBO" 로 구분할 수 있다.

차입매수라고 해서 모두 배임의 소지가 있는 것은 아니나 피인수기업의 재무상태를 악화시키는 경우라면 배임의 소지가 있으므로 주의를 필요로 한다.

4) 기업가치 평가와 M&A

(1) M&A를 위한 기업가치 평가

M&A를 위한 기업가치 평가는 일반적인 기업가치 평가와 큰 차이가 있 는데, 인수가격 결정 시 인수측과 투자대상 회사와의 시너지를 반영해야 한다는 점이다. 시너지로 인한 가치 증가는 인수측에서 발생할 수도 있고 투자대상 회사에서 발생하거나 양쪽에서 모두 발생할 수 있다. 시너지는 매출 증대나 원가절감의 형태로 나타날 수 있고 인수측에서 새로운 사업을 추가하려고 하는 경우에도 창출될 수 있으나 가능한 형태의 시너지를 모두 고려해 인수가격 결정 시 고려하여야 한다. 따라서 실제 인수가격은 현재 상태에서의 주식가치와 시너지를 반영한 주식가치 사이에서 결정된다.

기업가치 평가는 주로 두 가지 방법론을 사용한다. 하나는 기업의 영업현금흐름을 기초로 가치를 산출하는 DCF(Discounted Cash Flow)법이고, 다른 하나는 비교대상 기업과 기업가치 관련 지표를 비교하는 방법으로 PER(Price Earning Ratio) 배수와 EV/EBITDA(Enterprise Value/Earnings Before Interest, Tax, Depreciation and Amortization) 배수를 사용하는 방법이다.

(2) DCF를 활용한 기업가치 평가 방법

DCF법은 프로젝트의 타당성을 검증하기 위해 사용하는 NPV와 개념상 동일하다. 기업이 영업활동을 유지 또는 확대하면서도 자유롭게 사용이 가능한 현금을 잉여현금흐름(FCF: Free Cash Flow)이라고 한다. DCF법은 이 잉여현금흐름을 할인해 구한 현재가치로 기업가치를 측정한다.

DCF법에 의해 현금흐름을 계산하는 모형에는 두 가지가 있다. 기업잉여현금흐름(FCFF: Free Cash Flow to Firm) 모형과 주주잉여현금흐름(FCFE: Free Cash Flow to Equity) 모형이다. 이 두 방법은 각기 다른 현금흐름과 할인율을 사용하나 이론적으로는 동일한 평가 결과를 보인다.

여기에서는 FCFF[*]를 소개하고자 한다. FCFF의 현금흐름 계산 공식은 아래와 같으며, 이 모형은 NPV 산출 시와 동일하게 할인율로 WACC을 쓴다.

- FCFF = NOPLAT + 유/무형자산상각비 – 순운전자본 증감 – 자본적 지출
- ※ NOPLAT: Net Operating Profit Less Adjusted Tax, 영업활동과 관련해 발생하는 세후영업이익

---

[*] 이하에서는 잉여현금흐름, 기업잉여현금흐름, 주주잉여현금흐름을 각각 FCF, FCFF, FCFE로 사용하도록 한다.

현실적으로 현금흐름을 무한정 추정할 수 없으므로 일정 기간까지는 현금흐름을 추정하고, 그 이후로는 일정 비율로 영구적으로 성장한다고 가정해 산출한다. 아래는 10년까지는 매년 FCF를 추정할 수 있고, 11년 이후부터는 현금흐름이 매년 g%로 영구적으로 성장한다고 가정할 경우(이때, 할인율은 r로 표기하고 위에서 언급한 WACC와 같음) FCFF을 구하는 산식이다.

$$
\text{PV(현가)} = \underbrace{\left[\frac{FCF_1}{(1+r)^1} + \cdots + \frac{FCF_{10}}{(1+r)^{10}}\right.}_{\text{1~10년차 } FCF\text{의 현가}} + \underbrace{\left.\frac{FCF_{11}}{(1+r)^{11}} + \frac{FCF_{11}(1+g)}{(1+r)^{12}} + \frac{FCF_{11}(1+g)^2}{(1+r)^{13}} \cdots \frac{FCF_{11}(1+g)^{\infty-1}}{(1+r)^{\infty}}\right]}_{\text{11년 이후 } g\%\text{의 일정 성장 영구연금의 현가}}
$$

$$
\text{PV(현가)} = \sum_{t=1}^{n} \frac{FCF_t}{(1+r)^t} + \frac{FCF_{n+1}}{(r-g) \times (1+r)^n}
$$

FCF_t: t시점의 순잉여현금흐름,
r: 자본비용, $n = 10$, g: 매년 동일 성장률

현금흐름을 몇 년까지 산출할 것인지는 FCF가 안정화되는 시기를 고려해야 한다. 특히 중요한 투자가 계획되어 있다면 그때까지의 현금흐름은 반드시 포함해야 하고 영업이익도 안정화되는 시기까지 포함시키는 것이 바람직하다.

현금흐름을 언제까지 산출하느냐에 따라 달라지긴 하지만 통상 영구현금흐름이 전체 기업가치에서 차지하는 비중은 50%를 넘는 경우가 대부분이고, 영구현금흐름은 성장률에 의해 결정된다. 영구현금흐름을 잘못 산출하면 기업가치를 심하게 왜곡하게 되므로 세심한 주의가 필요하다.

영구현금흐름을 추정하는 데 있어 유의할 점은 영구현금흐름의 기준이 되는 시기(위의 사례에서는 11년차 현금흐름)의 현금흐름은 안정적으로 성장 가능한 수준이어야 한다는 점이다. 자세히 설명하면, 첫째는 기준 연도의 세후영업이익이 가정하고 있는 성장률로 지속성장이 가능한가이고, 둘째

는 순운전자본의 증감이 영업이익 증가에 비추어 적절한가 하는 것이고, 셋째는 자본적 지출과 감가상각비의 관계가 적절한가를 유념해야 한다. 장기적으로 보면 자본적 지출금액과 감가상각비는 거의 동일해야 한다. 차이가 크다면 영구현금흐름과 기업가치를 심하게 왜곡시키게 된다.

DCF를 이용해 영업현금흐름의 가치를 산출했다면, 이는 자기자본과 타인자본의 가치가 포함된 기업의 가치가 된다. 이유는 DCF는 영업활동으로부터의 현금흐름이고, 이는 자기자본과 타인자본이 투자되어 창출한 현금흐름이기 때문이다. 따라서 기업의 주식가치를 산출하려면 FCFF를 그대로 사용하면 안 되고 다음과 같이 조정해야 한다.

- 주식가치 = 영업현금흐름의 가치(DCF) + 비영업자산의 가치 – 차입금의 가치

비영업자산의 가치를 가산하는 이유는 비업무용부동산이나 투자자산처럼 비영업용자산은 회사의 자산이므로 전체 기업의 가치에는 반영되어야 하나, 영업이익을 창출하지 않으므로 DCF에 반영되지 못하기 때문이다. 차입금의 가치를 차감하는 이유는 영업현금흐름을 창출하기 위한 투자와 비영업용자산 투자에는 차입금이 사용되었기 때문에 주식의 가치만을 산정하기 위해서는 이를 차감해야 한다.

(3) PER, EV/EBITDA 배수를 이용한 기업가치 평가 방법

현금흐름을 기초로 가치를 산정하는 DCF법과 달리 PER, EV/EBITDA 배수법은 같은 업종 기업의 가치를 기준으로 기업가치 또는 주식가치를 산정하는 것이다.

PER은 주가를 주당순이익으로 나눈 비율로, 기업의 시가총액을 그 기업의 순이익으로 나눈 비율과 동일하다. 특정 기업 주식가치를 산출한다고 할 때, 동일 업종이면서 유사한 기업의 PER가 12배이고 분석대상 기업의 순이익이 100억 원이라면 그 기업의 주식가치는 1,200억 원으로 계산된다. 이 방법의 문제는 분석대상 기업의 순이익이 특별한 이유나 사업 초기라서 음수이거나 영(0)에 가까울 경우 적용하는 것이 적합하지 않다는 점이다. 따라서 이익의 수준이 정상적인 상황에서만 적용 가능하다.

EV/EBITDA는 유사 기업의 기업가치(자기자본의 가치 + 타인자본의 가치)를 EBITDA(단순하게 계산하면 영업이익 + 감가(감모)상각비)로 나눈 비율을 분석대상 기업의 EBITDA에 곱해 분석대상 기업의 EV를 산출하는 것이다. EV는 자기자본과 타인자본의 합계이므로 주식가치를 산출하기 위해서는 EV에서 차입금을 차감해야 한다.

사례를 들어보면 다음과 같다.

- 유사 기업의 EV/EBITDA 배수: 6배
- 분석대상 기업의 EBITDA: 500억 원
- 분석대상 기업의 차입금: 1,000억 원
- 분석대상 기업의 기업가치(EV) = 500억 원 × 6 = 3,000억 원
- 분석대상 기업의 주식가치
  = 기업가치 – 차입금 가치 = 3,000억 원 – 1,000억 원 = 2,000억 원

(4) M&A를 위한 재무실사

기업을 인수할 때는 다양한 관점에서 대상 기업을 심도 있게 분석하는 실사(Due Diligence) 과정이 필요한데 통상 세 가지 관점에서 실사를 진행한다. 첫째는 기업의 재무제표가 재무상태와 경영성과를 정확하게 반영하고 있는지를 분석하는 재무실사(Financial Due Diligence)이고, 둘째는 기업의 사업환경과 경쟁력을 진단해 미래 사업성과를 추정하는 사업실사(Business Due Diligence), 셋째는 인수대상 기업의 법률적 리스크를 진단하는 법률실사(Legal Due Diligence) 등이 있다.[*]

재무실사와 사업실사는 밀접한 관계를 가지게 되는데 재무실사를 통해 회사의 과거 경영실적을 검증하고 미래의 경영성과를 추정하기 때문에 사업실사는 재무실사의 내용을 상당 부분 의존하게 된다. 또한 재무상태에 대한 재무실사 결과를 토대로 대상 기업의 영업용자산과 비영업용자산을

---

[*] 기업 인수 실사(Due Diligence)에는 인수 기업의 경영 상황에 따라 인사 부문 실사(HR Due Diligence)가 수행되는 경우도 있다.

구분하고 기업가치에서 차감할 부채금액을 산출하게 된다.

DCF법을 사용해 주식가치를 산출하는 경우에는 과거 경영성과에 대한 재무실사 결과를 기초로 미래 현금흐름을 추정하고 재무상태에 대한 실사 결과를 활용해 비영업용자산과 비영업용부채 및 순차입금을 산출해 주식가치를 산출한다. PER이나 EV/EBITDA 배수법을 사용하는 경우에는 대상 기업의 재무실사를 통해 순이익과 EVITDA를 산출해 주식가치를 산출한다.

서동규 대표는 현재 스틱인베스트먼트 총괄대표로 재직 중이다. 서울대학교 경영학과와 同 대학원 경영학과를 졸업하고 한국공인회계사 자격 취득 후 삼일회계법인에 입사했다. 방송미래발전위원회 위원과 방송광고균형발전위원회 위원을 역임했으며, 평창동계올림픽 조직위원회의 감사로서 동계올림픽 자문과 지원 활동으로 체육포장을 받았다. 삼일회계법인에서는 현대건설 인수 등을 비롯한 다수의 M&A 자문 서비스와 다수의 대기업 그룹군 구조조정 자문, 그리고 현대자동차와 SK그룹을 위한 전략자문까지 다양하고 폭넓은 구조조정과 컨설팅 자문 업무 경험을 가지고 있다. 삼일회계법인 Market & Growth Leader로서 고객과 마켓에 대한 전략을 총괄했다.

이상은 센터장은 이화여자대학교 영문과를 졸업하고 미국 Ohio State University Fisher Business College MBA(Finance)를 취득한 후 1999년 삼일회계법인에 입사했다. 현재는 Samil Research Center 센터장으로 재직하고 있다.

에필로그

변화무쌍한 국내·외 경영환경 속에서 CFO의 새로운 역할에 대한 요구는 갈수록 증대되고 있다. 기업의 존재 이유가 이윤 극대화와 주주 만족을 넘어 사회와 국가 나아가 인류 전체의 가치 증대와 창출 그리고 공동선의 구현에까지 이르게 된다면 그 험난한 여정의 최일선에는 각 기업의 CFO들이 포진하게 될 것이다. 누가 뭐라 해도 CFO는 기업을 대표하는 혁신, 창조와 통합의 리더이기 때문이다.

과거 CFO의 역할이 충실한 재산관리자에 머물던 시절, CFO는 회계 업무에만 능통하면 직무를 수행할 수 있었다. 그러나 오늘날의 CFO는 조직 내부와 외부로부터 수많은 요구와 기대를 한 몸에 받고 있다. CFO는 스스로 자신을 경영 최일선의 선봉장이라고 생각한다면 지금이 그 어느 때보다 행복한 시절일 것이고, 앞으로는 더욱더 찬란한 시대가 도래할 것이 틀림없다.

"인간은 누구나 현실에 안주하려는 속성을 가지고 있습니다. 어느 정도의 단계에 이르면 거기에 만족하고 그만 멈추려 하죠. 그런데 인간이 처한 운명은 자꾸 변하기 때문에 그럴 수가 없습니다. 운명은 인간에게 다음 단계로 올라가라고 도전장을 던집니다. 그 단계에 이르면 다른 도전이 와서 또 다음 단계로 올라가게 하죠. 그렇게 죽는 순간까지 인간은 도전을 받고 살아갑니다."

영국의 위대한 역사학자이자 문명비평가였던 아널드 토인비가 남긴 명언이다. 여기서 인간을 기업이나 CFO로 바꿔도 말이 된다. 한 인간의 삶이나 기업의 운명 또는 CFO의 역할이 모두 비슷한 도전과 대응 속에 처해 있기 때문이다. 끊임없이 밀려드는 새로운 도전에 어떻게 대응하느냐에 따라 인간의 삶과 기업의 운명이 달라지듯 CFO의 역할과 위상도 달라질 것이다.

회계가 바로 서야 경제가 바로 선다

━ ━ ■ ■ ■

한국경제와 함께하는 한국공인회계사회

회계와 회계투명성은 왜 중요한가?

독일의 사상가 막스 베버(Max Weber)가 말했듯이 "회계는 자본주의 성장에 필요한 문화 요소의 하나"이며, 나아가 미국의 경제학자 조지프 슘페터(Joseph Schumpeter)의 정의처럼 "회계는 자본주의의 핵심"이다. 저명한 역사학자이자 회계학자이기도 한 미국의 제이콥 솔(Jacob Soll)은 자신의 저서 『회계는 어떻게 역사를 지배해왔는가』에서 회계는 15세기 피렌체의 메디치 시대에서부터 최근의 국제금융위기에 이르기까지 수많은 국가의 흥망성쇠를 좌우해왔음을 강조하고 있다.

4차 산업혁명 시대를 맞아 사회의 모든 분야가 보다 투명하게 운영되어야 한다는 이슈가 전 세계에 걸쳐 뜨겁게 달아오르고 있다. 회계분야에서도 마찬가지로 근래 들어 언론을 통해 회계투명성에 관한 논의가 급증하고 있다. 1990년대 말에 발생했던 IMF 금융위기 이후 대규모 기업의 회계 문제가 다수 발생했고, 이에 따라 일반인들 역시 회계투명성에 부쩍 많은 관심을 갖게 되었다. 이는 우리나라의 회계투명성 순위가 세계 최하위라는 사실을 국민대다수가 아는 계기가 되기도 했다.

그렇다면 "거시경제 관점에서 회계투명성이 왜 그토록 중요한가?"라는 질문을 던져볼 수 있다. 간단히 답하자면, "회계투명성 확보는 지속 가능한 경제성장을 달성하기 위한 핵심 요소"라고 할 수 있다. 회계 자료는 거시경제 통계 작성에 필수적인 기초 데이터를 제공한다. 또한 구조조정의 필요성과 타이밍을 포착할 수 있는 조기 정복 기능을 수행하고, 자원 배분을 합리적으로 이루어지게 하는 순기능을 가지고 있는 것이다.

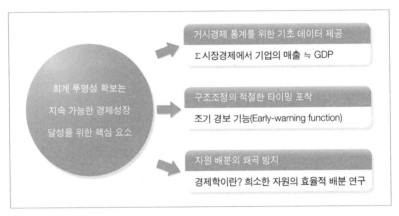

* 출처: 최중경, 조선비즈 '2019 회계감사 컨퍼런스' 강연자료(2019.4).

융합 서비스를 제공하는 공인회계사

일반인들은 공인회계사(Certified Public Accountant)와 세무사를 혼동하기도 하며, 두 자격사가 제공하는 서비스가 유사한 것이라는 오해를 갖고 있기도 하다.

그러나 공인회계사는 「공인회계사법」에 따른 회계에 관한 감사·감정·증명·계산·정리·입안 또는 법인 설립에 관한 '회계'와 '세무 대리' 업무를 전문적으로 수행할 수 있는 법적 자격을 갖춘 유일한 전문가로서 무척 폭넓은 서비스를 제공하고 있다.

공인회계사는 '회계 감사'를 통해 회사의 재무제표가 회계 기준 및 원칙에 따라 공정하고 타당하게 작성되었음을 증명함으로써 회사 재무제표에 대한 신뢰성을 부여한다.

또한 공인회계사는 '세무 대리'를 통해 법인세 신고 대리, 세무 조정, 이전 가격 등 기업 법인세 관련 업무뿐만 아니라 개인 사업자의 세무 신고, 세무 자문 등 세무 서비스를 제공한다.

이와 아울러 기업의 건전한 발전에 기여하는 경영 컨설팅, 가치 평가 업무뿐 아니라 4차 산업혁명 추세에 부응하는 IT 기술과 융합된 전사 감사, 포렌직(Forensic, 법의학 용어로 범죄에 대한 증거를 확정하기 위한 과학적 수사를 뜻한다) 서비스 등 전문 기술적인 부분에까지 서비스 영역을 넓히고 있다.

회계 감사·증명	세무 서비스	경영 자문
• 법정 감사 -「주식회사 등의 외부감사에 관한 법률」 등에 의한 회계 감사 -「공공기관의 운영에 관한 법률」에 의한 공공기관에 대한 감사 업무 -「사립학교법」에 의한 대학교육 기관을 설치·경영하는 학교법인에 대한 감사 업무 -「농업협동조합법」에 의한 농협중앙회, 지역농협, 지역축협 및 품목조합에 대한 감사 업무 -「상속세 및 증여세법」 및 「공익법인의 설립·운영에 관한 법률」에 따른 공익법인에 대한 감사 업무 · · · • 특수 목적 감사 금융기관, 법원, 주주 등 이해관계인의 요청에 의한 감사 • 기업 진단 업무 건설업, 전기공사업 등 면허 취득을 위한 진단 업무 • IPO(코스피 및 코스닥 상장) 지원 • 기타 회계 서비스 법원 등의 요청에 의한 감정 업무/ 기장 대행 업무 및 각종 재무 분석 업무	• 세무조정 업무 • 법인과 개인 사업자의 각종 세무신고 대리 업무 • 조세 문제 해결 이의신청, 심사 및 심판청구 대행 등 • 세무 계획 수립 • 국제 조세 관련 업무 국내 기업의 해외 진출과 외국 기업의 국내 투자와 관련한 세무 자문 등	• 장단기 경영전략 수립 • 경영 혁신과 기업 구조조정 컨설팅 • 정보 시스템 구축 등 전산 관련 IT 용역 업무 • 사업 타당성 분석 시장 분석 및 예측/ 기업 인수 및 합병 대상의 선정 및 평가 등 • M&A 등 기타 자문 업무 기업 인수 및 합병을 위한 가치 평가 업무/ 내부통제 시스템의 평가 및 개선/ 경영 실적 평가 제도 입안 등

70여 년 역사의 국내 최고 회계·세무 전문가 단체: 한국공인회계사회

한국공인회계사회는 1954년 창립된 국내 최고의 회계·세무 전문가 단체로서 국민 경제 발전과 함께 성장해왔다. 2020년 5월 현재 22,000여 명의 공인회계사가 회계·감사·조세·경영 자문·M&A 등 다양한 분야에서 전문가적 역량을 펼칠 수 있도록 적극적으로 지원하고 있다. 특히 제44대 한국공인회계사회 최중경 회장은 '회계가 바로 서야 경제가 바로 선다'는 캐치프레이즈 아래 「감사인 주기적 지정제」, 「표준 감사시간」 도입 등을 핵심 내용으로 하는 외부감사법 전부개정과 국세청의 세무조사 대상 선정요건에 회계성실도를 추가하는 국세기본법 개정, 비영리 공익법인에 대한 감사인 지정제 등 감사공영제를 도입하는 회계제도 개혁을 주도하고 있다. 한국공인회계사회는 경제 전반의 회계투명성을 향상시키는 역사적 소임을 달성하기 위해 최고 수준의 전문가적 역량과 윤리를 갖추어 기업을 비롯한 민간 부문은 물론 공공 부문의 투명성을 제고하는 데 기여하고, 이를 통해 우리 경제가 지속적인 발전을 이루어나갈 수 있도록 노력하고 있다.

22,000여 명의 공인회계사 중에서는 회계법인과 감사반 등 소속으로 앞서 언급한 서비스를 전문적으로 제공하는 14,500여 명의 공인회계사뿐 아니라 민간 기업, 정부·공공기관, 대학교 등 사회 곳곳에서 경제 발전을 위해 일하고 있는 7,500여 명의 공인회계사가 산업·경제의 모든 영역으로 전문성을 확대해나가고 있다.

활발한 사회 공헌 활동에 앞장서는 공인회계사

이러한 회계제도 개혁의 성공과 국민의 신뢰 확보를 위해 공인회계사의
종합적이고 구체적인 행동 기준인 '행동강령'을 2019년 4월부터 시행하고
있으며, 사회 공헌 활동에도 적극적으로 나서고 있다.

사회 공헌 활동 중에 우선 손꼽을 만한 것은 공인회계사가 보유한 지식
을 집단 자산화하고 산업 전문가이자 경제 전문가로서 위상을 제고하고자
2018년 하반기부터 발간하고 있는 산업·경제 전망을 담은 ≪CPA BSI≫이다.

또한 서양보다 200년 앞서 복식부기를 사용한 우리 조상의 위대한 회계
역사를 소개한 『세계가 놀란 개성회계의 비밀 - 개성상인이 발명한 세계
최초 복식부기 이야기』(2018년 11월 발간, 2019년 12월 세종도서 선정)와 남북경

제협력 시대를 준비하기 위하여 '회계' 부문에서 협력이 동반되어야 한다는 취지를 담은 『남북경제협력 - 회계통일이 우선이다』(2019년 5월), 그리고 자영업자들을 위한 회계입문서인 『사업을 하십니까? - 회계부터 챙기세요』(2019년 11월)를 발간했다. 이 외에 활발한 사회 공헌 활동 중 대표적인 사례는 자라나는 미래 세대의 회계 문화 창달을 위해 초등학교 학생을 대상으로 '어린이 회계캠프'를 2018년에 처음 운영한 데 이어 2019년 8월에는 전국 9개 지역으로 확대한 바 있다.

언제나 국민과 가장 가까운 곳에 있는 공인회계사

일반 국민들은 앞서 언급한 공인회계사의 서비스를 가장 가까운 곳에서 편리하게 접할 수 있다. 180여 개의 회계법인, 1,500여 곳의 감사반, 그리고 지역 밀착형 서비스를 제공하는 전국의 공인회계사 사무소는 이용자에게 제일 편리한 방법으로 해당 서비스를 제공하고 있다.

이와 더불어 한국공인회계사회는 전 국민에게 좀 더 가까이 다가가서 회계·세무 서비스를 제공하고자 지방 주요 5대 거점에 지방공인회계사회를 운영하고 있다.

구분	소재지	연락처
한국공인회계사회(서울)	서울시 서대문구 충정로 7길 12, 한국공인회계사회관	02-3149-0100
부산지방공인회계사회	부산광역시 부산진구 횡령대로 24, 부산상공회의소 3층	051-646-3737
대구지방공인회계사회	대구광역시 동구 동대구로 462, 양동빌딩 3층	053-755-8540
광주지방공인회계사회	광주광역시 서구 상무중앙로 42, 7층(오션II빌딩)	062-361-4454
대전지방공인회계사회	대전광역시 서구 계룡로 314, 7층(대전일보)	042-471-4830
전북지방공인회계사회	전라북도 전주시 완산구 홍산중앙로 42, 5층(호암빌딩)	063-227-3744

참고문헌

한국공인회계사회. 2019. 『사업을 하십니까? – 회계부터 챙기세요』. 한울.

한국공인회계사회. 2020. 『회계편람』.

한국공인회계사회. 2019. 『주석외부감사법』. 박영사.

한국공인회계사회. 2019. 『세무편람』.

한국공인회계사회. 2018. 「공인회계사 CFO 매뉴얼」.

최원진. 2019. 「사모펀드시장 발전을 위한 자본시장법 개편 방향」, ≪CPA BSI≫, Vol.4.

손동한·박진우·정해민. 2019. 「Global Private Equity의 성공과 국내 Private Equity 의 성과와 과제」, ≪CPA BSI≫, Vol.4.

박대준·김용현. 2019. 「PEF가 주도하는 M&A 시장: 인수 이후 핵심과제로서의 가치 창출」, ≪CPA BSI≫, Vol.4.

김이동. 2019. 「PEF의 현재와 미래」, ≪CPA BSI≫, Vol.4.

박영석. 2019. 「자본시장에서의 PEF 역할」, ≪CPA BSI≫, Vol.4.

서승원. 2019. 「업계에서 바라본 VC 및 PE 시장의 현황과 제언」, ≪CPA BSI≫, Vol.4.

김의형. 2020. 「회계정보의 개선 – 시장과의 상호 작용」. ≪CPA BSI≫, Vol.5.

한국회계기준원 회계기준위원회. 2019. 제1110호 '연결재무제표'. 기업회계기준서.

한국회계기준원 회계기준위원회. 2019. 제1115호 '고객과의 계약에서 생기는 수익'. 기업회계 기준서.

금융위원회. 2014. 「'회사의 재무제표 작성책임' 관련 유의사항 안내」. 보도자료(2014.9.30.)

금융감독원. 2018. '행복한 동행, 퇴직연금' 퇴직연금 가이드북.

강석규. 2019. 『조세법쟁론』. 삼일인포마인.

국세청. 2016. 「업무용승용차 관련비용의 세무처리」.

국세청. 2019. 「최고경영자가 알아야 할 세무관리」.

권순식. 2014. 『중소기업CEO의 세무산책』. 더난출판사.

김동환·구정한·이순호·김석기. 2016. 『기업구조조정 제도의 이해: 워크아웃과 법정관리』. 한국 금융연구원.

김승남·안병일. 2016. 『주식평가와 세무조사』. 삼일인포마인.

김완석·황남석. 2019. 『법인세법론』. 삼일인포마인.

리드, 세드릭(Cedric Read). 2009. 『CFO 벤치마킹』. 삼일회계법인(PwC) 재무선진화그 룹 이기학 외 옮김. (주)시그마인사이트컴.

박영준. 2009. 『세무조사와 대책』. 갑진출판사.

박춘원. 2014. 「아직도 매출액 대비 수익률만 챙기나, 현실왜곡 적은 ROIC를 믿어보자」. ≪동 아비지니스리뷰≫, 165호 Issue 2.

박춘원. 2015. 「매몰비용 손실 줄이려면 프로젝트 중단해도 투자금 회수 가능한 구조를 만들어 라」. ≪동아비지니스리뷰≫, 181호 Issue 2.

삼일회계법인. 2019. 『삼일총서』. 삼일인포마인.

삼일회계법인. 2020. 『법인세 조정과 신고실무』. 삼일인포마인.

삼일회계법인 원샷법 센터. 「기업활력법 주요 개선사항」. 내부자료.

서트클리프, 마이클 R.(Michael R. Sutcliff)·도넬런, 마이클 A.(Michael A. Donnellan). 2015. 『CFO 인사이트』. 조영균·임기호·정우영 옮김. 한울.

솔, 제이컵(Jacob Soll). 2016. 『회계는 어떻게 역사를 지배해 왔는가?』. 정해영 옮김. 메멘토.

송인준. 2019. 「금융과 산업발전을 위한 Private Equity의 역할」. IMM 강연자료(Bain & Company; capital IQ; IMM analysis 재인용).

이기학·조영균. 2007. 『CFO를 위한 재무선진화』. 삼일회계법인.

이문희·정아름. 2020. 『한 권으로 해결한 회계와 세무실무』. 삼일인포마인.

이영우·이정희. 2014. 『법인세 조사와 대책』. 삼일인포마인.

이창희. 2019. 『세법강의』. 박영사.

이태로·한만수. 2015. 『조세법강의』. 박영사.

임상엽·정정운. 2020. 『세법개론』. 상경사.

임승순. 2019. 『조세법』. 박영사.

장세헌. 2012. 「우리나라 합병과세제도의 개선방안에 관한 연구」. 경희대학교 대학원 석사학위 논문.

제해진. 2010. 『M&A와 기업구조조정전략』. 씨앤톡.

조한철. 2016. 「법인세법상 합병과세제도에 관한 연구」.

천경훈. 2019. 『우호적 M&A의 이론과 실무』. 도서출판 소화.

최상우·조성태·박준영. 2018. 『기업금융과 M&A』. 삼일인포마인.

최중경. 2017. 「성장 한계 극복의 키, 기업구조조정」. 제8회 Asian Leadership Conference 강연자료.

PwC컨설팅. 2013. 「CFO 조직의 혁신 어떻게 할 것인가?」.

현석·이형기. 2017. 『시장 메커니즘을 활용한 기업구조조정의 시도: 일본의 경험과 시사점』. 자본시장연구원.

호프, 제러미(Jeremy Hope). 2011. 『CFO의 새로운 역할』. 조영균·문홍기·장형석 옮김. 한울.

대한상공회의소 기업활력 제고를 위한 특별법 활용지원센터. 〈여타 사업제편지원제도와의 비교〉. http://www.oneshot.or.kr/sub/law/summary.asp

Supercharged Finance. http://www.superchargedfinance.com/blog/how-to-define-value-drivers

CFO의 전략적 역할

ⓒ 한국공인회계사회, 2020

기획 | 한국공인회계사회
집필 | 강중구(미국 JLK Yoonsung 회계법인 파트너, 공인회계사(前 LS M&M 재경부문장)), 김광오
(효성그룹 부사장, CFO, 공인회계사), 박대현(AJ네트웍스 대표이사, 공인회계사), 박승정
(삼일회계법인 파트너, 공인회계사), 박춘원(JB우리캐피탈 대표이사, 공인회계사), 백종문
(PwC컨설팅 파트너), 서동규(스틱인베스트먼트 총괄대표, 공인회계사(前 삼일회계법인)),
신장훈(삼정회계법인 부대표, 공인회계사), 이기학(PwC컨설팅 대표, 공인회계사), 이상은
(삼일회계법인 Samil Research Center 센터장), 조한철(삼일회계법인 파트너, 한국공인
회계사회 조세이사, 공인회계사)
펴낸이 | 김종수
펴낸곳 | 한울엠플러스㈜
편집 | 배소영

초판 1쇄 발행 | 2020년 5월 8일
초판 3쇄 발행 | 2023년 2월 1일

주소 | 10881 경기도 파주시 광인사길 153 한울시소빌딩 3층
전화 | 031-955-0655
팩스 | 031-955-0656
홈페이지 | www.hanulmplus.kr
등록 | 제406-2015-000143호

Printed in Korea.
ISBN 978-89-460-6863-6 03320 (양장)
       978-89-460-6864-3 03320 (무선)

사업을 하십니까? - 회계부터 챙기세요

자영업자들을 위한

쉽지만 알찬 회계 입문서

사업에는 충분한 준비가 필요하며 가장 중요한
것 중의 하나가 회계에 대한 지식이다. 자영업자들의
얼굴에 웃음이 피어나고, 어깨가 펴지고, 통장에
잔고가 쌓여야 한국 경제의 기초가 튼튼해지고
체질이 건강해진다. 주요 회계법인의 연구 인력이
머리를 맞대고 공인회계사들이 보유하고 있는
회계·세무에 대한 전문지식을 체계적으로
제공하려는 사회공헌 차원에서 이 책을 발간했다.
– 한국공인회계사회 최중경 회장

한울엠플러스(주) 펴냄 / 228면 / 2019.11 발행

『사업을 하십니까? - 회계부터 챙기세요』는 자영업자들을 위해 회계·세무 전문가 단체인 한국공인회계사회
(회장 최중경)가 기획했다.
　이 책은 자영업자와 창업자에게 필요한 회계·세무의 주요 이슈를 망라하고 있으며, 총 다섯 개의 장으로
구성되었다. 1장 '회계 역사로부터 본 복식부기'는 국내·외 회계 역사를 짚어보면서 회계의 중요성을 일깨우는
한편, 회계의 기본 원리에 대해 살펴보고 있다. 2장 '알쏭달쏭한 회계 이슈를 풀어보자'는 회계 계정 과목별
주요 이슈를 다루고 있다. 3장 '세금, 얼마나 어떻게 내야 하나?'에서는 자영업자와 창업자가 알아야 할 세무
상식을 다루고 있다. 4장 '경영 의사결정에 필요한 원가에 대해 알아보자'는 원가 계산 방법과 원가 정보를 이용
한 의사결정에 대해 살펴보고 있다. 5장 '회계 숫자를 통한 경영분석'에서는 기업 경영 상태를 알려주는 신호등
기능을 하는 재무비율분석 방법을 담고 있다. 그리고 부록에서는 자영업자와 창업자를 위한 정부지원제도를
소개하고 있다.